체계기능언어학 개관

국어교육학회
국어교육연구총서 2

체계기능언어학 개관

2021년 3월 2일 초판 1쇄 펴냄
2024년 5월 23일 초판 2쇄 펴냄

지은이 이관규 · 김서경 · 노하늘 · 성수진 · 신희성 · 유상미 · 이현주 · 정려란 · 정지현 · 정혜현

책임편집 정세민
디자인 김진운
본문조판 토비트
마케팅 김현주

펴낸이 윤철호
펴낸곳 ㈜사회평론아카데미
등록번호 2013-000247(2013년 8월 23일)
전화 02-326-1545
팩스 02-326-1626
주소 03993 서울특별시 마포구 월드컵북로6길 56
이메일 academy@sapyoung.com
홈페이지 www.sapyoung.com

ISBN 979-11-89946-92-0 93700

국어교육학회
국어교육연구총서
02

체계기능언어학 개관

이관규 · 김서경 · 노하늘 · 성수진 · 신희성 · 유상미 · 이현주 · 정려란 · 정지현 · 정혜현 지음

사회평론아카데미

머리말

흔히들 언어학은 언어에 대한 학문을 뜻한다고 한다. 종래 언어학은 언어 자체에 대한 앎을 목적으로 언어를 연구의 대상으로 삼는 것이 일반적이었다. 그러나 언어학의 범위는 언어 자체에 대한 앎을 넘어서 언어로 표현된 것이 과연 어떤 의미를 지니는지, 나아가 어떤 언어 표현을 사용해야 화자가 의도하는 바를 가장 효과적으로 전달할 수 있는지를 살피는 데까지 넓어지고 있다. 이렇게 확장된 언어학은 언어 사용 과정 전반에 대한 메타적 접근을 보인다고 할 수 있다. 체계기능언어학은 이러한 기조를 따라 특정한 언어 표현이 의미하는 기능을 이해하고, 맥락에 따라 적절한 언어 표현을 도출해 내려 한다. 즉 '언어에 대한' 학문에서 '언어로 하는' 학문을 추구하는 것이 바로 체계기능언어학이다.

근본적으로 언어는 도구이다. 인간은 언어를 통하여 자기 생각을 표현하고, 다른 사람의 생각을 이해한다. 처음에는 단일 화자와 청자로 시작하지만, 소통 수단으로서의 언어는 궁극적으로 두 사람 이상으로 이루어진 우리 사회가 유지되고 발전하는 데에 중요한 역할을 수행한다. 이러한 이유에서 언어를 연구할 때에는 인간과 사회를 함께 주목해야 한다. 언어는 '인간-언어-사회'라는 구조 속에서 더욱 분명하게 이해될 수 있다.

우리는 기본적으로 말하는 이의 생각에 주목하는데, 인간의 사고는 대개 경험에서 비롯된다. 이처럼 인간의 경험에 기반한 생각, 곧 관념을 염두에 두는 체계기능언어학의 분야가 바로 관념적 대기능이다. 이는 서술어를 중심으로 함께 나타나는 다양한 표현들을 살피고, 그것들이 어떠한 의미기능을 나타내는지 분석하는 분야이다. 관념적 대기능과 달리 대인적 대기능은 화자와 청자의 관계에 주목한다. 듣는 이가 누구냐에 따라 화자가 사용하는 언어 표현들은 달라질 수밖에 없다. 대인적 대기능에서 서법이나 양태를 다루는 것은 바로 이 때문이다. 또한 텍스트적 대기능에서는 화자가 자신의 의도를 더 잘 드러나게끔 언어를 조직하는 방법을 탐구한다. 주제부와 설명부, 구정보와 신정보 등을 바로 이 텍스트적 대기능에서 다루게 된다.

체계기능언어학에서는 언어가 체계적이며 각각이 나름의 의미기능을 지닌다는 것을 전제로 한다. 예컨대 '엄마'라는 표현은 독립적으로 존재하는 것이 아니라 일정한 체계 속에 있는 것이다. 화자는 '어머니'가 아니라 '엄마'라는 표현을 의도적으로 선택하여 사용함으로써 친밀성이라는 특정한 의미기능을 나타낸다. 이처럼 체계기능언어학에서는 일정한 맥락 속에서 화자가 특정한 의도에 따라 적절한 언어를 선택하여 사용한다는 것을 중요하게 바라본다. 문학 작품에서 사용되는 언어의 특징과 수학, 과학, 사회 과목에서 사용되는 언어의 특징에는 분명히 차이가 있다. 그리하여 체계기능언어학은 국어과, 수학과, 과학과, 사회과 등 다양한 교과에서 연구된다. 이는 곧 국어과 안에서도 문학 영역은 물론이고 독서, 작문, 화법, 문법 등 다양한 영역에서 체계기능언어학이 유용하게 사용될 수 있다는 것을 뜻한다.

체계기능언어학은 이론 문법인 동시에 실용 문법의 성격을 띤다. 특히 옳고 그름을 가려 하나의 정답을 찾아내는 것보다 맥락에 따른 경향성을 살핀다. 곧 절대성보다는 상대성을 중시하는 것인데, 언어 표현이 맥락에 따라 다양한 의미기능을 지닐 수 있기 때문이다. 이러한 점에서 체계기능언어학은 상대방을 인정하고 이해하며, 소통을 중요한 가치로 삼고 있다고 말할 수 있다. 개별성, 다양성, 소통성, 창의성, 논리성 등 여러 능력을 신장할 수 있는 모형인 것이다.

『체계기능언어학 개관』은 4년여에 걸쳐 함께 연구하고 토론하며 고민한 결과물이다. 이 책은 언어학과 국어학, 또 일반 언어교육학과 국어교육학은 물론이고 외국인을 위한 한국어교육학 분야에서도 중요한 역할을 하리라 기대한다. 국내에 체계기능언어학 제대로 자리하여 국어교육학 및 한국어교육학을 위시한 여러 분야에서 이 책이 적극적이고 다양하게 활용될 수 있기를 소망한다. 이 책은 국어교육학회의 '국어교육연구총서'로 출간되었다. 학회에 감사의 마음을 전하면서, 거친 원고를 멋진 책으로 만들어 준 사회평론아카데미 편집진에게도 고마운 마음을 함께 전한다.

2021년 2월 1일
집필진을 대표하여 이관규 적음

차례

06　논리적 대기능 157

07　문법적 은유 189

체계기능언어학의
특징과 개관

차례

1.1. 들어가기

언어학은 언어에 대하여 연구하는 학문이다. 구체적으로 말하면, 언어학은 언어 연구를 통해 언어를 이해하고, 그 언어를 사용하는 인간을 이해하고, 그 인간이 살아가는 사회를 이해하고자 하는 학문이다. 이는 곧 언어학이 언어의 문제, 인간의 문제, 사회의 문제를 해결하려는 역할을 일정 부분 지고 있다는 것을 뜻한다.

체계기능언어학[1]을 주창한 마이클 할리데이(Michael Halliday)는 그의 대표적인 저서 『기능문법입문(An Introduction to Functional Grammar)』(1985)에서 언어학이 할 수 있는 일들, 곧 언어학의 적용 범위를 다음과 같이 21가지나 제시하고 있다.

....

1   체계기능언어학은 'Systemic Functional Linguistics'(이하 SFL)를 번역한 표현이며, 흔히 체계기능문법이라고도 한다.

① 언어의 본질과 기능 이해

② 모든 언어의 공통점과 차이점 이해

③ 시간의 흐름에 따른 언어의 진화 양상 이해

④ 아동의 언어 발달 양상 및 인류의 언어 진화 양상 이해

⑤ 텍스트의 질 이해: 텍스트의 의미와 가치 이해

⑥ 사용자 및 사용 기능에 따른 언어의 변이 이해

⑦ 문학적 및 시적 텍스트, 언어 예술의 본질 이해

⑧ 언어와 문화, 언어와 상황의 관계 이해

⑨ 공동체와 개인에게 있어 언어의 다양한 역할 이해: 다중언어사용
(multilingualism), 사회화(socialization), 이념(ideology), 선전(propaganda) 등

⑩ 모국어 학습 돕기: 읽기와 쓰기, 학교 교과 언어 등

⑪ 외국어 학습 돕기

⑫ 번역가와 통역가의 훈련 돕기

⑬ 참고 서적(사전, 문법서 등) 저술

⑭ 언어와 뇌의 관계 이해

⑮ 종양과 사고로 인한 뇌 손상이나, 자폐증, 다운증후군과 같은 선천적
장애로 발생하는 언어병리학적 진단과 처치 돕기

⑯ 청각 장애인의 언어 이해

⑰ 청력 장애를 돕기 위한 제품 설계

⑱ 텍스트를 이해하고 생산하는, 그리고 언어들 간의 번역을 하는 컴퓨
터 소프트웨어 설계

⑲ 발화를 이해하고 생산하기 위한, 그리고 문어 텍스트와 구어 텍스트
를 변환하기 위한 시스템 설계

⑳ 소리(sound) 혹은 표현(wording)의 샘플들을 연관시킴으로써 법적

판결 돕기

㉑ 구어와 문어 텍스트를 전달하기 위한 좀 더 경제적이고 효율적인 기제 설계

이 내용들은 결국 언어학이 언어, 인간, 사회를 큰 틀로 하여 인간살이와 관련된 거의 모든 영역에 걸쳐 역할을 한다는 것을 보여 준다.

언어는 인간만이 지니고 있는 고유한 특성이라고들 한다. 그렇기에 언어를 연구하는 언어학은 궁극적으로 인간을 연구하는 것, 인간들이 이루어 가는 사회를 연구하는 것과 연결될 수밖에 없다. 인간의 언어는 일정한 체계를 지니며 인간이 사회에서 사용하는 모든 언어 표현은 일정한 의미기능을 갖는다는, 일견 당연해 보이는 진술을 전제로 하는 체계기능언어학은 바로 그런 점 때문에 매력적인 것일지도 모른다. 1장에서는 체계기능언어학이 발생한 배경과 그 특징을 살피고 그 개략적인 모습을 보이고자 한다.

1.2. 체계기능언어학의 배경과 특징

1.2.1. 배경

체계기능언어학의 언어학적 배경

20세기 초반에 나온 페르디낭 드 소쉬르(Ferdinand de Saussure)의 『일반언어학강의(Cours de Linguistique Générale)』(1916)는 현대언어학의 수립에 중요한 역할을 하였다.[2] 소쉬르는 본래 역사언어학자로서 출발했지만 통시성과 공시성을 명확히 구분하였으며, 특히 공시적 언어에서 계열

적 관계와 통합적 관계를 수립하는 데에도 기여하였다. 1960년대에 등장한 할리데이의 체계기능언어학도 계열적 관계 이론에 입각하여 정립된 감이 없지 않다.[3] 절대적이지는 않겠지만 소쉬르가 언어를 사회 현상으로 바라본 것도 할리데이의 사상에 영향을 주었다.

체계기능언어학과 대척적인 이론으로 놈 촘스키(Noam Chomsky)의 변형생성문법이 언급되곤 한다. 변형생성문법은 인간이라면 누구나 지니고 있는 보편적인 언어능력, 즉 랑그(langue)를 대상으로 하여 언어의 보편성을 밝히는 것을 목적으로 하면서 설명력을 극대화하고자 한 이론이다. 이에 비해 할리데이의 체계기능언어학은 언어 활동에서의 구체적인 수행능력, 즉 파롤(parole)을 대상으로 하여 개별 언어의 구체성을 밝힐 것을 목적으로 하면서 실천성을 극대화하고자 한 이론이다.

할리데이에게 중요한 영향을 준 사람으로는 벤저민 워프(Benjamin Whorf)와 브로니슬라브 말리노프스키(Bronisław Malinowski), 존 퍼스(John Firth)를 들 수 있다. 워프는 현실에서 실제로 사용되는 공동체 언어를 중시하였으며, 말리노프스키와 퍼스는 상황 맥락과 행위로서 언어를 중시하였다. 말리노프스키는 해당 담화에 참여한 사람들, 사회적 맥락 등이 연결되었을 때 언어 의미를 파악할 수 있다고 보았다. 퍼스는 할리데이에게 가장 큰 영향을 준 학자이다. 음성학과 음운론을 전공한 퍼스

....

2   소쉬르의 『일반언어학강의』에서는 연구 방법으로 공시적 연구와 통시적 연구, 연구 대상으로 랑그와 파롤을 구분하였으며, 시니피에와 시니피앙, 통합적 관계(syntagmatic relation)와 계열적 관계(paradigmatic relation)를 구분하는 등 현대언어학의 토대를 마련하였다. 이 책에 대한 자세한 설명은 권재일(2016: 252-269)을 참조할 수 있다.

3   소쉬르의 통합적 관계와 계열적 관계는 체계기능언어학에서 사슬(chain)과 선택(choice)이라는 용어를 통해 논의되기도 하였으나, 최근에는 통합과 계열이 보다 일반적인 용어가 되었다(Bloor & Bloor, 2013: 238-239). '사슬'과 '선택'에 대해서는 이 책 2.2.에서 자세히 서술된다.

는 할리데이가 운율론(prosody)을 정립하고 선택(choice)을 바탕으로 한 계열적 관계 이론을 수립하는 데 영향을 끼쳤다(Bloor & Bloor, 2013: 242-261 참조).

할리데이의 생애[4]

할리데이는 1925년 영국에서 태어났다. 그는 1942년부터 3년간 중국과 인도에서 외국어훈련과정으로 군복무를 하였다. 중국에 있는 동안에는 베이징대학과 링난대학에서 공부했는데, 거기에서 뤄 창페이(Luo Chang-pei)와 왕 리(Wang Li) 교수의 영향을 많이 받았다. 이들과의 교류는 특히 중국 성운학 및 성조 관련 연구에서 탁월한 성과를 내는 토대가 되었다. 그의 대표 저서인 『기능문법입문』의 1장에서 음성학(성조) 내용이 체계적으로 제시되어 있는 것은 이러한 배경이 있었기 때문이다.

또한 할리데이는 젊은 날에 영국 런던에서 중등학교 중국어 교사로 지내기도 했다. 이후에는 런던대학에서 연구와 교육을 함께 하는 교원으로 근무하면서 여러 언어정책 프로젝트에 참여하였다. 그는 특히 언어교육 관련 프로젝트 경험을 쌓으며 실천적 언어학의 방향성을 지니게 되었다. 나아가 앞서 언급한 말리노프스키와 퍼스를 사사하면서 상황 맥락과 사회적 언어의 중요성을 인식하게 되었다. 이후 할리데이는 1976년에 시드니대학으로 근무처를 옮기고 1987년 퇴직할 때까지 그곳에 머물렀다. 그는 호주의 각종 언어교육 정책에 직·간접적으로 참여하면서, 연구자이자 교육자 그리고 정책가로서 왕성하게 활동하였다. 그리하여 소위 시드니학파를 형성하여 체계기능언어학을 이론적 및 실천적인 위치로 올려놓았다.

....

4   할리데이의 생애에 대해서는 여러 군데에서 소개하고 있다. 여기에 적은 내용은 이관규(2019)에 제시되었던 것을 참고하였음을 밝힌다.

형식주의를 대표하는 촘스키의 변형생성문법 이론과는 완전히 달리, 할리데이의 실천적 체계기능언어학은 기능주의를 강조하여 실용적인 측면에서 많은 기여를 하였다. 할리데이는 미국의 스탠포드대학과 일리노이대학을 비롯한 여러 대학에서도 강연과 연구를 지속하면서 실천적 응용언어학의 가치를 피력하였다. 요컨대 그는 영국을 비롯하여 호주, 중국, 일본 등 전 세계에 체계기능언어학이라는 실용적 언어학을 전파하였다. 이는 언어연구는 물론이고 언어교육 및 언어정책 등 많은 분야에 영향을 주었다. 맥락을 강조하는 할리데이의 이론은 우리나라에서도 2010년대 국어과 교육과정 정책에 반영되기도 했다.

2018년 4월 15일 할리데이는 93세의 나이로 호주에서 서거했으나 그의 체계기능언어학은 언어학 및 언어교육학, 언어정책학 등 다양한 분야에 영향을 끼치고 있다. 1985년에 처음 나온 『기능문법입문』은 이후 1994년, 2004년, 2014년 개정을 거듭하며 계속 수정 · 확대되어 왔다. 지금까지 그의 업적을 집대성한 총 11권의 저서가 '마이클 할리데이 전집(Collected Works of M.A.K. Halliday)'이라는 시리즈로 나와 있는데, 그 내용은 언어와 언어학에 대한 것은 물론이고, 언어교육 및 발달, 언어와 사회, 전산언어학, 텍스트와 담화 연구 등 다양한 분야를 막론한다.[5]

....

5   할리데이 전집의 권별 주제는 아래와 같으며, 서지 사항은 참고문헌에서 확인할 수 있다.
     1권(2002a): 문법에 대하여
     2권(2002b): 텍스트와 담화의 언어학적 연구
     3권(2003): 언어와 언어학에 대하여
     4권(2004a): 아동기의 언어
     5권(2004b): 과학의 언어
     6권(2005a): 전산학 및 계량적 연구
     7권(2005b): 영어 연구
     8권(2006): 중국어 연구
     9권(2007): 언어와 교육

1.2.2. 특징

체계기능언어학은 언어를 사회기호학적 관점에서 구조화한다. 여기서 사회기호학적 체계라 함은 언어를 단순히 기표(형식)와 기의(의미)로 나누어 보는 것에서 나아가, 사회적 맥락을 언어의 기호적 층위에 포함시킨다는 것을 의미한다. 즉 체계기능언어학에서는 화자와 청자, 맥락과 해당 언어 표현을 모두 고려하여 그 의미를 파악한다. '체계적(systemic)'과 '기능적(functional)'이라는 말은 체계기능언어학의 핵심 용어이다. 여기서 '체계적'이라는 용어는 언어를 일종의 체계망, 곧 의미를 이루는 연관 선택 항목들로 보는 견해를 반영한다. '기능적'이라는 용어는 언어가 일정한 맥락 속에서 하는 역할을 가리키며, 여기서 기능은 곧 '의미기능'을 뜻하는 것으로 이해할 수 있다.

할리데이는 문법을 규칙이 아닌 체계로 이해한다. 모든 문법 구조는 여러 항목 가운데 하나를 선택함으로써 형성된다고 믿으며, 그리하여 결국 언어는 모든 의미가 선택될 수 있다는 의미가능성을 전제하게 된다. 어휘 하나하나, 문법 하나하나는 각자의 체계 속에서 존재하고, 언어 사용자는 가장 적절한 어휘 혹은 문법을 선택하여 사용한다. 그럼으로써 사용된 어휘 및 문법에는 언어 사용자의 생각이 가장 적절하게 들어가게 되는 것이다. 이때 문법적 체계는 한정된 선택 체계로서 닫힌 체계이고, 어휘적 체계는 새로운 어휘의 등장이 보장된 열린 체계이다. 이처럼 체계기능언어학에서는 어휘문법의 선택을 중시하기 때문에 주로 계열적 관계가 언급되곤 한다.

....

10권(2007): 언어와 사회
11권(2013): 21세기의 할리데이

체계기능언어학에서는 언어가 사용되는 일정한 맥락 및 사회를 고려한다. 그러다 보니 자연히 언어의 통시적인 연구보다는 공시적 연구에 초점을 맞추게 된다. 공시적 연구를 하다 보면 소쉬르의 계열적 관계와 통합적 관계에 주목하기 마련인데, 할리데이의 연구는 사용된 언어가 지닌 계열적 관계를 주로 살핀다. 특히 어떤 어휘문법을 선택하여 사용할 것인가 하는 선택의 중요성이 절대적으로 강조된다. 말을 하는 화자든 글을 쓰는 필자든 언어 사용자의 의도에 따라서 어휘와 문법이 선택된다는 것이다.

1.3. 체계기능언어학의 개관

1.3.1. 텍스트와 언어 단위

할리데이가 주창한 체계기능언어학은 사회 속에서 언어의 모습을 이해하려고 한다. 그러다 보니 해당 언어 표현이 사용된 맥락을 살피지 않을 수 없고, 무엇보다 화자가 어떤 의도를 지니고 그러한 언어 표현을 사용하였는지를 파악하는 데 주목한다. 그리하여 체계기능언어학은 문장 단위가 아닌 텍스트 차원에서 언어를 파악하는 것을 추구하게 된다.

이때 텍스트는 언어 단위이기보다는 잠재적 언어 체계의 개별적인 사례화 차원으로서 존재한다. 우리는 사례화된 텍스트를 통해서만 언어 체계를 짐작해 볼 수 있다. 체계기능언어학의 텍스트 분석은 텍스트에 대한 인상을 과학적으로 설명할 수 있는 근거를 제공해 준다. 교육적으로는 좋은 텍스트와 그렇지 않은 텍스트를 변별할 준거를 제공해 줄 수 있으며, 사회문화적으로는 텍스트에 담긴 이데올로기를 읽어 낼 수 있는 힘을 제공해 줄 수 있다.[6]

그러나 거시적으로 텍스트를 이해하고 평가하는 데 주목적이 있다고 하더라도 결국 그 설명의 근거를 밝히려면 미시적 분석이 필요하다. 체계기능언어학에서는 다양한 차원에서 언어의 층위를 설정하는데, 그중 위계를 보이는 언어 단위의 문제는 아래와 같은 식으로 설정된다.[7]

절 – 군/구(group/phrase)[8] – 단어 – 형태소

체계기능언어학에서는 문장이라는 단위를 중시하지 않는다.[9] 서술어를 중심으로 언어 표현을 기술하므로 해당 서술어를 비롯하여 서술어가 필수적으로 요구하는 **보충어**(complement)와 그렇지 않은 **부가어**(adjunct)만으로도 충분한 설명이 가능하기 때문이다. 여러 절들이 섞인 단위도 복

....

6   체계기능언어학의 언어학적 분석은 텍스트 자체에 대한 분석 외에도 언어 체계의 수립이라는 메타적 목적도 지닌다.

7   체계기능언어학에서 언어 층위 설정의 다차원적 면에 대해서는 이 책의 9.2.에 소개된 할리데이와 매티슨(Halliday & Matthiessen, 2014: 32)의 〔표 9-1〕을 참조할 수 있다.

8   체계기능언어학에서는 기존의 구와 함께 군이라는 용어를 사용한다. 군은 종래의 명사구에서처럼 수식어와 피수식어로 구성된 것을 지칭한다. 즉 명사구 대신에 명사군(nominal group)이라는 용어를 사용하는 것이다. 한편 영어의 전치사구(prepositional phrase)는 수식-피수식의 관계가 아니므로 전치사군이라고 부르지 않는다. 따라서 'group'과 'phrase'를 그냥 구라고 불러도 무방하다. 군과 구에 대한 자세한 논의는 할리데이와 매티슨(2014: 424-425, 437) 및 톰슨(Thompson, 2014: 24)을 참조할 수 있다.

9   체계기능언어학에서 문장이라는 용어를 아예 사용하지 않는다는 것은 아니다. 필적학적(graphological) 차원에서 최상위 위계의 언어 단위로 문장이라는 용어를 사용하기 때문이다. 이때 문장이란 영어로 치면 대문자로 시작해서 마침표, 물음표, 느낌표로 끝나는 것을 의미하는 것으로(Halliday & Matthiessen, 2014: 7), 할리데이와 매티슨(2014: 436)의 표현에 따르면 '절 복합체가 필적학적으로 실현된 것'을 가리킨다. 이상에 따라 이 책에서도 문어 및 구어 텍스트에 대하여 '문장'이라는 용어를 사용한다. 필적학적 위계로서의 문장 개념 및 문장과 절 복합체의 관계에 대한 보다 자세한 논의는 할리데이와 매티슨(2014: 6-8, 69-70, 435-437)을 참조할 수 있다.

합절(complex clause)이라 하여 따로 기술한다. 형태소를 최소 단위로 한 것은 형태소가 최소 의미 단위이기 때문이다. 일반적으로 언어학에서는 음절, 음운을 형태소와 함께 다루나, 체계기능언어학에서는 이들에 대해 운율론 혹은 성조라 하여 따로 다룬다.

1.3.2. 대기능

체계기능언어학에서는 형식보다는 의미기능에 가중치를 둔다. 추상적 설명에 가중치를 두는 촘스키의 형식주의보다는 실제적 의미기능에 가중치를 두는 할리데이의 체계기능언어학이 응용언어학 이론으로 적합하다. 본래 기능이라는 말은 어떤 언어 표현이 하는 일정한 역할을 의미한다. 체계기능언어학에서는 대기능(metafunction)이라는 용어를 모든 의미기능을 통합하는 표현으로 사용하는데, 이것은 특히 선택 차원의 체계에 기반하여 기능 전반을 아우르는 용어로 사용된다.

대기능은 크게 관념적 대기능, 대인적 대기능, 텍스트적 대기능이라는 세 가지로 나눌 수 있다. 관념적 대기능(ideational metafunction)은 흔히 경험적 대기능(experiential metafunction)이라고도 불리는데, 이는 해당 언어 표현이 세상살이의 내적·외적 경험들을 나타내 주기 때문이다. 이런 경험적 대기능을 나타내는 절이 여러 개 논리적으로 이어진 복합절들은 논리적 대기능(logical metafunction)을 보인다고 한다. 대인적 대기능(interpersonal metafunction)은 대화하는 상호 간의 사회적 관계를 나타내며, 텍스트적 대기능(textual metafunction)은 관념적, 대인적 대기능의 일을 텍스트로 효과적으로 조직하는 역할을 한다.

관념적 대기능은 언어가 사용된 사회적 과정의 모습, 즉 장(field)의 맥락적 가치를 반영한다. 관념적 대기능 가운데 특히 경험적 대기능 차원에서 텍스트를 분석하면, 동성(transitivity)의 문법적 체계 안에서 선택된 항목들을 살피게 된다. 즉, 과정(process), 참여자(participant), 배경(circumstance) 유형을 나타내는 항목들이 그것들이다. 과정 유형은 결국 서술어로 나타난다. 참여자 유형은 서술어가 요구하는 필수적 항목들, 곧 보충어들이다. 배경 유형은 때, 장소, 시간 등 서술어가 반드시 요구하지는 않으나 사태를 나타내는 데 사용되는 여러 추가적인 언어 표현들이다. 경험적 대기능은 인간의 경험한 사태를 절을 통해서 나타내는 표상(representation)의 기능을 한다. 또한, 논리적 대기능은 이렇게 구성된 사태들 사이의 논리적 관계를 배열 체계 및 논리-의미 유형 체계를 통해 표현한다.

대인적 대기능은 텍스트 내 참여 관계 혹은 쌍방 참가를 반영한다. 관계(tenor)는 세 가지 내용으로 이루어지는데, 화자·필자의 모습, 사회적 거리, 상대적인 사회적 위치가 그것들이다.[10] 뒤의 두 가지는 주로 음성 담화에서 나타나는 것으로 알려져 있지만, 문자 텍스트에서도 종종 나타난다. 논의가 많이 되는 것은 화자 혹은 필자의 모습이다. 이것은 주로 입장, 개인화, 화자 혹은 필자의 처지 등을 포함한다. 특히 입장(stance) 논의에서는 화자 혹은 필자의 긍정적, 부정적, 혹은 중립적 태도(attitude) 등이 논의되곤 한다. 결국 대인적 대기능은 절을 통하여 교환(exchange)의 기능을 한다고 할 수 있다.

대인적 대기능에서는 화자와 청자의 관계를 논하기 때문에 텍스트 분석에서도 주로 서법과 양태를 살피게 된다. 서법(mood)은 화자가 청자

....

10   그간 국어교육학 연구에서는 'tenor'를 주로 '주체'로 번역했었다. 하지만 해당 개념을 핵심적으로 특징 짓는 것은 대화 참여자 간의 역할 및 관계이다. 여기서는 이러한 점을 고려하여, 화자 혹은 필자의 모습만 부각될 수 있는 '주체' 대신 '관계'라는 번역어를 택하기로 한다. 앞서 번역학 연구인 성승은(2012)에서는 'tenor'를 '담화 관계'로 번역하기도 했다.

에 대하여 어떠한 입장을 지니는가를 살피는 것인데, 대개 진술, 의문, 명령의 기능을 주로 논한다. 양태(modality)는 화자가 일정한 사태에 대하여 어떠한 심리적 상태 혹은 태도를 지니는가를 살피는 것이다.

텍스트적 대기능은 언어로 표현된 양식(mode)을 다루게 된다. 텍스트적 대기능에서는 주제 구조와 정보 구조를 주로 다룬다. 주제 구조를 논할 때에는 주제부와 설명부를 나누어서 무언가에 대하여 논항을 설정하고 그에 대해 설명하는 언어 양식을 띤다. 정보 구조를 논할 때에는 대개 어조 단위를 기본으로 하며, 구정보와 신정보, 혹은 초점정보를 구분하여 논한다. 결국 텍스트적 대기능은 절을 통해서 메시지(message)의 기능을 하는 것이라 할 수 있다. 다음 〔표 1-1〕은 지금까지의 설명을 중심으로 하여 이 책에서 중요하게 다룰 내용들을 도표로 정리한 것이다.[11]

〔표 1-1〕 대기능의 종류와 기능 및 내용[12]

대기능		기능	주요 내용	구체 내용
관념적 대기능	경험적 대기능	표상의 기능	동성 체계	과정, 참여자, 배경
	논리적 대기능		복합체	배열, 논리-의미(확장, 투사)
대인적 대기능		교환의 기능	서법 체계 양태 체계	직설형, 명령형; 정보 양태, 행위 양태[13]
텍스트적 대기능		메시지의 기능	주제 구조 정보 구조	주제부, 설명부; 구정보, 신정보

....

11 이에 대한 더욱 자세한 논의는 에긴스(Eggins, 2004: 295), 매티슨 외(Metthiessen et al., 2010: 32), 톰슨(2014: 38), 할리데이와 매티슨(2014: 361, 669), 뱅크스(Banks, 2019: 3-6, 26, 121) 등을 참고할 수 있다.

12 〔표 1-1〕에서 대기능들이 '표상', '교환', '메시지'의 기능을 한다고 정리한 것은 할리데이와 매티슨(2014)에서 대기능들을 소개하는 각 장(章)의 제목('Clause as representation/

1.3.3. 문법적 은유와 결속성

앞서 살편 세 가지 대기능은 주로 절 차원의 논의이다. 여기에 복잡성이 더해지는 논의들이 있다. 하나는 담화의미 층위와 어휘문법 층위가 뒤섞이는 문법적 은유이고, 다른 하나는 전체 텍스트를 살펴야 하는 결속성이다.

문법적 은유(grammatical metaphor)는 일정한 목적을 달성하기 위해 어떤 언어 표현을 동일한 의미의 다른 표현으로 바꾸어서 나타내는 방식이다. 예컨대 과정(process)을 나타내려면 본래 서술어를 사용해야 하는데, 특별한 의도로 명사형으로 바꾸어 나타내는 방식을 들 수 있다. 혹은 명령의 의미를 전달하고자 할 때 명령형 어미를 선택하지 않고 평서형 어미나 의문형 어미를 선택하는 표현들 역시 문법적 은유에 해당한다. 이는 담화의미와 어휘문법이 전형성에서 벗어나 불일치를 보이는 것이다.

결속성(cohesion)은 주로 전체 텍스트 차원에서 살필 내용이다. 앞에 나온 언어 표현을 다시 나타내는 지시(reference)와 비슷하거나 동일 어휘를 다시 사용하는 어휘 사슬(lexical chain) 방식이 다루어진다. 담화 텍스트라면 억양, 어조 등 음성적 차원의 운율적 측면도 고려하여야 한다.

....

exchange/message')을 참고한 것이다. 이때 표상과 교환은 서술성 명사로서 기능의 동적인 면을 담고 있는 반면 메시지는 그렇지 않다. 엄밀히 보아 텍스트적 대기능의 기능은 '메시지의 조직'이라고 할 수 있으나 이 책에서는 할리데이와 매티슨(2014)의 체계를 있는 그대로 보이기 위해 '메시지의 기능'이라고 했다.

13 정보 양태는 정보의 교환을, 행위 양태는 재화 및 서비스의 교환을 다룬다. 이에 대해서는 4장에서 자세히 다룬다.

1.3.4. 사용역과 장르

언어는 맥락 속에서 만들어지고 실행된다. 동일한 형태의 언어라도 맥락에 따라서 다른 의미기능을 하기도 한다. 맥락은 몇 가지로 유형화하기 어려울 정도로 다양하며, 이러한 이유로 그 중요성이 종종 과소평가되는 경우도 있다. 그러나 언어는 그것이 존재하는 맥락에 따라 의미가 완전히 다르게 파악되기도 한다. 다시 말하면 맥락이 파악되어야 정확한 의미가 파악된다는 것이다. 따라서 언어는 맥락에 따라 만들어지지만, 맥락의 일부가 되어 그 언어를 만든 맥락을 바꾸기도 한다. 그런 점에서 맥락과 언어 사이에는 계속해서 상호 수정 관계가 존재한다.

맥락으로는 크게 사회문화적 맥락인 장르(genre)와 상황적 맥락인 사용역(register)을 설정한다. 장르와 사용역의 관계를 설명할 때, 흔히 장르를 옷에, 사용역을 옷감에 비유한다. 장르는 정해진 결과이지만, 사용역은 상황에 따라 바뀔 수 있기 때문이다. 마찬가지로 장르는 사회문화적으로 일정한 모습을 띠지만 사용역은 상황에 따라서 다양한 모습을 띤다.

상황적 맥락인 사용역은 실제 사용에 따른 변이로서 존재하는데, 이것은 장, 관계, 양식으로 이루어진다. 장(field)은 담화 차원에서 관념적 의미를 실현할 때 특히 화제나 초점을 드러낼 수 있으며, 관계(tenor)는 화자와 청자 사이의 상호작용적 역할 관련성을 나타내고, 양식(mode)은 메시지가 전달되는 방식, 즉 기본적으로 말하거나 쓰는 방식을 의미한다.

어휘문법(lexico-grammar), 의미론적 대기능(semantic metafunction), 맥락(context) 사이의 이러한 관계는 〔그림 1-1〕에서처럼 어휘문법이 중앙에 있고 세 점에 대기능이 있는 내부 삼각형과 세 점에 맥락의 기능이 있는 외부 삼각형으로 구성된 동심 삼각형 형태의 도식으로 표현된다. 이것은 또한 장과 관념적 대기능, 관계와 대인적 대기능, 양식과 텍스트적 대기능이 서로 연결된다는 것을 보여 준다. 〔그림 1-1〕은 〔그림 1-2〕로도 나타낼 수 있다. 〔그림 1-2〕는 결국 겉으로 드러나는 것은 어휘문법 표현이고, 그 표현들이 나타내는 것은 관념적, 대인적, 텍스트적 대기능이며, 또 그 각각은 장, 관계, 양식을 담고 있다는 것을 표현한다. 이는 곧 어휘

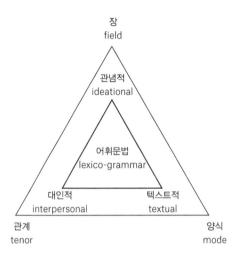

〔그림 1-1〕 체계기능 모델의 삼각 표현(Banks, 2019: 5, Figure 1.1)

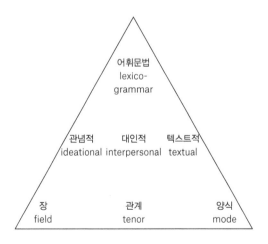

〔그림 1-2〕 체계기능 모델의 빙산 표현(Banks, 2019: 6, Figure 1.2)

문법은 빙산의 일각이며, 그 아래에 각각의 대기능이 있고 더 아래에는 맥락이 있다는 입장을 보여 준다(Banks, 2019: 5-6 참조).

1.4. 요약하기

지금까지 체계기능언어학이 어떻게 등장하게 되었는지, 체계기능언어학의 일반적인 특징과 주요 논점들은 무엇인지 살펴보았다. 그 내용을 요약하면 다음과 같다.

- 체계기능언어학은 언어가 사회의 산물이라는 인식하에 인간의 사고를 탐구하는 학문이다. 유럽의 기능문법주의자들, 특히 워프와 말리노프스키, 퍼스의 영향을 많이 받았다.
- 체계기능언어학을 주창한 할리데이는 영국에서 태어났다. 젊은 날에는 중국에서 창페이와 리 교수의 영향을 받아 성운학을 공부했다. 이후 영국에서 말리노프스키와 퍼스를 사사하면서 상황 맥락과 사회적 언어의 중요성을 인식하고 이에 대한 연구 및 교육을 하였다.
- 형식주의를 대표하는 변형생성문법과 달리 체계기능언어학은 기능주의를 대표하는 실용적 학문이다. 체계기능언어학은 영국, 중국, 호주, 일본 등에서 꽃을 피웠으며, 언어연구는 물론이고, 특히 언어정책과 언어교육 등 실천적 분야에 많은 영향을 끼치고 있다.
- 체계기능언어학은 사회 속 언어의 의미기능을 밝히는 데 주력하기 때문에, 본래 문장보다는 텍스트 차원에서 전체 담화를 살피게 된다. 그럼에도 하나의 사태 단위인 절 차원의 연구를 진행하는 까닭

은 미시를 통해 거시의 전체 모습을 파악할 수 있기 때문이다. 체계기능언어학에서는 '절-군/구-단어-형태소'를 기본적인 언어 분석 단위로 한다.

- 체계기능언어학에서는 형식보다 의미기능에 가중치를 둔다. 의미기능은 크게 관념적 대기능, 대인적 대기능, 텍스트적 대기능으로 나뉜다. 관념적 대기능은 삶의 내·외적 경험들을 표상하기 때문에 경험적 대기능이라고도 하는데, 절과 절이 이어지는 복합절에 나타나는 논리적 대기능을 포함하기도 한다. 대인적 대기능은 화자가 청자에 대해 지니는 의미기능을 나타내며, 텍스트적 대기능은 앞의 두 대기능이 텍스트로 효과적으로 조직되는 데 기여한다. 이들 세 가지 대기능은 따로따로가 아니라 동시에 나타난다.

- 경험적 대기능은 동성의 문법적 체계 안에서 선택된 항목들을 다루는데, 흔히 표상의 기능을 한다고 말한다. 항목으로는 과정, 참여자, 배경이 논의된다. 과정 유형은 서술어로 나타나며, 참여자 유형은 서술어가 요구하는 필수적 보충어들이며, 배경 유형은 수의적인 부가어들을 지칭한다.

- 대인적 대기능은 담화에 참여하는 화자와 청자, 특히 화자의 역할에 주목하며, 흔히 교환의 기능을 한다고 말한다. 화자(또는 필자)의 입장, 사회적 거리, 상대적인 사회적 위치 등이 논의된다. 대인적 대기능에서는 주로 진술, 의문, 명령을 나타내는 서법과, 화자의 심리적 상태를 나타내는 양태를 다루곤 한다. 특히 입장 논의를 통해 화자의 긍정적, 부정적, 혹은 중립적 태도가 드러나게 된다.

- 텍스트적 대기능은 언어로 표현된 양식을 다루는데, 흔히 메시지의 기능을 한다고 말한다. 텍스트의 주제 구조와 정보 구조를 다루곤 한다. 주제 구조를 통해 주제부-설명부, 정보 구조를 통해 신정보-

구정보를 논의한다.

- 체계기능언어학에서는 여러 언어 현상들을 다룬다. 특히 텍스트적 대기능 차원에서 문법적 은유와 결속성 논의에 주목한다. 본래 은유는 원관념을 보조관념으로 나타내는 수사 기법인데, 여기에는 크게 어휘적 은유와 문법적 은유가 있다. 체계기능언어학은 그중 문법적 은유에 더 관심을 가지며, 서술어로 나타나는 과정 유형을 특별한 의도로 명사형으로 바꾸어서 표현하는 명사화에 특히 주목한다.
- 결속성은 전체 텍스트 차원에서 살핀다. 지시와 반복 표현 등을 다루며, 억양, 어조 등 운율적 측면도 고려된다.
- 체계기능언어학은 사회 속에서의 언어의 모습을 이해하려고 하기 때문에 사회문화적 맥락과 상황 맥락을 중요시한다. 흔히 사회문화적 맥락은 장르, 상황적 맥락은 사용역이라고 한다. 사용역은 실제 사용에 따른 변이로 존재하는데, 흔히 장, 관계, 양식으로 이루어진다. 장은 관념적 의미의 실현을, 관계는 화자와 청자의 상호작용적 역할 관계를, 양식은 메시지가 전달되는 방식을 나타낸다.

이러한 내용들을 반영하여 이 책에서는 다음과 같은 순서로 체계기능언어학을 개관한다.

1. 체계기능언어학의 특징과 개관
2. 체계기능언어학의 이론적 전제
3. 경험적 대기능: 과정, 참여자, 배경
4. 대인적 대기능: 서법과 양태
5. 텍스트적 대기능: 주제 구조와 정보 구조
6. 논리적 대기능: 절 복합체

7. 문법적 은유

8. 결속성

9. 장르와 사용역

더 보기 ···

체계기능언어학은 1960년대 할리데이에 의해서 전격적으로 나타난 문법 모형이
다. 이 학문은 사실 언어학 이론이라기보다는 언어로 나타난 모든 것을 이해하고
표현하고자 하는 언어기호적 및 언어사회적 이론이라고 하는 것이 맞다. 체계기
능언어학의 본체는 할리데이 혼자 1985년과 1994년 두 차례 냈고, 이후 제자 매
티슨과 공동으로 2004년과 2014년 두 차례 더 개정해서 펴낸 대저서 『기능문법
입문』(1985, 1994, 2004, 2014)에 잘 드러나 있다. 체계기능언어학을 더욱 발전
시킨 논의는 루카이야 하산(Ruqaiya Hasan), 제임스 마틴(James Martin), 크리
스티안 매티슨(Christian Matthiessen), 수잔 에긴스(Suzanne Eggins), 제프 톰
슨(Geoff Thompson) 등의 논저를 보면 알 수 있다. 체계기능언어학은 영국과
호주는 물론이고 중국과 일본에서도 활발히 연구되고 있다.

국내에 체계기능언어학이 소개된 지는 그리 오래되지 않았다. 주세형(2005)
과 박종훈(2007)에서 체계기능언어학을 이용하였고, 이후 제민경(2015), 조진수
(2018ㄱ), 신희성(2019), 소지영(2020), 정지현(2021) 등에서 체계기능언어학을
부분적 혹은 전체적으로 박사학위논문의 이론적 배경으로 삼았다. 이슬비(2016),
신범숙(2020), 정려란(2021)에서는 박사학위논문의 이론으로 한국어교육학 차
원에서 체계기능언어학을 활용하였다.

일반 논문으로는 정재훈(1999)과 주세형(2009)에서 체계기능언어학을 이
론적으로 소개하고 있다. 이후 이창수(2012), 성승은(2016) 등 언어교육학 차원
에서 연구물이 나왔으며, 국어교육학 차원에서는 박종훈(2015), 조진수(2016),
정려란(2018), 이관규(2018), 신희성(2018), 소지영 외(2018), 김서경(2019), 정
혜현(2019), 이관규·신희성(2020), 주세형 외(2020) 등의 연구물이 나왔다. 한

편 외국인을 위한 한국어교육학 차원에서도 논문이 나오기 시작했는데, 유민애 (2015), 신범숙(2018), 진염평·송향근(2019), 이관규(2019) 등을 주목해 볼 수 있다.

체계기능언어학의 특징은 과학과, 수학과, 사회과 등 다른 과목의 언어 표현을 다룬 논문들이 많이 나오고 있다는 점이다. 이정아 외(2007), 맹승호(2008), 차현정 외(2011)는 과학과, 김지혜 외(2013)와 이승연(2016)은 사회과, 전수경 (2017)은 수학과의 언어를 체계기능언어학 이론을 사용하여 분석하고 있다.

이처럼 체계기능언어학은 단순히 언어학 이론이라기보다는 언어로 표현된 모든 것을 연구의 대상으로 삼을 수 있는 이론이라고 할 수 있다. 화자는 의미기능을 나타내기 위해 체계성 있는 언어들 가운데 특정한 언어를 선택하는데, 이때 사용되는 언어를 이해하고 표현하는 데에 필요한 언어 이론이 바로 체계기능언어학이다.

체계기능언어학의
이론적 전제

차례

2.1. 들어가기

체계기능언어학이 철학이나 사상에 그치지 않고 구체적인 언어학 이론으로 존재하기 위해서는 실제 언어를 분석하는 도구로 작용할 수 있어야 한다. 2장에서는 체계기능언어학에 기반한 텍스트 분석의 이론적 배경을 충실히 검토한다. 먼저 2.2.에서는 체계기능언어학에 기반해 텍스트를 분석한다는 것이 무엇을 의미하는지 알아본다. 이를 위해 텍스트 분석 분류의 두 가지 준거인 통합·계열 관계와 어휘·문법을 교차하여 총 네 가지 언어 분석의 예시를 살피고, 체계기능언어학이 초점화하는 언어 분석에 대해 논한다. 또한 이러한 텍스트 분석이 의미하는 바를 고찰하기 위해 체계기능언어학에서 텍스트의 위상과 언어의 관계에 대해 살필 것이다. 2.3.에서는 체계기능언어학에 기반해 텍스트를 분석하는 데 중요한 이론인 계층화와 대기능에 대해 다룬다. 이들은 1장에서도 언급하였으나, 여기서는 특히 이들을 바탕으로 텍스트를 분석하는 실제 모습을 보인다. 마지막으로 2.4.에서는 체계기능언어학 기반 텍스트 분석을 한국어에 적용하기 위해 앞서 논의한 개념과 이론적 전제들이 어떻게 적용될 수 있는지 살핀다.

2.2. 체계기능언어학의 이론적 전제 (1)

2.2.1. 통합·계열 관계와 어휘·문법의 교차
    : 체계의 지향과 어휘문법의 통합

언어를 분석하는 방식은 다양한 준거에 의해 분류될 수 있다. 가장 넓게는 무엇을 보는지 그리고 그것을 어떤 방향으로 보는지에 따라 어휘와 문법, 통합적 축과 계열적 축을 상정할 수 있다. 이들 준거를 각각 교차하면 총 네 가지 방식의 언어학적 분석이 가능하다.[1] 먼저 통합적인 축에서 어휘·문법의 통합에 대해 살핀 후, 계열적인 축에서 어휘·문법의 계열을 살펴보려 한다.

첫째로 어휘를 통합적으로 바라본다는 것은 특정 어휘의 좌우에 결합하는 다른 어휘들을 살피는 것이다. 이것은 곧 '연어 관계'를 파악한다는 것을 의미한다. 연어 관계는 보통 말뭉치에서 측정할 수 있으며, 연어의 패턴은 텍스트의 의미 형성에 유의미하게 기여한다. 예를 들어, '계절'이라는 말은 약 1,500만 어절 규모의 말뭉치에서 802회 나타난다. 이때는 그 출현 확률이 매우 미미하므로 어떤 유의미한 해석을 부여하기 어렵다. 하지만 '바뀌다'라는 단어와 인접한 구성이라는 조건을 줄 경우 동일 말뭉치에서 2,735회 출현하는 '바뀌다'라는 단어가 '계절'과 공기(共起)하는

....

1   언어학적 분석의 네 가지 방식 예시는 할리데이와 매티슨(2014: 59-64)을 참조하였다.

경우는 28회로, 출현 확률이 유의미할 정도로 높아진다.[2]

둘째로 문법을 통합적으로 살핀다는 것은 곧 구조를 보는 것이다. 어떤 문법적 부류들이 결합하는 관계를 보면 기능적인 윤곽을 그려낼 수 있다. 예를 들어, '먹-'이라는 어간에 '-었-'이라는 선어말 어미와 '-니' 라는 어말 어미의 문법 형태소가 결합하는 관계는 해당 용언에 과거 시제와 의문의 기능이 부여될 것임을 짐작할 수 있게 한다. 혹은 용언 어간에 '-은, -는, -을'과 같은 관형사형 어미가 결합하는 경우, 우리는 수식의 기능을 짐작할 수 있다.

셋째로 어휘를 계열적으로 살핀다는 것은 각 어휘의 의미론적 자질에 기반해 어휘 세트를 검토하는 것이다. 예를 들어, '나무, 꽃, 잔디'라는 어휘들은 '식물'이라는 자질을 공유한다. 또 다시 '장미, 백합, 튤립'은 '꽃'이라는 자질을 공유한다. 또 '소년'은 '소녀'와 성별에서 반대되는 자질을 가지고 있어 두 단어는 반의 관계를 맺는다. 이처럼 어휘들은 동의어, 반의어, 하위어라는 의미론적 자질들에 의해 세트로 묶인다.

마지막으로 문법을 계열적으로 살핀다는 것은 곧 체계적으로 조직된 문법적 범주들을 살피는 것이다. 예를 들어, 한국어에는 〔표 2-1〕과 같은 서법 및 상대 높임법의 결합 체계가 존재한다. 이들은 동일하게 어말에 위치하면서 문장 종결의 종류에 따라 그리고 상대 높임의 위계에 따라 다르게 선택된다. 이들을 묶어 종결 어미의 체계(system)라고 볼 수도 있다.

....

2   이상에서 언급한 말뭉치는 고려대학교 민족문화연구원에서 제공하는 현대 한국어 용례 검색기를 활용한 것이다. 현대 한국어 용례 검색기는 SJ-RIKS 코퍼스에 기반한 것이며 그 규모는 대략 1,500만 어절에 달한다.

(표 2-1) 한국어의 종결 어미 체계

문장 종결 / 상대 높임	평서문	의문문	명령문	청유문	감탄문
하십시오체	-ㅂ니다	-ㅂ니까	-십시오	-십시다	-
해요체	-어/아요	-어/아요	-어/아세요	-어/아요	-어/아요
하오체	-오	-오	-오, -구려	-ㅂ시다	-는구려
하게체	-ㄴ다네	-는가	-게	-세	-ㄴ다네
해체	-어/아	-어/아	-어/아	-어/아	-네
해라체	-다	-냐	-라	-자	-는구나

체계기능언어학의 특징을 결정짓는 핵심어인 '체계'[3]와 '기능'은 각각 '계열'과 '의미'로 치환될 수 있다.[4] 즉, 앞서 살펴본 네 가지 분석 중 특히 계열적인 언어학 분석에 집중하는 것이다.[5] 할리데이(Halliday, 1996a: 20-22)는 계열적인 언어학 기술에 천착하기 시작했던 과거를 회고하면서, 그렇게 된 배경에는 1960년대 중반 당시 문법학(grammatics)이 직면했던 이론적이고 실천적인 과업들 모두 의미에 대한 강한 지향이 있었음을 언급했다.[6] 이러한 맥락에서 그는 언어학 이론의 계열성에

....

3 체계기능언어학에서 '체계'는 할리데이가 그의 스승인 퍼스의 이론틀에 따라 계열적 접근과 통합적 접근을 각각 '체계'와 '구조'로 나누고 이름 붙인 데서 비롯되었다.

4 체계기능언어학에서의 '체계'와 '기능'의 의미를 살피는 본문의 내용은 신희성(2020: 77-79)에서 먼저 기술된 바 있다.

5 체계기능언어학이 오로지 계열적 분석만 다룬다는 의미는 아니다. 예컨대 체계기능언어학에서 다루는 세 가지 대기능 중 대인적 대기능에 대한 언어학적 분석에서 절을 서법부와 잔여부로 나누는 것은 언어의 구조를 살피는 예이며, 이는 곧 통합적 분석의 하나로 볼 수 있다.

6 이때 언급된 과업으로는 기계 번역, 제1언어와 제2언어 교육, 언어와 문화의 전파, 사용역 이론의 발전, 구어의 문체와 분석 등이 있다.

대한 지향이 가져다주는 이점을 다음의 다섯 가지로 정리한 바 있다.

    i. 계열적 표상은 문법을 구조의 제약으로부터 자유롭게 한다; 분명 구
조는 여전히 설명되어야 한다. ··· 하지만 구조적 고려는 더 이상 어휘
문법적 공간의 해석을 결정하지 않는다. 문법에서 어떤 자질이든 그
위치는 그것이 다른 자질들과 맺는 관계의 기능으로서 "같은 층위에
서" 결정될 수 있다. ···

    ii. 둘째로 그리고 같은 이유로 계열적 표상에서 일부 자질을 서술하는
것과 그것을 다른 자질에 관련시키는 것 사이에 만들어지는 구별은
없다; 무엇이든 서술하는 것은 그것을 다른 어느 것에 관련시키는 것
으로 구성된다.

    iii. 셋째로 기술의 계열적 모드는 언어를 목록이 아닌 자원으로 모델링한
다; 이것은 "의미 잠재성"의 개념을 정의하고, 다른 한편, 소쉬르 학파
의 "체계"에 대한 해석(랑그와 파롤 사이의 이원성을 세팅하는 일 없이)
을 제공한다.

    iv. 넷째로 이것은 문법의 개연론에 근거한 모델링을 동기화하고 이해한
다. 개연성은 (폐쇄된) 체계 내에서 조건들의 상대적인 개연성으로만
이해될 수 있다.

    v. 다섯째로 문법을 계열적으로 표상한다는 것은 자연스럽게 어휘문법
의 개념을 이끈다; 문법적 시멘트에 의해 뭉쳐지는 단어의 "어휘부"
에 대한 벽돌–반죽(bricks-and-mortar) 모델은 구조주의식 사고방식
의 시대에 뒤떨어진 유물로 버려질 수 있다.

(Halliday, 1996a: 21)

체계기능언어학의 계열성에 대한 지향에는 '선택'의 논리가 깊게 내

재되어 있다. i에서 말하는 문법의 자질이란 곧 의미이다. 의미의 해석은 그것이 무엇과 결합하여 어떤 더 큰 구조를 형성해 내는가로 설명될 수 없으며, 대신에 같은 층위에 존재하는 다른 자질들과의 관계로 설명될 수 있다. 예를 들어, '먹었습니다'가 가지는, 상대를 아주 높이고 사태가 과거에 일어났으며 정보를 전달하고자 한다는 의미는 동일 층위의 다른 문법 범주들과의 비교를 통해서 이해될 수 있다. 예컨대, '먹었다'와의 대비를 통해서 상대를 아주 높이는 의미가, '먹겠습니다'와의 대비를 통해서 과거의 의미가, '먹었습니까'를 통해서 정보를 전달하고자 하는 의미가 부각될 수 있는 것이다. ii도 이와 같은 맥락이다. '먹었습니다'의 의미를 진술하는 것과 '먹었습니다'를 '먹겠습니다'와 '먹었어' 등에 관련시키는 것은 서로 다른 일이 아니라는 것이 ii의 요점이다. 그 결과 우리는 비로소 언어의 의미를 해석해 냄으로써 그것을 자원으로 대할 수 있게 되며(iii), 이 모든 과정이 언어학에 선택의 논리(개연성)를 내재시킨다(iv).

언어학에 대한 계열적 접근의 마지막 이점(v)은 다른 이론적 전제를 한 가지 더 파생시키는데, '어휘'와 '문법'이 통합된 '어휘문법'이 바로 그것이다. 이전의 구조주의식 사고에서는 어휘란 벽돌이고, 문법은 곧 시멘트였다. 하지만 할리데이(1961: 267)의 "섬세한 문법으로서의 어휘"라는 표현에는 이들이 완전히 차이 나는 것은 아니라는 인식이 잘 드러난다. 문법의 특징은 폐쇄적인 체계로서 일반적인 의미를 나타내는 동시에 통합적으로는 구조를 형성한다는 것이다. 어휘의 특징은 개방적인 세트인 동시에 구체적인 의미를 나타내며 통합적으로는 연어 관계를 형성한다는 것이다. 전통적으로 어휘는 사전에서, 문법은 문법서에서 다루어지는데 이들 중간에 놓일 수 있는 애매한 위치의 패턴이 존재한다. 예를 들어, '결코+-지+않겠다'와 같은 패턴은 외국어로서 한국어를 가르치는 맥락에서 주목되며, 구문 문법의 이론틀 내에서 언어학적으로 연구되었

어휘문법 lexico-grammar

표현하기의 연속체
stratum of wording

문법 grammar ⟵————⟶ **어휘 lexis**

폐쇄 체계, 일반적 의미하기; 구조　　　　　　　　개방 세트, 구체적 의미하기; 연어
closed systems, general in　　　　　　　　　　 open sets, specific in
meaning; structure　　　　　　　　　　　　　　 meaning; collocation

〔그림 2-1〕어휘문법의 연속체(Halliday & Matthiessen, 2014: 64, Figure. 2-6)

다. 이들은 〔그림 2-1〕의 양극단 어디에도 속하기 어려우며 연속체의 중간에 걸쳐진다.

　　이처럼 체계기능언어학에서 어휘문법이 하나의 연속체로 통합되기는 하지만 양극단에서 어휘와 문법의 차이는 분명히 존재한다. 체계기능언어학은 이 중 문법의 분석에 집중한다. 다만 앞서 체계기능언어학이 계열적 분석에 집중한다 하더라도 통합적 분석 역시 함께 다룬다고 했던 것처럼, 문법의 분석에 집중한다는 것이 어휘에 대한 분석을 배제한다는 의미는 아니다. 어휘는 세트를 이루지만 문법은 체계를 이룬다는 차이는 중요한 지점이며 체계기능언어학은 이 문법 체계의 개념 주변에서 조직된다. 이는 일부 의미들의 문법화가 언어의 필수적 조건이기 때문이다. 예를 들어 한국어에서 부정성의 의미는 '성공하지 않았다, 성공한 것이 아니다, 실패했다'에 내재될 수 있는데 이는 순서대로 '문법화된 것, 준-문법화된 것, 어휘화된 것'으로 볼 수 있다. 이때 문법화된 형태는 언어가 수억 개의 다른 단어들로 이루어질 필요성을 줄여 준다.

2.2.2. 언어와 텍스트의 관계: 사례화

언어 체계는 추상 세계에 존재한다. 따라서 우리는 텍스트 분석을 통해서만 언어 체계를 구체화하여 이해할 수 있다. 이때 체계로서의 언어와 텍스트로서의 언어는 연속체의 양극단에 위치하게 되는데 체계가 텍스트로 실현되는 방향을 체계기능언어학에서는 사례화(instantiation)라고 말한다. 체계로서의 언어는 잠재적 존재인 반면 텍스트로 실현된 언어는 하나의 의사소통 사례가 된다. 그리고 이들 사이에 반잠재적인 사례가 존재하는데, 이는 사용역이나 텍스트 유형에 따른 레퍼토리를 표상한다.[7]

〔그림 2-2〕는 체계기능언어학에서 사례화를 도식으로 그린 것이다. 이 그림에 대해 자세히 살펴보자. 언어의 체계와 그것의 사례로서 텍스트는 양방향 화살표로 연결되어 있다. 이는 잠재가 사례가 되는 방향뿐 아니라 사례가 잠재가 되는 방향 역시 존재함을 보이는 것으로 해석할 수 있다. 우리는 언어 체계를 활용해서 텍스트를 생산해 내지만 이 같은 텍스트의 사용은 다시 언어 체계의 변화를 추동하기도 한다. 단모음인 'ㅚ,

....

7   말뭉치를 기반으로 사례화를 설명한 다음 도식이 더 쉽게 이해될 수 있다.

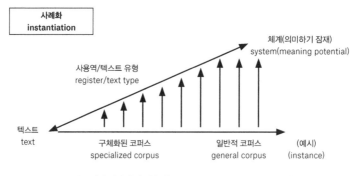

말뭉치와 사례화의 연속체(Bednarek & Martin, 2010: 242)

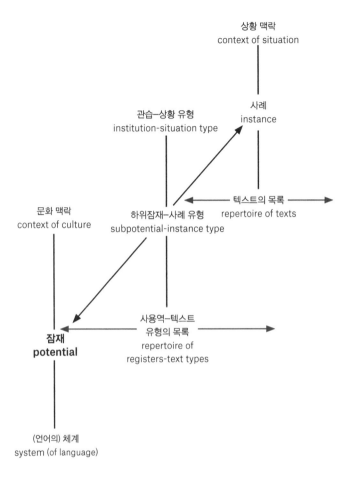

상황 맥락
context of situation

사례
instance

관습–상황 유형
institution-situation type

텍스트의 목록
repertoire of texts

문화 맥락
context of culture

하위잠재–사례 유형
subpotential-instance type

잠재
potential

사용역–텍스트
유형의 목록
repertoire of
registers-text types

(언어의) 체계
system (of language)

〔그림 2-2〕사례화의 연속체(Halliday & Matthiessen, 2014: 28, Figure. 1-11)

ㅓ'가 이중 모음으로 사용되기도 하며, 주체를 높이는 기능만을 담당하던 '–시–'가 '아메리카노 나오셨습니다.'와 같은 예문에서처럼 상대를 높이는 기능까지 담당하는 등의 변화가 그 예이다. 언어를 변화시키는 원인은 다양하고 복잡하겠지만 한 가지 확실한 것은 언어가 끊임없이 변화하고 있다는 사실이다.

　맥락의 측면에서 잠재로서 언어 체계는 사회문화적 맥락에 기반하는 반면, 사례로서 텍스트들은 상황 맥락에 기반한다. 예컨대 한국어의 상대 높임 체계는 인간관계의 역학에 민감한 문화를 반영한 것이지만, 실제 한국어 사용에서는 다양한 상황이 고려되어 상대 높임 체계가 선택된다. 언어 체계라고 할 만큼 정연한 계열적 관계를 보이지는 않으나 특정 사용역에서의 반복적 사용에 의해 유형화된 레퍼토리들은 중간적 존재로서 하위 잠재이자 사례 유형이 된다. 이들은 일종의 텍스트 유형으로 존재하며 구체적 텍스트 사례화는 이 중간 단계를 거쳐 실현되는 것으로 볼 수 있다.

2.3. 체계기능언어학의 이론적 전제 (2)

2.3.1. 계층화와 언어 분석

체계기능언어학에서는 언어를 다양한 층위의 복합적인 기호 체계로 보았다. 이에 따르면 맥락은 담화의미로, 담화의미는 다시 어휘문법으로, 어휘문법은 다시 음운-음성으로 실현된다.[8] 다만 이는 화자의 입장이며, 청자의 입장에서는 그 순서가 반대로

....

8 이 책에서는 할리데이와 매티슨(2014)에서 쓰이는 'semantics'를 '담화의미'로 번역한다. 이는 계층화의 논의에서 마틴(Martin, 1992, 1997)이 'discourse semantics'라고 칭하고 있는 대상과 개념적으로 같기 때문이다. 'semantics'는 통상 '의미론'으로 번역되나 이는 형식 의미론으로 오인될 가능성이 있다. 또한 '의미'라고 단독으로 기술할 경우에도 '의미'의 넓은 개념역이 혼동을 불러일으킬 수 있다.
조진수(2018ㄱ: 50)에서는 마틴(2014, 2015)에서 의미 층위를 담화의미 층위로 재규정하였다고 했으나, 이미 마틴(1992: 1)에서 문법과 의미를 대별시켰을 때 이러한 의미가 작용하는 층위가 절이라기보다는 텍스트에 해당하므로 담화의미라는 용어를 사용하겠다고 진술한 바 있다.

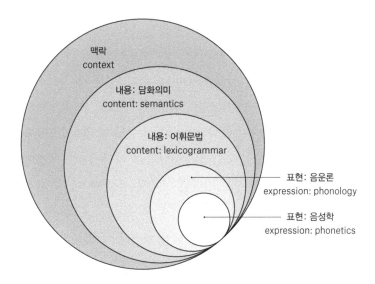

〔그림 2-3〕 계층화(Haliday & Matthiessen, 2014: 26)

될 것이다. 계층화 이론은 〔그림 2-3〕으로 도식화될 수 있다. 언어의 총체성을 고려할 때 경계가 분명하게 구분되는 것은 아니지만 연구와 해석의 관점에서는 그 경계를 설정해 둘 필요가 있다.

체계기능언어학에서는 문법의 구성적 조직이 절 층위 너머로 확장되지 않는다고 본다. 하지만 절 이하의 어휘문법 자원들은 절 이상의 차원에도 특정한 방식으로 참여한다. 이 참여는 모두 어휘문법을 선택하는 일들의 반복에 기반하며, 크게 두 가지로 나뉠 수 있다. 하나는 이러한 반복이 담화 발생적(logogenetic)[9] 패턴들을 만들어 낸다는 것이고 다른 하나는 결속적 연결을 만들어 낸다는 것이다. 할리데이와 매티슨(2014: 660)은

....

9   'logogenetic'은 할리데이와 매티슨(1999)에서 제안된 용어로, 의미 발생의 시간적 과정
     을 식별하는 차원에서 도입되었다. 이때 의미 발생(genesis)은 계통 발생(phylogenesis), 개
     체 발생(ontogenesis), 담화 발생(logogenesis)으로 나뉜다.

어휘문법에 대한 선택이 만들어 내는 특정한 패턴이 표현하기(wording)가 아니라 의미하기(meaning) 층위의 것임을 분명히 하고 있다.[10] 이는 여기서 언급하는 패턴이 사례(instance)로서 텍스트의 의미론적 현상임을 뜻한다. 이 부분이 곧 어휘문법이 담화의미 차원으로 확장되는 지점이다. 즉, 체계기능언어학에서 담화의미란 특정 상황 맥락에서 어휘문법을 통해 '전개됨(unfolded)'으로써 형성된 패턴이며, 따라서 어휘문법이 어떤 담화의미의 체계를 형성할 수도 있다는 것이다. 이를 반영한 언어 해석의 예를 들자면 다음과 같다.

체계기능언어학의 계층화에 대한 관점은 학교 문법에서 전통적으로 견지해 왔던, 텍스트나 담화를 문장(혹은 절 복합체)의 상위 단위로 보는 관점을 전적으로 거부하는 것이다. 체계기능언어학 관점에 의하면 텍스트와 절은 전체와 부분의 관계가 아니며, 텍스트는 언어 체계의 실재화로 존재한다. 즉, 텍스트는 절로 구성되는 것이 아니라 절에 의해 실현된다. 여기서 텍스트는 담화의미의 가장 상층이고 절은 어휘문법의 가장 상층이다. 어휘문법이 '절-군/구-형태소'로 세분화될 수 있는 것과 달리 텍스트는 별도의 세분화된 층을 가지기 어렵다. 이는 그러한 층이 존재하지 않아서라기보다는 사용역이나 장르에 따라 달리 존재할 가능성이 크기 때문이다.

텍스트는 별도의 세분화된 층 대신 의미론적 단위의 단면을 살펴볼 수 있다. 대인적 기능에서 그 단위는 정보 명제(proposition)와 행위 명제

....

10 톰슨(2014: 29)에서는 체계기능언어학의 '의미하기'가 명제적 의미를 뜻하는 것이 아님을 분명히 밝히고 있다. '표현하기' 역시 같은 맥락에서 이해될 수 있는데, 매티슨 외(2010: 241-242)에 따르면 표현하기는 어휘문법에서 의미를 만드는 자원의 실현이다. 톰슨(2014: 29)은 의미하기와 표현하기를 연결시키는 것이 체계기능언어학의 핵심 아이디어라고 평하고 있다. 이는 의미기능을 중시하는 기능 문법이 일반적인 의미론과 가름되는 부분이기도 하다. 에긴스(2004: 19)에서는 'meaning'과 'wording'을 각각 담화의미 및 어휘문법에 대응되는 비전문적 용어라고 기술하기도 하였다.

(proposal)이다. 정보 명제와 행위 명제의 단위는 기본적으로 교환(발화 기능)의 의미 패턴을 형성하며, 이러한 패턴이 바로 텍스트와 명제 층위의 중간에 위치한다. 이들 패턴은 사용역에 따라 무한하게 다를 수 있다. 할리데이와 매티슨(2014: 661)은 절 하나가 세 가지 대기능의 담화의미 모두를 실현하고 통합하는 것으로 기술하였다. 하지만 이 책에서는 맥락적인 면(장르와 사용역)과 연계하였을 때 특히 부각되는 대기능이 있음을 밝히고자 한다. 이는 2.3.2.에서 자세히 다룬다.

어휘문법과 담화의미의 관계는 다시 두 가지 기제에 의해 복잡해지는 동시에 의미적 잠재성을 확장시킨다. 하나는 **초문법적**(transgrammatical)인 담화의미 영역이고, 다른 하나는 담화의미와 어휘문법 사이의 불일치에 의해 실현되는 **문법적 은유**이다. 두 가지 기제는 대인적 기능에서 특히 중요하게 작용한다. 전자와 관련한 대표적인 어휘문법은 양태이다. 양태는 단일한 문법으로만 실현되는 것이 아니다. 영어를 예로 들면, 양태는 'I think'와 같은 정신절이나 'it is possible'과 같은 관계절, 'may'와 같은 조동사나 'perhaps'와 같은 부사에 의해 실현된다. 이들은 문법적 단위 내에서 상호 교환되지는 않지만 양태의 담화의미 체계 내에서는 분명한 값(value)을 가진다. 영어와 일대일로 대응하지는 않으나 한국어에도 양태 의미를 실현하는 다양한 문법 단위가 존재한다. 한국어에서는 선어말 어미 '-겠-'이나, 종결 어미 '-네'와 같은 단일 형태소뿐 아니라 '-ㄹ 수 있-'과 같은 복합적인 구성이 양태 의미를 실현한다. 또한 'I think'나 'it is possible'에 상응하는 '나는 -라고 생각한다', '-하는 것이 가능하다'와 같은 표현 역시 양태 의미를 실현하는 것으로 볼 수 있다. 문법적 은유는 담화의미를 실현하는 전형적인 어휘문법이 존재한다는 가정하에, 이들 간 연결이 전형적이지 않음으로써 발생하는 긴장감에 의해 실현된다. 문법적 은유에 대해서는 7장에서 다시 자세히 다루기로 한다.

알아보기 계층화의 쟁점

신희성(2019)에서는 계층화와 관련하여 두 가지 쟁점을 소개하고 있다. 첫 번째 쟁점은 맥락을 기호로 볼지에 관한 것이다. 마틴(1997: 7)은 체계기능언어학에 기반한 담화 분석의 이론적 전제를 마련하면서 사회적 맥락에서의 언어 계층화와 관련해 아래와 같은 구조를 제안하였다.

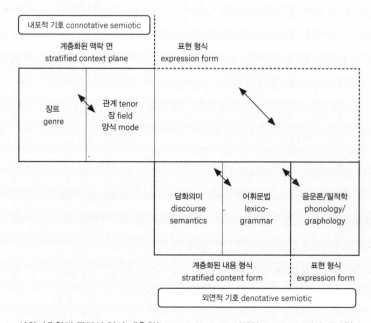

사회기호학적 관점의 언어 계층화(Martin, 1997: 7; 신희성, 2019: 54에서 재인용)

여기서 특기할 만한 지점은 흔히 외재적인 것으로 인식되는 맥락이 내포적 기호로 묶여 있고 어휘문법을 중심으로 한 형태들이 외연적 기호로 묶여 있다는 것이다. 이는 루이 옐름슬레우(Louis Hjelmslev)의 사회기호학에 기반한 것인데 이와 관련한 자세한 기술은 조진수(2018ㄱ)를 참조할 수 있다. 계층화에 대한 마틴의 논의는 기호학사적 흐름에서 나름의 정합성을 가진다. 그러나 현행 국어교육 내에서 맥락은 언어 사용의 과정에서 고려할 요소인 외재적 변인으로 작용하고 있으며, 교육적 수월성 면에서는 이것이 보다 적합하다고 볼 수도 있다(신희성, 2019: 54).

두 번째 쟁점은 텍스트 분석의 단위에 관한 것이다. 체계기능언어학에서는 텍스트를 분석할 때 절을 최상위 단위로 보고 문장을 별도 단위로 인정하지 않는데, 이는 문장이라는 단위가 필적학적 차원에서만 존재한다고 보기 때문이다. 하지만 한국어에서는 상대 높임이나 종결 표현을 결정하는 종결 어미가 존재하기 때문에 영어에 비해 문장 단위를 변별해 내기가 수월한 편이다. 다만 하나의 사태를 표상하는 데 주요 기준이 되는 하나의 서술어가 곧 하나의 절과 연결되는 만큼, 텍스트 분석에서 절을 최상위 단위로 보는 것이 주효함은 분명하다. 나아가 절 이상의 단위 중 담화 단위에 대해서도 논해 볼 수 있다. 김은성 외(2009: 86)에서는 "담화·텍스트 단위를 독립된 언어 단위로 제시하기보다는, 문법교육에서 직접적으로 기술하고 분석하는 최대 언어 단위는 문장으로 보고 담화·텍스트는 이러한 문장 이하의 언어 단위들이 실제로 실현된 실체이며 구체적인 맥락을 부여하는 기능을 수행하는 것으로 처리"할 것을 제안한 바 있다(신희성, 2019: 56-57).

2.3.2. 대기능과 언어 분석

대기능은 절이 실현하는 세 가지 의미기능을 일컫는다. 할리데이는 대기능을 크게 관념적인 것과 대인적인 것 그리고 텍스트적인 것으로 나누고, 하나의 절이 세 가지 대기능 모두를 실현하며 통합한다고 보았다. 각 대기능은 이 책의 3, 4, 5장에서 자세히 다루므로 여기서는 이들 세 가지 대기능 설정의 원론적인 내용만 살피기로 한다.

할리데이와 매티슨(2014)에서는 관념적 대기능, 대인적 대기능, 텍스트적 대기능이 각각 표상으로서의 절, 교환으로서의 절, 메시지로서의 절의 의미를 만들어 낸다고 보았으며, 마틴(2018: 3)에 따르면 이들 의미의 핵심 행위를 각각 이해하기(construe), 제정하기(enact), 구성하기(compose)로 보았다. 언어로 사태를 이해하고, 언어를 통해 역할과 관계를 제정하며, 언어의 짜임새를 구성한다는 것이다. 여기서 관념적 대기능은 다시 경

험적인 것과 논리적인 것으로 나뉠 수 있다.[11]

할리데이와 매티슨(2014: 76-87)에서는 "The duke gave my aunt this teapot."이라는 절을 가지고 전통적으로 '주어'라는 한 층위에서 칭해지던 것이 실은 세 가지 의미기능을 가지고 있음을 보여 줌으로써 의미기능의 세 갈래를 논증해 냈다. 이때 주어는 심리적 주어, 문법적 주어, 논리적 주어로 나뉠 수 있다. 심리적 주어(psychological Subject)는 메시지의 관심사를 의미하고 문법적 주어(grammatical Subject)는 주어의 무엇이 진술되고 있는지에 대한 것을 뜻하며, 논리적 주어(logical Subject)는 행위를 하는 사람(doer of the action)을 의미한다. 이는 앞서 예를 든 절을 "this teapot my aunt was given by the duke."와 같이 변형할 경우 'this teapot', 'my aunt', 'by the duke'가 제각기 심리적 주어, 문법적 주어, 논리적 주어의 역할을 할당받게 되어 보다 명료하게 확인된다. 이들 각각은 텍스트적 대기능, 대인적 대기능, 관념적 대기능과 연결된다.

"The duke gave my aunt this teapot."으로 예증되었던 세 가지 대기능에 기반한 주어(subject), 행위자(actor), 주제부(theme)의 분석은 한국어에도 동일하게 적용될 수 있다.

(1) ㄱ. 경찰이 도둑을 체포했다.

ㄴ. 도둑이 경찰에게 체포당했다.

ㄷ. 경찰에게 체포당한 것은 도둑이다.

....

11   판 리르(Van Lier, 2004/김혜숙 외 역, 2017: 147-154)는 할리데이의 세 가지 대기능에 따른 언어 분석이 언어교육적 논의와 긴밀하게 연결되어 교사가 접근하기에 가장 타당한 기호학적 접근 틀이라고 논평하기도 했다. 이 같은 논평은 판 리르 자신의 교수 경험에 근거한 것으로, 대학원생들에게 체계기능언어학을 기반으로 발화를 분석하라는 과제를 주었을 때 그들이 많은 시사점을 얻어 냈다고 진술하였다.

(1ㄱ)의 "경찰이 도둑을 체포했다."라는 예문에서는 '경찰'이 주어, 행위자, 주제부의 역할을 모두 할 수 있다. 그러나 예문 (1ㄴ)의 "도둑이 경찰에게 체포당했다."에서는 '도둑'이 주제부와 주어의 역할을 맡고, '경찰'이 행위자의 역할을 맡게 된다. 혹은 (1ㄷ)의 "경찰에게 체포당한 것은 도둑이다."라는 예문에서는 '경찰'이 주제부와 행위자의 역할을 맡고, '체포당한 것'이 주어의 역할을 맡으며, '도둑'은 셋 중 어떤 역할도 배당받지 못한다.

관념적 대기능, 대인적 대기능, 텍스트적 대기능은 각각 동성, 서법 및 양태, 주제 구조의 어휘문법 체계를 중심으로 실현된다. 먼저 동성(transitivity)은 세 가지 대기능 중 관념적(혹은 경험적) 대기능을 실현하는 수단이며, 인간이 자신이 경험한 일련의 사태를 어떤 과정으로 표상(representation)하는지를 보여 주는 체계이다. 동성의 선택은 과정(process), 참여자(participant), 배경(circumstance)의 세 가지로 나눌 수 있다. 이 중 과정 선택은 동사군에 의해, 참여자는 명사군에 의해, 배경은 전치사구나 부사군에 의해 실현된다. 일반적으로 서술어가 논항을 결정하듯 참여자는 과정에 의해 결정되는데, 할리데이와 매티슨(2014: 216)에서는 영어에서 과정의 유형을 〔그림 2-4〕와 같이 크게 물질적(material), 행동적(behavioural), 정신적(mental), 전언적(verbal), 관계적(relational), 존재적(existential)으로 나누고 있다.

이러한 과정의 유형에 따라 참여자 유형 역시 달라진다. 이를테면 물질적 절의 참여자는 행위자(actor)이고, 행동적 절은 행동자(behaver)이며, 정신적 절은 감지자(senser), 전언적 절은 화자(sayer) 등과 같은 식이다. 배경 요소의 대표적인 범주는 시간과 장소이며 그 외에 방법(manner), 원인(cause), 동반(accompaniment) 등이 있다.

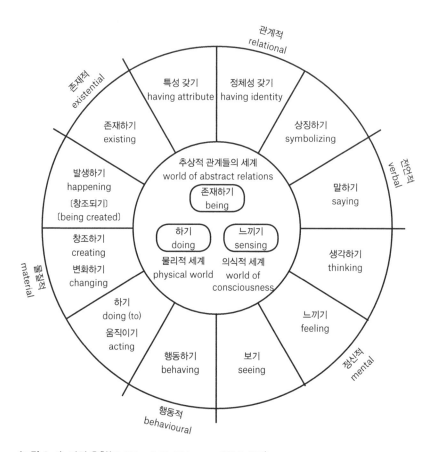

〔그림 2-4〕 과정 유형(Halliday & Matthiessen, 2014: 216)

서법(mood)은 대인적 대기능을 실현하는 수단이다. 서법의 선택은 곧 그 절이 어떤 발화 기능을 하는지의 문제로 연결되는데, 이때 발화 기능은 화자와 청자 사이에 발생하는 교환(exchange)의 양상에 따라 분류될 수 있다. 할리데이와 매티슨(2014: 136)에서는 무엇이 교환되는지, 주는 것인지 아니면 받고자 하는 것인지에 따라 〔표 2-2〕와 같이 크게 네 가지의 교환 범주를 보이고 있다.

재화나 서비스를 주는 것(giving)은 '제안(offer)'이며 받고자 하는 것

[표 2-2] 교환의 유형(Halliday & Matthiessen, 2014: 136)

교환에서의 역할	교환된 것	
	(a) 재화 및 서비스	(b) 정보
(i) 제공	'제안' would you like this teapot	'진술' he's giving her the teapot
(ii) 요청	'명령' give me that teapot	'질문' what is he giving her?

은 '명령(command)'이다. 정보를 주는 것은 '진술(statement)'이고 정보를 받고자 하는 것(demanding)은 '질문(question)'이 된다. 이들 네 가지 발화 기능 혹은 교환의 유형은 내재적으로 화자와 청자의 상호작용을 전제하는 동시에 외재적으로 추가적인 상호작용을 만들어 낸다. 실제 세계에서의 대화에서 어떤 발화가 개시되면 이에 대한 반응으로서 또 다른 발화가 이어질 것임을 그 예로 생각해 볼 수 있다. 여기서의 반응은 기대된 것일 수도 있고 그렇지 않은 임의의 것일 수도 있다. 제안에 대한 반응은 그 제안에 대한 수락(acceptance)일 수도 있고 거절(rejection)일 수도 있다. 그외에 명령에 대해서는 수행(undertaking)과 불복(refusal)이, 진술에 대해서는 인정(acknowledgement)과 반박(contradiction)이, 질문에 대해서는 응답(answer)과 미응답(disclaimer)이 있을 수 있다. 각각의 예시는 4.2.에서 보이기로 한다. 이때 교환되고 있는 유형을 분석해 내는 방법이 바로 절을 서법부(Mood)와 잔여부(Residue)로 나누는 것이다. 영어에서는 서법부가 주어(subject)와 한정어(finite)로 구성되며, 잔여부는 그 나머지 성분들을 일컫는다(4.3. 참조).

주제부(theme)는 텍스트적 대기능을 실현하는 수단이며 절에서 전달하고자 하는 메시지(message)의 초점이 어디서 시작하고 있는지 혹은 어디를 향하고 있는지의 의미를 보여 주는 체계이다. 앞서 동성과 서법의 범주화가 그 내용에 의해 이루어졌던 것에 비해, 주제부는 절의 시작점이 되는 주제부와 그 나머지 부분인 설명부(rheme)가 이루어지는 방식에 따라 나뉠 수 있다. 먼저 어떤 종류의 서법에서 실현되었는지에 따라 평서절의 주제부, 의문절(WH- 의문절, Yes/No 의문절)의 주제부, 명령절의 주제부 등으로 나뉠 수 있다. 주제부에서는 결국 화자가 특정한 내용을 출발점으로 삼기 위해 텍스트의 구조를 조작하는 방식이 중요해진다.[12]

2.4. 체계기능언어학 기반 한국어 텍스트 분석의 실제

여기서는 앞에서 다룬 체계기능언어학의 이론들이 한국어 텍스트를 분석하는 데 있어 어떻게 실제로 구체화될 수 있는지를 보이고자 한다.[13] 아래 (2)는 2018년 교육부가 실시하였던 '제3차 대입정책포럼'의 자료집에서 발췌한 것으로 당시 고등학교 졸업 예정이던 학생의 토론문 중 일부이다. 이 글은 학생부종합전형의 문제점에 대해 논평하고 있다.

(2) (상략) 시험성적뿐만 아니라 다양한 가치로 평가한다는 학생부종합전형의 취지는 정말 좋습니다. 하지만 학생부종합전형을 준비하고 평가받는 과정에서 많은 문제점이 있다고 느꼈습니다.
　가장 먼저 대학 입학처에 공개된 학생부종합전형의 서류평가 기준은 매우 추상적이고 구체적인 평가기준이 있다 하더라도 공개되어 있지 않아 학생들은 평가기준을 알기 어렵습니다. 그렇기 때문에

....

12　주제부와 설명부에 대해서는 5.2.에 자세히 서술되어 있다.
13　각각의 대기능 및 문법적 은유 등에 대한 보다 자세한 분석은 각 장에서 다루기로 한다.

학생들은 모든 방면에 대비해야 합니다. 저 같은 경우에도 학생부종합전형을 준비하기 위해 특별반 단체로 주말에 등산을 가고 점심, 저녁시간에 밥을 빨리 먹고 캠페인을 하는 등 저의 휴식시간은 비교과 활동을 위한 시간이 되었고 진로과제 연구대회와 독서 아카데미, 각종 교내경시대회 등을 준비하기 위해 저의 취침시간 또한 비교과 활동을 위한 시간이 되었습니다. 또한 공개되지 않은 심사과정 때문에 왜 뽑혔는지 왜 떨어졌는지 알 수 없는 깜깜이 전형이라고 불리듯 납득할 수 없는 결과를 받기도 했습니다.

그리고 학생부종합전형의 필수요소인 학교생활기록부에도 많은 문제점이 있다고 생각합니다. 교과담임제를 하는 현재 상황에서 한 교사가 전교생을 평가하여 작성하는 일은 현실적으로 불가능합니다. 때문에 학기말이 되면 교사는 학생들에게 일정부분 학교생활기록부에 기재할 내용을 적어 오라고 하거나 특정등급 이내의 학생들에게, 또는 등급별로 차등을 두어 세부능력특기사항을 똑같이 기입합니다. 이처럼 학생들이 쓰는 생활기록부나 내신등급에 따라 기입하는 생활기록부는 그대로의 사실로부터 멀어질 수밖에 없고 평가자료로 활용되는 것은 부적절하다고 생각합니다.

'기록하기 위해 생활한다.' 학생부종합전형을 준비해보신 학생이라면 대부분 공감하실 것 같습니다. 많은 학생들이 기록을 위해 정말 관심 있는 활동, 하고 싶은 활동이 아닌 입시에 도움이 되는 활동을 합니다. 그리고 학교생활기록부의 기입 여부에 따라 학생들의 참여도와 참여태도가 다른 모습이 많이 보이는데, 이로 미루어보았을 때 학생부종합전형이 오히려 이해타산적인 사람을 양성하는 것이 아닌가라는 생각도 들게 됩니다.

또한 학생부종합전형의 취지는 학생들 스스로가 현대 사회에 적합한 인재로 성장해 나갈 수 있게 장려하는 것이지만 학교생활기록부는 철저하게 관리되는 '입시용 평가자료'일 뿐이고 성장기의 청소년들에게 구체적인 미래 설계를 강요합니다. 다양한 경험을 할 수 없는 현재의 교육 시스템에서 학생들에게 희망 진로를 정하고 점차 구체화시켜 나아가라는 것은 무리한 요구라고 생각합니다. 하지만 많은 학생들이 상위권 대학에 가기 위해 다양한 경험이 결여된 상태에서 '기록용' 진로를 정해 '기록상'으로 구체화시키는 활동을 하고 있습니다.

또한 현재 학생부종합전형은 N수생들이 고등학교 졸업 후 발전을 했더라도 이미 정해진 내신 성적과 학교생활기록부로 경쟁을 해야 하기 때문에 불리해질 수밖에 없어 N수생들의 재기 기회를 박탈할 수 있습니다. (하략)

(교육부, 2018)

이 (2)의 글을 관념적 기능[14] 차원에서 분석해 보면 먼저 정신적 절을 두드러지게 사용하고 있다는 것을 파악할 수 있다. '느끼다, 생각하다, 생각이 들다'와 같은 표현들은 토론문이라는 장르 혹은 사용역이 가지는 주관성을 강화시켜 주고 있다. 하지만 영어와 달리 주어의 생략이 비교적 자유로운 한국어의 특성을 활용하여 정신적 과정의 참여자 중 감지자를 드러내지 않음으로써 지나친 주관화를 피하고 신뢰도와 객관성을 유지하는

....

14 '관념적 기능'은 '관념적 대기능'을 가리킨다. 체계기능언어학에서는 언어의 '기능', 구체적으로는 '의미기능'을 중시한다. 그런데 의미기능은 매우 다양하기 때문에 그것들을 묶어서 '대기능'이라고 통칭한다. 따라서 '기능'이라고 하든 '대기능'이라고 하든 큰 차이는 없다. 전자는 구체성을 띠고 후자는 추상성을 띨 뿐이다.

모습을 보이고 있다. 다음으로 '알기 어렵다', '작성하는 일은 불가능하다'와 같은 절은 학생부종합전형이라는 명사가 함의하고 있는 여러 절차들에 대해 부정적 값을 부여하는 역할을 한다.

대인적 기능과 관련해서는 가장 먼저 서법 차원에서 높임 표현 및 종결 표현에 대해 살펴볼 수 있다. 먼저 높임 표현은 전체적으로 단일하게 하십시오체만을 사용하고 있다. 해당 텍스트가 문어라는 점에서 하십시오체의 선택은 다소 비전형적이지만 '토론'이라는 사용역을 전제한다면 텍스트의 양식 자체가 온전히 문어에만 속하지는 않으므로 이해될 수 있는 부분이다. 실제 구어에서는 통상 하십시오체와 해요체가 혼용되는바, 이 글에서는 해요체를 전혀 선택하지 않음으로써 격식성을 더하고 있다. 종결 표현의 경우 평서문으로만 구성하고 있어 독자 혹은 청자와의 상호작용이 다소 부족하다. 또한 청유문이나 명령문이 사용되지 않았는데, 이는 텍스트의 예시 부분이 '학생부종합전형의 문제점'이라는 제목 아래 작성되었기 때문이다.

텍스트적 기능의 경우 의식적이든 무의식적이든 전략적 활용도가 가장 낮은 것으로 보인다. 하지만 "다양한 경험을 할 수 없는 현재의 교육 시스템에서 학생들에게 희망 진로를 정하고 점차 구체화시켜 나아가라는 것은 무리한 요구라고 생각합니다."와 같은 문장에서는 '다양한 경험을 할 수 없는 현재의 교육 시스템에서'라는 배경적 요소를 주제부로서 강조하고 있는 부분이 확연히 드러난다. 이는 필자가 초점화하고자 한 대상이 잘 전경화된 것이라 평할 수 있다.

2.5. 요약하기

지금까지 체계기능언어학이 언어를 분석하는 언어학 이론으로 존재하기 위한 이론적 전제에 대해 살펴보았다. 이를 요약하면 다음과 같다.

- 언어를 분석하는 방식은 통합적인 것과 계열적인 것 두 가지가 있으며, 분석의 대상은 어휘가 될 수도 있고 문법이 될 수도 있다. 이 두 준거의 교차에서 체계기능언어학이 관심을 가지는 것은 문법을 계열적으로 살피는 것이다. 이러한 언어의 계열성에 대한 지향에는 '선택'의 논리가 내재되어 있다. 또한 어휘와 문법은 과거의 벽돌과 시멘트의 관계로 바라볼 것이 아니라 통합적인 관계로 바라볼 수 있다.
- 언어의 체계는 추상적 세계에 존재하며, 이것이 텍스트로 사례화된 것을 통해서 우리는 언어 체계를 구체화할 수 있다. 잠재적인 언어 체계가 텍스트로 사례화되기도 하는 동시에 사례화된 텍스트들이 다시 잠재적 언어 체계에 영향을 미치기도 한다.
- 체계기능언어학에서 언어는 다양한 층위의 복합적인 기호 체계이다. 맥락은 담화의미로, 담화의미는 어휘문법으로, 어휘문법은 음운-음성으로 실현된다. 화자의 입장이 아닌 청자의 입장이라면 반대의 순서를 상정할 수 있다.
- 체계기능언어학에서는 절이 실현하는 의미기능을 크게 관념적인 것과 대인적인 것 그리고 텍스트적인 것으로 나누고 이를 대기능이라 칭한다. 하나의 절은 세 가지 대기능 모두를 실현한다. 각 대기능의 핵심적인 행위는 메시지를 이해하는 것, 언어 사용자 간의 역할 및 관계를 제정하는 것, 그리고 텍스트를 구성하는 것이다.

- 체계기능언어학은 기본적으로 영어에 기반하여 구축된 이론이지만 최근 이를 도구로 삼은 언어 유형론 연구가 활발하게 이루어지고 있으며, 중국어, 일본어, 프랑스어, 스페인어 등 다양한 언어가 체계기능언어학적인 텍스트 분석의 예시들을 보이고 있다. 한국에서도 국어학이나 (한)국어교육학에 한정되지 않고 번역학, 교과교육(과학교육, 수학교육, 사회교육 등) 등에서 체계기능언어학 기반의 텍스트 분석을 각 연구 목적에 맞게 활용하고 있다. 그 과정에서 앞서 논의한 이론적 전제들은 명시적으로 또는 암시적으로 적용이 가능함을 보이고 있다.
- 관념적 기능, 대인적 기능, 텍스트적 기능 등을 실현하는 구체적인 어휘문법이나 구와 절의 단위, 텍스트를 결속시키는 언어 자원들은 언어에 따라 차이를 보일 수 있다. 하지만 위에서 언급한 이론적 전제들은 대체로 범언어적인 것이다. 예를 들어, 대인적 기능 중 양태 의미는 영어에서는 조동사를 통해 실현되는 것이 전형적이지만 한국어에서는 보조 용언은 물론이고 선어말 어미나 어휘문법의 복합 구성으로도 실현되곤 한다.

더 보기

체계기능언어학의 이론적 전제에 대한 논의 자체를 목적으로 삼은 국내 연구는 아직 찾아보기 어렵다. 조진수(2018ㄱ)나 신희성(2019)에서는 각각 관념적 기능 및 텍스트적 기능에 기반한 문장 구조 교육 내용, 그리고 대인적 기능의 교육 내용을 논의하기 위한 배경으로 체계기능언어학의 이론적 전제를 소개하고 있다. 또한 이관규(2018)에서도 체계기능언어학을 텍스트 평가 도구로 활용하기 위한 시론격의 논의에서 체계기능언어학의 이론적 전제에 대해 다루고 있다.

이에 앞서 이른 시기에 주세형(2009)에서 체계기능언어학의 국어교육적 함의를 탐색하였지만, 이를 체계기능언어학이 언어학 이론으로서 갖는 위치에 대한 단독적 논의라 보기는 어렵다. 혹은 정재훈(1999)에서는 1970~1980년대 체계기능언어학의 이론적 틀을 짚은 바 있으나 현재 할리데이와 매티슨(2014)의 논의는 당시보다 많이 발전한 상태이다.

번역학 논의나 각 교과교육 논의 등에서 체계기능언어학을 분석적 도구로 활용하면서 이론적 전제에 대해 간단히 소개하는 경우들이 있다. 국내 연구로는 이창수(2012, 2013), 국외로 범위를 넓히면 할리데이와 매티슨(2014), 톰슨(2014), 에긴스(2004), 버트 외(Butt et al, 2012), 뱅크스(2019) 등의 체계기능언어학 개론서를 참고할 수 있다.

경험적 대기능

차례

3.1. 들어가기

　　인간은 자신을 둘러싼 세계를 표현하기 위해 언어를 사용한다. 인간의 모든 경험은 언어로 표현된다. 인간의 경험을 표상하는 언어의 기능, 이것이 바로 체계기능언어학의 대기능 중 하나인 관념적 대기능이다. 관념적 대기능은 경험적 대기능과 논리적 대기능의 결합을 통해 완성된다. 이 장에서 살펴볼 경험적 대기능은 하나의 절(clause) 차원의 논의이며, 6장에서 다룰 논리적 대기능은 두 개 이상의 절 차원의 탐구이다. 경험적 대기능은 어휘문법 차원의 동성 체계(TRANSITIVITY)를 통해 구현되며, 맥락 차원에서는 장(field)과 관련된다. 체계기능언어학에서 텍스트를 분석하여 동성 체계를 살피는 이유는 관념적 대기능에 대한 이해가 장르에 대한 이해와 맞닿아 있고 결국에는 인간에 대한 이해로 연결되기 때문이다.

　　지금부터는 언어로 표상된 인간의 경험을 유형화하고, 각각의 특성을 살펴보고자 한다. 또한 각 유형별 특성을 탐구함으로써 경험적 대기능의 측면에서 언어를 체계화해 볼 것이다.

3.2. 동성 체계의 개념

우리가 살고 있는 세계는 시간의 흐름 속에 존재하며, 이러한 시간의 흐름은 변화를 만든다. 그리고 시간이 흐르면서 변화하는 움직임(動) 그 자체가 곧 인간의 경험이라 할 수 있다. 이를 고려하여 변화의 방향성을 기준으로 인간의 경험을 구분해 본다면, 내적 경험과 외적 경험으로 나눌 수 있다. 내적 경험이란 인간 내부의 변화로, 정신적 혹은 심리적 작용 같은 경험을 뜻한다. 즉, 언어나 행동 등을 통해 실현된다면 필연적으로 외부 세계에 영향을 미치게 되나, 외부로의 실현이 성립되지 않아 외부 세계에 영향을 미치지 않으며 독립된 개체 내부에서 일어나는 내적 변화를 내적 경험이라 할 수 있다. 반면 외적 경험은 외부 세계와 관련을 맺고 특정 대상의 변화를 가져오는, 물질적 혹은 신체적 행위나 사건 등을 의미한다.

그런데 행위나 사건과 같은 외적 경험은 특정 개체의 식별 혹은 그것의 속성에 대한 인식을 전제한다. 이 식별과 인식은 정신 작용이라는 측면에서는 내적 경험과 비슷하나, 세계 내에 존재하는 개체의 물질적 실체에 대한 경험이라는 측면에서는 외적 경험의 속성도 갖는다. 즉, 식별과 인식은 내적 경험과 외적 경험의 성격을 모두 지닌 중간적 경험이라고 할 수 있다.

이와 같이 언어에 표상된 인간의 경험, 즉 언어를 통해 나타난 변화의 양상을 '과정(process)'이라고 하며, 이는 〔그림 3-1〕과 같이 여섯 개의 유형으로 구성되어 있다. 우선 정신적 변화가 표현된 것은 정신적 과정(mental process), 외부 세계에서 발생하는 행위나 사건이 표현된 것은 물

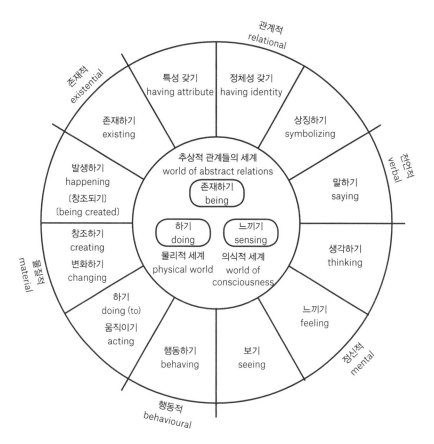

〔그림 3-1〕 과정 유형(Halliday & Matthiessen, 2014: 216)

질적 과정(material process), 개체의 식별이나 속성이 표현된 것은 관계적 과정(relational process)으로 구분한다. 이들 세 과정은 동성 체계를 이루는 중심적인 과정 유형(PROCESS TYPE)이다.

　이러한 세 과정 유형 사이에는 두 유형의 특성을 모두 보이는 또 다른 동성 유형들이 존재한다. 물질적 과정과 정신적 과정 사이의 행동적 과정(behavioural process), 정신적 과정과 관계적 과정 사이의 전언적 과정(verbal process), 관계적 과정과 물질적 과정 사이의 존재적 과정(existential process)이 그것이다. 행동적 과정은 주로 인간의 생리적 상태가 외부로 발현된 경우를 나타내며, 전언적 과정은 말이나 생각을 표현하는 경우를 말한다. 존재적 과정은 실존과 관련한 경험을 나타낸다. 이렇게 총 여섯 개의 과정 유형으로 구성된 경험의 문법은 〔그림 3-1〕에서 볼 수 있듯하나의 원으로 구현되며 다른 대기능들과 함께 의미를 생성한다.

각 과정 유형이 투영하는 경험의 특성은 텍스트의 장르성에 영향을 미친다. 예를 들어 '떡볶이 만드는 법', '뜨개질 하는 법'처럼 절차가 중심이 되는 텍스트에는 행동을 순서대로 표현한 물질적 과정이 주로 등장한다. 인물이나 기관의 인터뷰를 인용하여 전달하는 뉴스 텍스트에서는 전언적 과정이 활발히 활용된다. 또한 설화나 소설과 같은 서사 텍스트에도 전형적으로 사용되는 과정 유형이 존재한다. 도입부에는 인물의 등장을 위해 존재적 과정이, 그리고 인물의 성격을 제시하기 위해 관계적 과정이 주로 실현된다. 위기나 절정 부분에서는 사건의 빠른 전개를 위해 물질적 과정이 주로 사용된다. 버트 외(Butt et al., 2012: 102)는 서사 장르의 특성을 경험적 대기능을 중심으로 설명하였는데, 이는 〔표 3-1〕과 같다.

〔표 3-1〕 경험적 대기능과 텍스트 구조(Butt et al., 2012: 102)

텍스트 구조	서사 장르에서의 경험적 의미
도입 orientation	• 이야기의 인물, 장소, 소재를 소개하는 존재적 과정 • 공간적 배경과 시간적 배경을 설정하는 배경 요소 • 등장인물을 식별하고 특성을 묘사하는 관계적 과정 • 등장인물의 특정 행동을 소개하는 물질적 과정
갈등 complication	• 일련의 행동을 위한 물질적 과정 • 등장인물이 말한 것을 투사해서 행동의 속도를 늦추는 전언적 과정 • 행동을 멈추고, 의심을 만들고, 인물의 생각과 감정을 드러내고, 벌어진 일을 평가하기 위한 관계적, 정신적 과정
해결 및 종결 resolution and coda	• 이야기의 주제를 드러내기 위한 관계적 과정

경험적 대기능의 실현을 위해 동성 체계에는 과정 외에도 참여자(participant)와 배경(circumstance)이라는 두 가지 요소가 더 필요하다. 과정은 변화 자체를 표현하며 동사군(verb group)으로 실현된다. 그리고 과정은 변화를 표현할 개체를 필요로 하는데, 이를 **참여자**라고 한다. 예를 들어 '아이가 공을 던진다.'라는 절에서 '아이'와 '공'은 '던지-'는 이라는 물질적 과정을 실현하는 개체이다. 따라서 '아이'와 '공'이 해당 절의 참여자가 된다. 동성 체계는 과정을 실현하기 위해 하나 이상의 참여자를 반드시 필요로 하며 참여자는 대개 명사군(nominal group)으로 나타난다.

과정과 참여자가 절의 경험적 구조 내에서 중심적 요소로 기능하는 데 반해, 배경은 경험적 구조의 주변부에서 보통 수의적 요소로 기능한다. 배경 요소는 부사군(adverbial group)이나 전치사구(prepositional phrase)로 실현된다. 예를 들어 '아침부터 아이가 공을 던진다.'라는 절에서 '아침부터'는 시간적 위치를 나타내는 배경 요소이다. 배경 요소는 과정이나 참여자에 비해 경험적 의미의 실현에서 중심적이지는 않으나, 절의 의미를 내적으로 확장시켜 풍부하고 정교하게 하는 역할을 한다.

〔표 3-2〕 능동/피동 표현과 참여자의 예

ㄱ.	포수가	멧돼지를	잡았다.
	주어	목적어	서술어
	참여자(행위자)	참여자(대상)	물질적 과정
ㄴ.	멧돼지가	포수에게	잡혔다.
	주어	부사어	서술어
	참여자(대상)	참여자(행위자)	물질적 과정

체계기능언어학은 텍스트가 표상하는 경험에 주목한다. 〔표 3-2〕에서

(ㄱ)과 (ㄴ)은 통사적 차이가 있음에도 불구하고 행위자, 대상, 과정에 변화가 없다. 그 이유는 동성 체계 내의 참여자가 전통적 의미의 주어나 목적어와는 다른 차원의 요소이기 때문이다. 체계기능언어학은 '잡-'는 행위, 그 행위를 하는 개체인 '포수', 잡힌 대상인 '멧돼지'로 이루어진 세계의 변화가 만들어 내는 경험적 의미에 주목한다.[1] 이처럼 과정, 참여자, 배경이라는 표식(label)을 붙임으로써 우리는 우리가 사용하는 텍스트의 의미를 보다 체계적이고 분명하게 해석할 수 있다. 과정, 참여자, 배경 요소를 통해 텍스트의 경험적 기능을 실현하는 언어의 체계, 그것이 바로 동성 체계이다.

〔표 3-3〕경험의 표상과 동성 체계의 예(Butt et al., 2012: 64)

ㄱ.	매장은	여섯 시에	닫습니다.
	참여자(대상)	배경	물질적 과정
ㄴ.	매장의 폐점 시각은	여섯 시	입니다.
	참여자(피식별자)	배경	관계적 과정

인간이 경험을 표상하는 방법에 특별하고 완고한 원칙이 존재하는 것은 아니다. 그래서 똑같은 현상이나 대상에 대해서도 매우 다양한 언어적 표현이 가능하다. 가령 아르바이트생이 손님에게 매장이 여섯 시에 닫는다는 사실을 전하고 싶었다면 〔표 3-3〕의 (ㄱ)과 같이 표현할 수 있다. 혹은 '닫다'라는 동사를 선택하지 않고 (ㄴ)과 같이 표현할 수도 있을 것이다. (ㄱ)이 동사 '닫다'를 통해 물질적 경험을 제시하고 있다면, (ㄴ)에

....

1   〔표 3-2〕의 두 예문은 경험적 의미와 달리 텍스트적 의미에서는 차이를 보인다. 주제부가 다른 실현을 보이기 때문이다. 텍스트적 의미에 대해서는 5장을 참조할 수 있다.

서는 '폐점 시각'이라는 명사를 통해 의미를 추상화하여 관계적 과정으로 실현하고 있다. 이처럼 어떠한 과정 유형을 선택하느냐에 따라 텍스트의 실현은 달라지며, 부각되는 인간의 경험도 자연히 상이해진다.

지금부터는 각 과정의 유형별 특성에 대해 살펴볼 것이다. 다만 인간의 경험이 명확하게 구획되지 않는 것처럼 과정 유형 역시 불명확한 (fuzzy) 것이 특징이다. 그래서 과정의 여섯 유형에 대해서는 여전히 논란이 존재하며, 설정할 수 있는 과정 유형이 언어마다 다를 수도 있다. 변화하는 인간의 경험과 함께 지금 이 순간에도 변하고 있는 언어를 완벽하게 해석하여 체계화하는 것은 쉬운 일이 아니다. 그러므로 지금부터는 가장 전형적인 것, 즉 과정 유형의 원형(prototype)을 살펴보고자 한다.

3.3. 과정 유형의 특성

3.3.1. 물질적 과정

물질적 과정은 행위 혹은 사건을 표현하며 참여자인 행위자(actor)를 필요로 한다. 행위자는 행위를 하는 자, 즉 변화의 중심적 개체이다. 행위자는 과정이 전개됨에 따라 초기와는 다른 결과가 나타나도록 한다. '아이가 뛴다.'에서 '뛰-'는 행위를 한 '아이'는, 처음에 정지 상태로 있었는지 아니면 그 외 상태로 있었는지와는 관계없이, 다리를 움직여 위치를 이동시키는 변화를 꾀하였으므로 행위자에 해당한다. 한편 '포수가 멧돼지를 잡았다.'에는 '잡-'는 행위를 한 행위자 '포수' 외에 그 행위로 인해 변화를 겪은 개체 '멧돼지'가 있다. 자유롭게 움직이던 이전 상태와 달리 '잡-'힌 상태가 된 '멧돼지'와 같이, 행위의 목표가 된 참여자를 대상(goal)이라고 한다. 이처럼 물질적 과정에는 행위나 사건의 결과로 변화를 보이는 참여자가 하나 이상 존재하기도 한다.

(표 3-4) 물질적 과정의 예

	배경	행위자	대상	물질적 과정
ㄱ.	아침부터	아이가		뛴다.
ㄴ.		바위가	냇물을	막았다.
ㄷ.	적당히		대파를	잘라 주세요.
ㄹ.		민호가	시를	썼구나.

물질적 과정은 대상의 유무를 기준으로 대상이 없는 자동적 과정과 대상이 있는 타동적 과정으로 분류할 수 있다. 또 행위자 혹은 대상 자체가 처음에는 없었는데 존재하게 되는 창조적(creative) 과정과 이미 존재하고 있었던 행위자나 대상이 변하게 되는 변형적(transformative) 과정으로 구분할 수 있다. (표 3-4) 중 (ㄹ)이 창조적 과정에 해당하는데, 행위자인 '민호'의 '쓰-'는 행위의 결과로 이전에는 존재하지 않았던 대상인 '시'가 존재하게 되었기 때문이다. (ㄱ), (ㄴ), (ㄷ)은 모두 변형적 과정에 해당한다. (ㄱ)에는 행위자의 변화가 나타나고, (ㄴ)과 (ㄷ)에는 행위자의 행동으로 인한 대상의 변화가 표현되고 있다. 대상 없이 행위자의 변화만 나타나는 (ㄱ)은 자동적 과정이며, 대상이 나타나는 (ㄴ), (ㄷ)은 타동적 과정에 해당한다. 주목할 것은, (ㄷ)의 경우에는 행위자가 노출되지 않는다는 점이다. 요리법과 같이 절차를 설명하는 텍스트의 경우 일반적으로 명령형으로 표현되기에 청자인 '너'에 해당하는 행위자가 생략된다.

[표 3-5] 행위자가 생략된 물질적 과정의 예

ㄱ.	8반에서	유리창이	깨졌어요.
ㄴ.	추억에	그리움이	더해졌다.
	배경	대상	물질적 과정

[표 3-5]의 (ㄱ)과 (ㄴ)은 [표 3-4]의 (ㄷ)처럼 행위자가 생략된 물질적 과정으로, 피동 표현으로 실현되고 있다. (ㄱ)의 경우 발화된 장소를 교무실로, 해당 텍스트의 화자와 청자를 각각 학생과 교사로 가정한다면, 이는 유리창을 깬 학생을 교사에게 알리지 않으려는 의도에서 행위자를 생략한 것이라고 해석할 수 있다. '명호가 8반에서 유리창을 깼어요.'라는 절과 비교해 보면 그 차이가 명확해진다. 이처럼 물질적 과정에서는 행위자를 노출하지 않으려고 의도적으로 생략을 선택하는 경우가 종종 발생한다. 한편 (ㄴ)은 '더하-'라는 행위의 행위자를 특정하는 것이 어렵기 때문에 행위자가 제시되지 않은 경우이다. 이처럼 누가 그 행위를 했는지 아무도 모를 때, 아니면 모두가 알고 있을 때, 혹은 중요하지 않은 문제일 때 (ㄴ)과 같이 행위자를 생략하기도 한다.

물질적 과정을 판별하기 위해서는 보통 다음과 같은 질문이 활용된다. 'x가 (y에게) 무엇을 했는가? What did x do (to y)?' 혹은 '무슨 일이 발생했는가? What happened?'가 그것이다. '아이가 무엇을 하는가?'라는 질문에 대한 답이 '아이가 뛴다.'이며, '포수가 멧돼지에게 무엇을 했는가?'라는 질문에 대한 답이 '포수가 멧돼지를 잡았다.'가 될 수 있는 것처럼, 이 판별용 질문을 통해 물질적 과정을 구별해 낼 수 있다.

(1) ㄱ. 우리는 천왕봉을 종주했다.

ㄴ. 그는 피아노를 연주했다.

ㄷ. 우리는 피아노를 치웠다.

(2) ㄱ. 나는 동생에게 사탕을 주었다.

ㄴ. 나는 아빠에게 안마를 해 드렸다.

행위자와 대상 이외에 물질적 과정에 참여할 수 있는 다른 참여자로는 범위(scope), 수혜자(beneficiary) 등이 있다. 범위는 과정 자체의 재진술에 해당하거나 과정의 외연을 표현하는 요소이다. (1ㄱ), (1ㄴ)의 '천왕봉'이나 '피아노'는 행위의 결과로 변화를 겪게 되는 개체가 아니므로 결코 결과적 속성을 가질 수 없다. 즉, '종주하-'는 행위나 '연주하-'는 행위는 천왕봉이나 피아노'에' 행해진 것이 아니라, 그 행위가 일어난 외연적 범위를 말해 준다. 반면 (1ㄷ)에서 '치우-'는 행위는 피아노'에' 행해진 것이다. 일반적으로 범위는 자동사절에서 발생하며, 단 하나의 참여자인 행위자가 함께 등장한다.

한편 (2)는 수혜자를 나타낸다. 이때 수혜자는 영어 전통문법에서 '간접 목적어' 따위로 불리던 참여자를 가리킨다. 수혜자는 수령자(recipient)와 고객(client) 두 가지로 분류된다. 수령자는 (2ㄱ)의 '사탕'과 같은 재화(goods)를 받는 참여자를, 고객은 (2ㄴ)과 같이 '안마'라는 서비스(service)를 받는 참여자를 가리킨다. 따라서 (2)의 예에서 '동생'은 수령자, '아빠'는 고객이 된다. 수령자는 주로 전치사 'to'와, 고객은 전치사 'for'와 함께 제시된다. 다만 이들 모두 상당히 제한적인 상황에서 나타나며 경우에 따라서는 전치사 없이 실현되기도 한다. 덧붙여 수혜자라는 용어는 혜택을 받는 사람이라는 인상을 주지만, 여기에서 수혜자는 이득을 보는 참여자뿐 아니라 피해나 손해를 보는 참여자도 포함하는 개념이다.

3.3.2. 정신적 과정

정신적 과정은 인간의 정신세계 내에서 일어나는 내적 경험을 표상한다. 이 과정은 물질적 과정과 달리 외부 세계에 그 어떤 변화도 일어나지 않는다. 참여자는 감정을 느끼고, 생각을 하고, 무언가를 상상하고, 보거나 들을 뿐, 행동하지 않는다. 예를 들어 '아이는 달리기를 좋아한다.'라는 절은 아이가 달리기라는 행위를 하는 것이 아니라, 달리기에 대해 느끼는 감정을 나타내는 것이므로 정신적 과정에 해당한다.

정신적 과정은 'x가 (y에게) 무엇을 했는가? What did x do (to y)?'라는 질문으로는 판별이 불가능하다. 정신적 과정을 위한 판별용 질문으로 'x가 (y에 대해) 무엇을 느꼈는가/생각했는가? What did x feel/think (about y)?'와 같은 형식이 활용된다. 정신적 과정에는 물질적 과정의 '하다 do'처럼 모든 행위를 대체해 나타내 줄 수 있는 적절한 어휘가 존재하지 않는다. 따라서 판별용 질문을 위한 대체 동사로 '느끼다, 생각하다'와 같은 여러 어휘가 동시에 제시된다.

이처럼 물질적 과정과는 확연히 다른 특성을 지닌 정신적 과정은 두 참여자를 필요로 한다. 우선 참여자 중 하나는 생각이나 감정, 인지의 경험을 할 수 있는 개체로, 인간이거나 혹은 인지가 가능한 존재이다. 이러한 참여자를 감지자(senser)라고 부른다. '좋아하다'라는 감정을 경험할 수 있는 '아이'가 감지자인 것이다. 두 번째 참여자는 생각과 감정의 대상으로, 예문의 '달리기'처럼 다양한 형태의 명사군에 의해 실현된다. 이러한 참여자는 현상(phenomenon)이라 명명되며 구체적 개체부터 추상적 개념이나 사실까지를 모두 포괄한다.

〔표 3-6〕 정신적 과정의 예

ㄱ.	영은이는	사이렌 소리를	들었다.
ㄴ.	누구도	그의 눈물을	믿지 않았다.
ㄷ.	그는	일어나기로	결정했다.
ㄹ.	나는	비둘기가	싫어.
	감지자	현상	정신적 과정

　　〔표 3-6〕에서 볼 수 있듯 정신적 과정의 감지자는 '영은이, 누구, 그, 나'처럼 기본적으로 인간이다. (ㄴ)의 '누구'도 불특정 다수를 의미하는 인칭 대명사이므로 인간 감지자에 해당한다. 만약 이 예문들이 '돌은 비둘기를 싫어한다.'나 '어떤 의자도 그의 눈물을 믿지 않았다.'였다면 '돌'이나 '의자'와 같은 무생물은 의인화된 개체, 즉 인지가 가능한 '인간'의 자격으로 표현된 것이다.

　　한편 현상의 경우에는 '비둘기'와 같은 사물(thing)이나 '사이렌 소리' 같은 물질적 현상, 그리고 '일어나기'라는 행동(act)에 이르기까지 모든 것이 가능하다. 심지어 현상은 특정 사실(fact)까지도 나타낼 수 있다. 예를 들어 〔표 3-6〕의 (ㄴ) 대신 '그가 눈물을 흘리며 후회했음을 누구도 믿지 않았다.'라는 절이 가능하다면, 여기서 '그가 눈물을 흘리며 후회했음'이라는 현상은 이전에 발생한 하나의 사실로 해석할 수 있다.[2]

　　정신적 과정은 의미상 크게 네 가지로 분류 가능하다. 〔표 3-6〕의 (ㄱ)처럼 '듣다, 보다, 맛보다, 맡다, 알아차리다'와 같은 동사군으로 나타

………

2　'그가 눈물을 흘리며 후회했음'은 계층이동(rankshift)되어 절의 지위를 갖지 못하기에 단지 하나의 구성 성분처럼 간주되고 있다. 이는 절 복합을 통해 의미를 생성하는 논리적 대기능과는 구별된다. 6장 참조.

나는 지각적(perceive) 과정이 첫 번째이다. 두 번째는 (ㄴ)처럼 '믿다, 생각하다, 고려하다, 상상하다, 알다, 추측하다, 의심하다, 잊다'와 같은 동사로 나타나는 인지적(cognitive) 과정이다. 세 번째는 (ㄷ)과 같이 '결정하다, 동의하다, 원하다, 희망하다'라는 의미의 소망적(desiderative) 과정이며, 마지막은 (ㄹ)처럼 '싫다, 사랑하다, 아프다'와 같은 감정적(emotive) 과정이다. 이들 중 일부 정신적 과정은 가역적인 특성(reversibility)을 보이며, 〔표 3-7〕처럼 바꾸어 쓸 수도 있다.

〔표 3-7〕 정신적 과정의 가역적 특성

ㄱ.	영은이에게	사이렌 소리가	들렸다.
ㄴ.	누구도	그의 눈물이	믿기지 않았다.
ㄷ.	그에 의해	일어나기가	결정됐다.
ㄹ.	나를	비둘기가	불쾌하게 했다.
	감지자	현상	정신적 과정

정신적 과정의 또 다른 특징은 투사(projection)이다. 이는 만화 장르에서 흔히 사용되는 구름 모양의 말풍선을 통해 쉽게 이해될 수 있다. 만화에서는 등장인물의 생각을 머리 위에 그려진 구름 모양의 말풍선 안에 기록한다. 이 컷 속 등장인물은 생각(idea)이라는 정신적 과정을 수행하고 있는 것이며, 그 등장인물이 감지자가 된다. 주목해야 할 점은 〔그림 3-2〕에서 등장인물 '나'가 하고 있는 생각, 즉 말풍선 속에 적힌 '그가 크게 웃네.'라는 절은 정신적 과정의 참여자가 아니라는 것이다. 이 절은 "'그가 크게 웃네.'라고 나는 생각했다."는 절의 구성 요소가 아니며 독립된 절의 지위를 가지기에 그 절 자체의 동성 체계를 별도로 분석한다.

이처럼 생각을 반영하는 언어적 실현을 투사라고 하며, 투사는 이번

그가	크게	웃는다고	나는	생각했다.
'그가	크게	웃네.'라고		
행동자	배경	행동적 과정	감지자	정신적 과정
		↓	↓	↓
		말풍선 속의 생각	만화 컷 등장인물	인물의 정신적 경험

[그림 3-2] 정신적 과정과 투사

장의 도입부에서 언급한 논리적 대기능의 일부를 실현한다. 투사가 사고 대신 발언(locution)을 반영하는 경우도 있는데, 이는 3.3.5.의 전언적 과정에서 다시 살펴보게 될 것이다. 또한 투사는 절 복합체를 통한 논리적 대기능과 함께 6장에서 상세히 논의될 것이다.

3.3.3. 관계적 과정

관계적 과정은 물질적 과정이나 정신적 과정과 달리 초기의 상태와 결과의 상태가 균일하고 변화가 확인되지 않는다. 그런 의미에서 관계적 과정은 과정 유형에 속하기 어려운 것처럼 보일 수 있다. 과정은 시간의 흐름과 관련되며, 동성 체계는 변화하는 다양한 인간의 경험을 표현하기 때문이다. 그러나 개체와 개체 간 관계, 혹은 개체와 세계 간 관계를 인식하는 것 역시 일종의 변화라고 할 수 있다. 행위나 사건처럼 특정 시점에 발생하는 것이 아닐 뿐 관계적 과정 역시 인간 세상의 흐름 속에 존재한다.

관계적 과정은 하나의 개체가 세계와 어떤 관계를 맺고 있는지 보여 준다. A라고 하는 개체가 이 세계의 B라고 하는 부류에 속하여 그 부류의 특성 중 하나를 지니고 있음을 표현하기도 하며, 개체 A가 C라고 하는 특별한 신원 증명을 통해 식별될 수 있음을 표현하기도 한다. 전자의 경우를 속성적(attributive) 과정이라고 하며 후자의 경우를 식별적(identifying) 과정이라고 칭한다.

(표 3-8) 속성적 과정과 식별적 과정의 예

ㄱ.	She	is	wise.
	보유자	관계적 과정	속성
ㄴ.	윤수는	총무	이다.
	피식별자	식별자	관계적 과정

예를 들어 〔표 3-8〕의 (ㄱ)에서 'She is wise. 그녀는 현명하다.'라는 절은 '그녀'가 '현명한 인물'의 부류(class)와 동일한 특성을 지니고 있음을 의미한다. 즉, 속성적 과정은 부류와 회원으로서의 자격(membership)의 관계로 이해된다. 여기서 회원 자격을 가진 '그녀'는 보유자(carrier)로, 부류의 특성은 속성(attribute)으로 명명되며, 속성적 과정은 이 둘 모두를 참여자로 가진다. 식별적 과정도 이와 비슷하다. (ㄴ)의 '윤수는 총무이다.'라는 절에서 '윤수'는 '총무'라고 하는 신원을 통해 증명된다. 이때 '윤수'는 식별의 대상이 되기에 피식별자(identified)로, '총무'는 식별의 증거로 사용되기에 식별자(identifier)로 명명되며 식별적 과정 역시 이 둘을 참여자로 가진다.

알아보기 **한국어의 속성적 과정과 형용사 처리**

'She is wise.'라는 절에서 'wise'는 보유자가 가진 부류의 특성을 나타내는 '속성'이라 볼 수 있다. 그렇다면 한국어로 쓴 '그녀는 현명하다.' 라는 절에서 '현명하다'는 '속성'일까 '과정'일까? 한국어에서는 서술어가 영어의 동사군처럼 기능한다는 점을 감안하면 형용사는 과정으로 분류되어야 한다. 그러나 형용사를 과정으로 분류할 경우 한국어의 속성적 과정에는 속성이라는 참여자가 존재하지 않는 상황이 발생한다. 반대로, 형용사를 속성으로 간주한다면 과정이 나타나지 않는 동성 체계를 설정해야 하는 부담이 생긴다.

이러한 이유에서 한국어의 과정 유형을 재정립할 필요가 있다. 박종훈(2007: 45-46)에서는 서술격 조사 '이다'가 사용되어 논항의 관계를 맺어 주는 경우는 관계 과정으로, 형용사가 배치되어 대상의 속성을 나타내는 경우는 속성 과정으로 명명하였다. 그리고 그 둘을 포괄하여 상태 과정이라 설정하였다. 제민경(2015: 229)에서는 형용사에 의해 실현되는 과정을 상태적 과정 및 심리적 과정으로 보았다. 아래 표에서 확인할 수 있는 듯이 박종훈(2007)에 비하여 제민경(2015)에서는 한국어 서술어에 대한 세밀한 분류가 이루어졌으나, 아직 한국어 어휘문법적 특성을 바탕으로 한 지속적 연구가 필요한 실정이다.[3]

한국어와 영어의 과정 유형

할리데이와 매티슨 (2004, 2014)	박종훈(2007)		제민경(2015)	
물질적	관계적 과정		행위적	동작적
				전개적
정신적	심리		심리적	감정적
				감각적
			인지적	
관계적	상태	관계	관계적	
		속성	상태적	
존재적	존재		존재적	
전언적			발화적	
행동적				

속성적 혹은 식별적 방식으로 구분되는 관계적 과정은 다시 집약적(intensive) 과정, 소유적(possessive) 과정, 배경적(circumstantial) 과정으로 유형화할 수 있다.

[표 3-9] 속성적 과정과 식별적 과정의 유형

	속성적 과정	식별적 과정
집약적 과정	그는 건강하다.	그는 회장이다.
소유적 과정	그는 차를 소유하고 있다.	차는 그의 것이다.
배경적 과정	그는 집 뒤에 있다.	최적의 순간은 지금이다.

집약적 과정은 관계적 과정의 특성을 가장 잘 나타내 주는 유형이다. [표 3-9]의 '그는 건강하다.'나 '그는 회장이다.'와 같은 절들이 이에 포함된다. 소유적 과정은 소유하고 있는 상태 자체를 일종의 속성으로 보는 것이며, '그는 차를 소유하고 있다.'와 같이 속성이 보유자의 고유한 부분일 경우 그 특징이 가장 잘 드러난다. 또한 '차는 그의 것이다.'처럼 소유한 상태가 식별자로 역할하는 경우 그 절은 식별적 과정인 동시에 소유적 과정이 된다. 배경적 과정 역시 공간적 혹은 시간적 위치 등을 속성으로 보기에 관계적 과정에 포함된다.

....

3   이창수(2012), 정혜현(2019)에서도 한국어 텍스트를 대상으로 한 과정 분석이 실시되었으나, 할리데이와 매티슨(2014)의 여섯 유형을 분석 기준으로 활용하였으며 한국어 과정 유형에 대한 재정립을 시도하지는 않았다.

3.3.4. 행동적 과정

동성 체계의 주요한 세 과정 유형인 물질적 과정, 정신적 과정, 관계적 과정의 사이에는 양쪽의 특성을 모두 보이는 또 다른 과정들이 존재한다. 우선 물질적 과정과 정신적 과정의 경계에 위치한 **행동적 과정**은 웃음, 호흡, 기침, 응시와 같은 생리적이며 심리적인 행동을 나타낸다. 행동하는 참여자는 **행동자**(behaver)로 지칭되며, 행동자는 물질적 과정의 행위자와 달리 인간만 가능하다.

〔표 3-10〕 행동적 과정의 예

ㄱ.	할머니가		웃으셨다.
ㄴ.	그녀는	한숨을	내쉬었다.
	행동자	행동	행동적 과정

〔표 3-10〕의 (ㄱ)은 전형적인 행동적 과정이다. 이처럼 대부분의 행동적 과정에는 행동의 경험을 하는 인간 참여자만 등장하고, 여타 참여자는 나타나지 않는다. 그런데 (ㄴ)과 같이 행동적 과정의 범위를 보여 주는 **행동**이 나타나기도 한다. 이는 물질적 과정의 범위와 유사한 요소이다. (ㄴ)의 '한숨'이 대상이 되지 않는 이유는 그녀가 내쉬는 행동을 행함으로써 초기와 다른 결과를 얻은 개체가 '한숨'일 수 없기 때문이다. '한숨' 자체는 변화를 겪지 않았으며 '내쉬다'라는 과정의 일부일 뿐이므로 행동으로 해석한다.

3.3.5. 전언적 과정

정신적 과정과 관계적 과정 사이에 존재하는 전언적 과정은 말하기와 관련되어 있다. 전언적 과정은 우선 화자(sayer)를 필수적 참여자로 가지며, 화자에 의해 말해진 내용이 명사화되어 표현된 말(verbiage)을 참여자로 가질 수 있다. 그리고 투사된 메시지를 전달받는 수신자(receiver)를 참여자로 가질 수도 있는데, 이때 화자가 긍정적 혹은 부정적으로 평가하는 대상인 표적(target)도 일부 전언적 과정에 나타날 수 있다. 이때 표적은 반드시 사람일 필요는 없지만 사람일 수도 있다는 점에서 수신자와 유사한 성격을 지닌다. 그러나 표적은 말을 전달받는 사람이 아니다. 표적은 화자가 수신자에게 '칭찬하-'거나, '비난하-'거나, '비판하-'는 대상을 의미한다. 아래의 예를 살펴보자.

〔표 3-11〕 전언적 과정의 예

ㄱ.	그는	나에게	대처법을		설명했다.
ㄴ.		나는	그어떤 경고도		듣지 못했다.
ㄷ.	그녀는	동료들에게		부장의 무능을	비난했다.
	화자	수신자	말	표적	전언적 과정

먼저 〔표 3-11〕의 (ㄱ)에서 화자는 '그'이며 수신자는 '나'이다. 화자인 '그'가 '나'에게 전달한 '대처법'은 말이다. 즉 '대처법'은 '그'로부터 '나'에게 전언된 내용이 명사화된 것이다. 반면 (ㄴ)에는 화자가 등장하지 않으며 수신자인 '나'만 등장한다. 또한 '나'가 누군가로부터 전언 받은 내용이 명사화된 '경고'가 하나의 참여자인 말로서 나타나고 있다. (ㄷ)에는 표적이 나타난다. 먼저 '그녀'는 화자이며 '그녀'의 말을 전해 들은 '동료'

들은 수신자이다. 이때 '비난하-'는 과정의 목표가 되는 '부장의 무능'이 표적이다. 이는 수신자인 '동료들에게'와 전혀 다른 성격을 지닌다. (ㄷ)의 표적은 형식적으로 (ㄱ)의 말과 동일하게 보일 수 있으나, 말이 전언된 내용이라면 표적은 평가 대상이다. 따라서 말로서 사람이 올 수는 없지만, 표적은 사람으로 표현 가능하다.

	그가	웃는다고	나는	말했다.
	'그가	웃었어.'라고		
	행동자	행동적 과정	화자	전언적 과정
		↓	↓	↓
		말풍선 속의 말	만화 컷 등장인물	인물의 전언적 경험

[그림 3-3] 전언적 과정과 투사

전언적 과정은 앞서 [그림 3-2]에서 언급한 투사의 다른 측면을 보여 주기도 한다. 정신적 과정이 등장인물의 사고를 투사한다면, 전언적 과정은 발언을 투사하며 [그림 3-3]과 같은 만화 컷 내의 말풍선으로 그 개념이 설명될 수 있다. 다만 정신적 과정에서는 인지 가능한 개체만이 참여자로 기능할 수 있었던 반면, 전언적 과정에서는 신호를 만들 수 있는 개체는 모두 화자의 역할을 할 수 있다. 예를 들어, '이 연구는 학습자의 학업 능력과 부모의 사회적 지위 간에 관련성이 있다고 주장했다.'라는 절에서 '연구'는 전언적 과정의 화자가 된다. 한편 [그림 3-3]의 '그가 웃었어.'나 '학습자의 학업 능력과 부모의 사회적 지위가 관계가 있다.'처럼 전언적 과정의 발언에 해당하는 부분은, 정신적 과정과 마찬가지로 절의 구성 요소가 아니며 독립된 절의 지위를 가지기에 절 자체의 동성 체계를 별도로 분석한다.

3.3.6. 존재적 과정

마지막으로 존재적 과정은 물질적 과정과 관계적 과정 사이에 존재하며, 영어의 경우 'There is(be)'라는 전형적인 형태로 시작된다. 존재를 표상하는 존재적 과정은 참여자인 존재자(existent)와 함께 구성된다.

(표 3-12) 존재적 과정의 예

옛날 옛적에	호랑이 한 마리가	있었어요.
배경	존재자	존재적 과정

〔표 3-12〕와 같은 형식으로 나타나는 존재적 과정은 서사적 텍스트에서 인물이나 배경을 설정하는 도입부에 필수적이다. 또한 여행을 위한 안내 책자 등에서도 유적지나 흥미로운 사물을 소개하기 위해 종종 활용된다.

알아보기 영어와 한국어의 존재적 과정

영어에서 존재적 과정의 'there'는 부사로서의 그것과 성격이 다르다. 존재적 과정의 절인 'There's your father on the line.'에서 'there'는 주어이며 [ðə]로 약하게 발음된다. 그리고 이에 대한 대답으로는 'Oh, is there?'가 가능하다. 반면 관계적 과정의 절인 'There's your father.'에서 'there'는 부사어이며 [ðɛa]로 강하게 발음된다. 또한 그 대답이 'Oh, is he?'로 전자와 전혀 다르게 나타난다. 존재적 과정 절에서는 'there'를 'here'로 변경할 수 없는 데 반해, 관계적 과정의 절에서는 가능하다는 점도 주목할 만하다.

'It's raining.'과 같이 기상학적 현상을 표현하는 데 존재적 과정이 활용된다는 점 역시 영어의 독특한 특성이다. 국어에서는 주로 '비가 온다.' 혹은 '비가 내린다.'라고 하며, '비가 있다.'라는 존재적 과정은 활용하지 않는다.

테루야(Teruya, 2006: 276-279; 이창수, 2012: 260에서 재인용)에 따르면, "우리말과 구조가 비슷한 일본어의 경우 존재 프로세스를 관계 프로세스의 한 종류로 분류"하고 있으며, "'서 있다, 앉아 있다, 떨어져 있다, 와 있다'와 같이 동작이나 행동을 나타내는 프로세스 뒤에 '있다'가 붙어 동작이나 행위가 완결되어 현재 존재하고 있다는 의미를 나타내는 경우를 'existence-plus'라고 해서 존재 프로세스의 확장된 개념으로 분류"하고 있다. 또한 이는 영어에는 없는 일본어와 한국어의 특수한 형태라고 밝히고 있다.

한국어에서 존재적 과정을 설정할 때 가장 전형적인 동사는 '있다' 혹은 '존재하다'이다. 이 중 '있다'는 '소유/소재/존재' 등 폭넓은 의미를 갖고 있으며 보조 동사로의 활용이 활발하기 때문에 과정 유형과 관련하여 더 논의될 필요가 있다.

3.4. 배경 요소의 특성과 유형

3.4.1. 배경 요소의 특성

과정과 참여자가 경험적 대기능의 중심적 의미를 실현한다면, 배경 요소는 메시지 발신자가 사태 경험에 대한 의미 구성을 '시간적·공간적·인과적' 혹은 여타 방면으로 증폭하여 풍부화하는 데 관여한다. 이러한 배경 요소의 특성은 '언제, 어디서, 어떻게, 왜'라는 전통적인 의문사를 통해 가장 간명하게 드러난다. 이들은 (3)에서와 같이 한국어에서는 부사어로, (4)에서와 같이 영어에서는 부사군과 전치사구로 주로 실현된다.

(3) ㄱ. 포수가 <u>어제</u> 멧돼지를 잡았다. [언제]

ㄴ. 포수가 <u>산에서</u> 멧돼지를 잡았다. [어디서]

ㄷ. 포수가 <u>덫으로</u> 멧돼지를 잡았다. [어떻게]

(4) ㄱ. Jack was building a house throughout the year. [언제]

ㄴ. Jack was building a house near the river. [어디서]

ㄷ. Jack was building a house for his retirement. [왜]

(Halliday & Matthiessen, 2014: 312)

그러나 모든 부사어가 배경 요소가 되는 것은 아니다. 가령 '아마 포수가 산에서 멧돼지를 잡았을 것이다.'라는 절에서 배경 요소는 '산에서' 뿐이며, '아마'는 배경 요소의 지위를 얻지 못한다. 이는 배경 요소가 경험적 대기능과 관련된 성분이기 때문이다. '아마'는 인간 경험의 표상을 위해 의미를 증폭시키는 것이 아니라, 화자가 해당 명제에 대해 취하고 있는 태도를 보여 준다. '아마'와 같은 부사어들은 4장에서 살펴보게 될 대인적 대기능에서는 양태적 기능을 담당하지만, 경험적 대기능에서는 의미를 실현하는 기능을 하지 않는다. 이는 배경 요소가 대인적 대기능의 관점에서 교환으로서의 절의 의미 실현에 적극적으로 기여하지 못하고 단순히 잔여부의 배경적 부가어로 분류되는 것과 마찬가지이다.[4]

....

4   아래 표에서 확인할 수 있는 바와 같이 부사군과 전치사구의 기능에는 중첩되는 부분이 존재한다.

배경 요소에서 부사군과 전치사구의 비교

구분	서법 구조(modal structure)	경험적 구조(experiential structure)
부사군	부가어(배경적)	배경 요소(주로 방법 중 특질, 정도)
	부가어(양태적)	–
전치사구	부가어(배경적)	배경 요소(위치, 규모, 방법, 원인 등) 특정 텍스트 상황에서 참여자
	부가어(양태적)	–
	부가어(주제적)	–

동성 체계의 배경 요소는 거의 모든 과정에 자유로이 나타난다. 그러나 그 세부적 기능의 스펙트럼이 광범위하여 배경 요소를 이견 없이 확실하게 분류하는 것은 쉽지 않다. 특히 '전치사+명사군'의 형태를 하고 있어서 배경 요소인 전치사구처럼 보이지만 실제로는 '과정(동사+전치사)+참여자(명사군)'이거나 '과정+참여자(전치사+명사군)'인 경우가 존재해 혼란이 가중된다.

(5)　ㄱ. I was waiting on the first floor. / It was on the first floor that
　　　　　I was waiting.
　　　ㄱ′. *It was the first floor that I was waiting on.
　　　ㄴ. I was waiting for the bus. / It was the bus that I was waiting
　　　　　for.
　　　ㄴ′. *It was for the bus that I was waiting.

(5)는 '과정(동사)+배경(전치사+명사군)'과 '과정(동사+전치사)+참여자(명사군)'의 차이를 보여 주고 있다. (5ㄱ)에서 'on the first floor'는 배경 요소인 전치사구이다. 'Where were you waiting?'이라는 질문에 대한 대답으로 위치 중 장소의 의미를 내포한 전치사구가 제시된 것이라 볼 수 있다. 이는 (5ㄱ′)처럼 전치사를 제외한 채 강조되었을 때는 절이 성립하지 않음을 통해 알 수 있다. 한편 (5ㄴ)에서 'for'는 배경 요소로 기능하

....

다만 경험적 대기능의 실현에 있어 배경 요소의 역할을 고려할 때, 전치사구는 내포한 명사군에 따라 훨씬 더 풍부한 표현 가능성을 가지지만 부사군은 방법(manner) 중 특질(quality), 정도(degree) 혹은 위치(location) 중 시간(time) 등과 같은 유형으로 그 기능이 한정되는 경향이 있다. 이러한 이유에서 배경 요소와 관련한 논의의 대부분은 전치사구를 대상으로 전개되고 있다.

는 전치사구 'for the bus'의 일부처럼 보이나, 실제로는 'wait for'라는 동사군을 형성하여 과정으로 기능한다. (5ㄴ)이 'What were you waiting for?'라는 질문에 대한 응답이라는 점을 통해서도 이를 확인할 수 있다.

(6) ㄱ. I gave a ring to my love.

ㄱ'. I gave my love a ring.

ㄴ. The accident was because of heavy snow.

ㄴ'. The accident was caused by heavy snow.

(6ㄱ)에서 'to my love' 역시 배경 요소로서의 전치사구라고 오인되기 쉬우나 이는 '전치사+수혜자'에 해당한다. 3.3.1.에서 이미 언급했듯 물질적 과정의 수혜자는 (6ㄱ)처럼 전치사와 함께, 혹은 (6ㄱ')처럼 전치사 없이도 나타난다. 한편 그 의미가 거의 동일한 (6ㄴ)과 (6ㄴ')의 경우, 두 절에는 모두 배경 요소가 존재하지 않는다. (6ㄴ)의 전치사 'because of'는 'heavy snow'라는 명사군이 절에 참여자로 도입될 수 있도록 과정으로서의 기능을 수행하고 있다.[5] 또한 배경 요소가 일반적으로 경험적 대기능의 성립을 위한 필수적 성분이 아니라는 점을 고려할 때, (6ㄴ)에서 생략 불가능한 'because of heavy snow'가 배경 요소일 수 없음은 쉽게 이해될 수 있다. 정리하면, (6ㄱ)과 (6ㄴ)은 전치사와 명사군이 함께 배열되어 있으나 모두 경험적 대기능의 배경 요소를 가지고 있지 않다. 이

....

5   할리데이와 매티슨(2014: 328-329)에 따르면 전치사는 소형 과정(minor process)의 역할을 하는 소형 동사로 해석할 여지가 있으며, 후행하는 명사군은 소형 과정의 참여자로 볼 수 있다. (6ㄴ)과 (6ㄴ')처럼 'be+전치사구'와 '동사'의 형태일 때 그러한 특성이 잘 드러나며, '원인'의 배경 요소가 포함된 'I was late because of heavy snow.'와 비교해도 그 차이를 알 수 있다.

처럼 모든 전치사구가 배경 요소의 기능을 하는 것은 아니므로 이에 대해 신중히 탐구할 필요가 있다.

3.4.2. 배경 요소의 유형

지금부터는 할리데이와 매티슨(2014)에서 제시한 배경 요소의 유형을 바탕으로 배경 요소의 경험적 대기능 실현 양상을 살펴보려 한다.[6] 사실 실제 텍스트에서 나타나는 모든 배경 요소를 분류하는 기준을 마련하기란 거의 불가능하다. 그럼에도 〔표 3-13〕과 같은 분류는 경험적 대기능하에서 배경 요소가 텍스트에 기여하는 바를 설명하는 중요한 기준이 되어 준다.

앞에서 언급한 바와 같이 배경 요소는 과정과 참여자가 형성한 경험적 대기능을 증폭시킨다. 증폭의 방향은 크게 확장(expansion)과 투사(projection)로 나누어 볼 수 있다. 확장이 수평적 증폭이라면 투사는 수직적 증폭이다. 확장은 이미 의미한 바를 자세히 설명하거나 원래 있던 의미에 새로운 의미를 덧붙이는 등의 방식으로 절의 의미를 폭넓게 형성한다. 투사는 정신적 과정과 전언적 과정에서 살펴본 것처럼, 말이나 사고를 삽입 제시하여 절 속의 절로서 의미를 확대한다. 즉, 배경 요소는 확장과 투사의 방식으로 경험적 대기능의 주변부에서 절의 의미 증폭을 담당한다.[7]

확장의 첫 번째 유형은 보강하기(enhancing)이다. 이미 실현되어 있는 대기능을 규모, 위치, 방법, 원인, 가능성의 측면에서 보태는 것이다.

....

6 배경 요소 유형 및 분류에 대해서는 많은 이견이 존재한다. 에긴스(2004: 223)에서는 〔표 3-13〕과 달리 가능성과 관점의 범주를 설정하지 않고 있다.

7 확장 및 투사의 의미에 대해서는 6.4.에서 자세히 설명된다.

[표 3-13] 배경 요소의 유형(Halliday & Matthiessen, 2014: 313-314)

		유형		wh-
확장	보강하기	규모	거리 지속 빈도	how far how long how many times
		위치	장소 시간	where when
		방법	수단 특질 비교 정도	how how how/what like how much
		원인	이유 목적 이득	why what for who for
		가능성	조건 양보 부재	why
	연장하기	동반	수반 추가	who/what with and who/what else
	상술하기	역할	외양 산물	what as what into
투사		사태		what about
		관점	출처 시점	

(7)에서는 보강하기의 첫 번째 유형인 **규모**(extent)의 배경 요소를 보여 준다. 규모는 과정이 전개되는 공간과 시간을 나타낸다. 공간의 이동인 거리(distance)와 시간의 움직임인 **지속**(duration)이 규모에 속하며, '열 번' 처럼 간격을 나타내는 빈도(frequency) 역시 이에 포함된다.

(7) ㄱ. 가로등이 <u>10m마다</u> 설치되어 있다. [거리]

ㄴ. 우리는 경주에 <u>3일 동안</u> 묵을 것이다. [지속]

ㄷ. 나는 이 영화를 <u>열 번</u> 봤다. [빈도]

두 번째로 (8)은 위치(location)의 배경 요소이다. 위치는 과정이 전개되는 장소(place)와 시간(time)을 나타낸다. 여기에는 고정된 위치뿐 아니라 경로나 이동 목적지도 포함된다. 위치 배경 요소에는 '어디'나 '언제'와 같은 의문사가 대응된다.

(8) ㄱ. 그가 <u>부산에서</u> 돌아왔다. [장소]

ㄴ. 나는 <u>아침에</u> 그 소식을 들었다. [시간]

세 번째로 (9)는 방법(manner)의 배경 요소이다. 방법은 과정이 실현되는 방식을 나타내며, 네 가지 하위 범주로 구성된다. 수단(means)은 가장 대표적인 범주이며 과정의 실현을 위해 도구로서 기능하는 대상을 표현한다. 특질(quality)은 영어에서는 전형적으로 '-ly 부사'를 갖는 부사구로 표현되며 속도, 명암, 용이성과 같은 질적인 차원을 표현한다. 비교(comparison)는 '~처럼'의 의미로 유사성 혹은 상이성을 드러낸다. 마지막으로 정도(degree)는 '매우, 많이, 완전히, 깊이'와 같은 양적 측면을 표현한다.

(9) ㄱ. 그는 <u>자전거로</u> 호수까지 다녀왔다. [수단]

ㄴ. 시간이 <u>매우 느리게</u> 간다. [특질]

ㄷ. 시간이 <u>화살처럼</u> 빠르다. [비교]

ㄹ. 그는 그 사실을 <u>완전히</u> 잊었다. [정도]

네 번째로 (10)은 원인(cause)의 배경 요소이다. 원인에는 과정의 실현을 촉발한 이유(reason)와 과정 실현의 의도를 표현하는 목적(purpose), 그리고 과정이 수행될 때 이익이나 불이익을 받는 사람을 나타내는 이득(behalf)을 포함한다. 이득의 배경 요소는 영어에서 'for'가 이끄는 전치사구로 실현되며, 한국어에서는 보통 '~을/를 위하여'의 형태로 실현된다. 이때 '~을/를 위하여'는 부사어가 아니라 부사절을 형성하기에 한국어에서는 이를 배경 요소로 간주할 수 없다.

(10) ㄱ. <u>천둥소리에</u> 잠이 깼다. [이유]
ㄴ. He joined the company <u>for success.</u> [목적]
ㄷ. She gave up her job <u>for her children.</u> [이득]

마지막으로 (11)은 **가능성(contingency)**의 배경 요소이다. 가능성의 첫 번째 범주인 조건(condition)은 과정이 실현되기 위해 획득해야 할 배경적 요소를 가리킨다. 양보(concession)는 좌절된 원인을 설명해 주며 영어에서는 'in spite of'나 'regardless of' 등을 통해 표현된다. 그러나 이것이 한국어에서 '~에도 불구하다'로 실현될 경우에는 배경 요소가 아니라 절 복합으로 해석해야 한다. 부재(default)는 영어에서 'in absence of' 혹은 'in default of'로 표현되며 부정적 조건의 의미를 나타낸다.

(11) ㄱ. <u>비상시에</u> 이 망치로 유리를 깨시오. [조건]
ㄴ. <u>그 나이에도</u> 그는 전체 코스를 완주하였다. [양보]
ㄷ. <u>부장 부재 시</u> 회의는 개최되지 않습니다. [부재]

확장의 두 번째 유형은 연장하기(extending)이다. 동성 체계 내 하나의 참여자를 확장하여 '과정＋참여자'의 배열을 늘리는 것으로 이 유형에는 동반(accompaniment)만이 존재하며, 하위 범주로는 수반(comitative)과 추가(additive)가 있다. (12ㄱ)과 (12ㄴ)은 수반의 배경 요소에 해당한다. 수반은 제시된 두 개체를 하나의 과정으로 표현한다. (12ㄷ)과 (12ㄹ)은 추가로 분류된다. 추가에서 두 개체는 수반처럼 명백히 같은 참여자 기능을 공유한다. 다만 수반과는 달리 또 다른 의미를 드러내는데, 가령 (12ㄷ)의 경우 콜라가 오는 사건은 예상한 일이었으나 사이다가 올 것에 대해서는 예측하지 못하고 있었음이 제시되고 있다. 동반의 두 유형으로는 'with, without, besides, instead of'와 같은 전치사가 전형적이다.

(12) ㄱ. 치킨이 <u>무와</u> 배달되었다. [수반]

　　 ㄴ. Jack <u>and Jill</u> laughed. [수반]

　　 ㄷ. 콜라에 <u>사이다까지</u> 왔다. [추가]

　　 ㄹ. Jack <u>as well as Jill</u> laughed. [추가]

확장의 세 번째 유형은 상술하기(elaborating)이다. 이는 동성 체계 내 한 참여자의 역할을 상세히 설명하는 것이다. 상술의 하위 범주에는 역할(role)만이 존재한다.

(13) ㄱ. I was installed <u>as chairman.</u> [외양]

　　 ㄴ. <u>As a young girl,</u> I used to read books in this park. [외양]

　　 ㄷ. You'll grow <u>into a tall girl.</u> [산물]

(13ㄱ)과 (13ㄴ)은 역할의 첫 범주인 외양(guise)에 해당한다. 이는 영어에서 'be'와 'become'의 의미를 상세히 설명하는 역할을 하는 배경

요소이며 일반적으로 전치사 'as'와 함께 나타난다. 외양은 (13ㄴ)처럼 인간 삶 속의 특정 시기를 표현하기도 한다. (13ㄷ)은 과정의 결과로 얻어지는 산물(product)을 표현하는 배경 요소이다. 결과적 속성이나 획득된 정체성 등도 산물에 포함된다.

확장의 배경 요소가 관계적 과정과 관련이 있다면, 투사의 배경 요소는 일반적으로 정신적 과정 및 전언적 과정과 관련을 맺고 있다. 이 두 과정의 참여자인 감지자나 화자는 투사의 관점(angle) 배경 요소에, 전언적 과정의 말은 사태(matter) 배경 요소에 대응된다.

(14) ㄱ. Tell me about the whole story. [사태]

ㄴ. According to John, the test is this week. [출처]

ㄷ. 그건 나에게는 너무 어려워. [시점]

사태는 묘사되고, 이야기되고, 언급된 것이다. 즉 그것은 전형적으로 전언적 과정에 나타나지만 정신적 과정에서도 제시되며, (14ㄱ)처럼 대개 전치사 'about'과 함께 제시된다. 관점의 첫 범주인 출처(source)는 정보의 근원과 관련이 있으며, (14ㄴ)에서 볼 수 있듯 주로 'according to, in the words of'와 같은 전치사와 함께 등장한다. (14ㄷ)은 관점의 두 번째 범주인 시점(viewpiont)에 해당하는데, 이는 절에 누군가의 입장에서 주어진 정보가 담겨 있어서 그 정보의 시발점을 표현하기 위한 것이다.

지금까지 배경 요소의 특성과 세부 유형에 대해 살펴보았다. 경험적 대기능 실현을 위해 배경 요소는 실제 텍스트 내에서 적극적으로 사용된다. 배경 요소에 대한 깊이 있는 이해는 결국 경험으로서의 절, 그리고 텍스트를 이해하는 데 기여할 것이다.

3.5. 요약하기

여기서는 인간의 경험을 표상하는 경험적 대기능에 대해 살펴보았다. 경험적 대기능은 과정, 참여자, 배경의 요소를 통해 고유의 구조를 형성하며 동성 체계를 통해 실현된다. 그 내용들을 정리하면 다음과 같다.

- 경험적 대기능은 언어의 의미를 인간 경험의 표상이라는 측면에서 탐구하는 것이다. 경험적 대기능의 측면에서 언어의 의미에 대해 기술하는 이와 같은 작업은 인간 경험을 표현할 때 우리가 선택할 수 있는 항목들을 체계화하여 보여 준다.
- 경험적 대기능은 동성 체계를 통해 실현되며, 동성 체계는 과정, 참여자, 배경과 같은 요소를 통해 드러난다.
- 동성 유형은 물질적 과정, 정신적 과정, 관계적 과정, 행동적 과정, 전언적 과정, 존재적 과정의 여섯 가지로 구성되며, 각각은 인간의 서로 다른 경험을 나타낸다.
- 물질적 과정은 행위나 사건을 표현하며 필수적 참여자인 행위자 외에도 대상, 범위, 수신자, 고객 등의 수의적 참여자가 제시되기도 한다. 정신적 과정은 필수적으로 인지 가능한 감지자를 요구하며, 또 다른 참여자로 현상이 나타난다. 관계적 과정은 보유자와 속성을 참여자로 갖는 속성적 과정과 식별자와 피식별자가 참여자로 나타나는 식별적 과정으로 이루어져 있다.
- 행동적 과정, 전언적 과정, 존재적 과정은 동성 체계의 주요한 세 과정인 물질적, 정신적, 관계적 과정의 중간적 특성을 지닌다. 행동적 과정은 인간의 생리적 혹은 심리적 행동과 관계되어 있다. 전언적 과정은 말하기와 관련하여 투사적 특징을 보인다. 존재적 과정

은 영어 절에서는 전형적으로 'There is(be)'로 시작되며, 특정 개체의 존재를 표현한다.

- 배경 요소는 과정과 참여자로 이루어진 절의 의미를 증폭시킨다. '언제, 어디서, 어떻게, 왜'에 해당하는 정보가 담겨 있는 배경 요소를 통해 절의 의미는 더욱 폭넓게 실현된다.

더 보기

국어교육학과 체계기능언어학의 접목을 시도한 주세형(2005), 박종훈(2007) 이후 체계기능언어학적 연구들이 축적되고 있으나 경험적 대기능을 다룬 연구는 그다지 많지 않다. 국어 동성 유형에 대한 연구는 박종훈(2007, 2008) 및 제민경(2015)에서도 이루어졌으나 동성의 국어교육학적 의미에 대한 깊이 있는 고찰은 조진수(2016)에서야 이루어졌다. 조진수(2016)에서는 동성을 매개로 한 문법 지식의 통합 및 이해의 지평 확장을 주장하였다. 가령 주동과 피동에서 행위의 주체가 변하지 않음에도 주어는 바뀌는 현상에 대해, 학습자가 동성을 매개로 깊이 있는 이해에 도달할 수 있다면 학습자는 문장 성분이라는 현상적 층위의 의미와 더불어 또 다른 층위의 의미를 연계할 수 있게 될 것이라 보았다.

최근 이관규·신희성(2020)에서는 학습자들의 글을 통해서 동성 체계를 분석할 기초를 모색하고 있다. 비록 과정 유형의 불확정성이 나타나고 있기는 하지만, 이 논문은 동성 체계를 텍스트 분석 도구로 활용하는 데 기본적인 지침을 제공하였다. 이관규·신희성(2020)에서 구축된 기본 지침은 이후 주세형 외(2020)에서 실제 텍스트 분석에 활용되었다. 주세형 외(2020)는 초등학교 4학년, 5학년 학습자가 직접 작성한 텍스트에 나타난 과정 유형 및 참여자 유형에 대한 비교 분석을 수행하였으며, 통계적으로 유의미한 차이를 밝혀 경험적 대기능을 '언어 발달' 차원에서 논의하였다.

이와 같은 논의들에 기대어 여타 분야에서도 체계기능언어학적 연구가 이루어지기 시작하였다. 이승연(2016)에서는 사회 교과 텍스트에 대한 경험적 대기능 분석을 시도하였다. 또한 전수경(2017)에서는 할리데이와 매티슨(2004)의 과정 유형 분류를 이용하여 수학 교과서와 수학 교수실행에서 수학적 대상을 참여자로 하는 동성 체계를 분석하였다. 정혜현(2019)에서는 통일 관련 역대 대통령 연설문을 분석하여 과정 유형의 선택으로 생성되는 의사소통적 의미를 분석하고, 동성 체계에 대한 선택과 인식을 살펴보았다. 이와 같은 연구물의 축적은 한국어 텍스트의 장르성 규명에 기여할 것이며, 한국어 동성 체계의 정립에 큰 역할을 할 것으로 보인다.

대인적 대기능

차례

4.1. 들어가기

　　인간이 언어를 사용하는 주요한 목적은 타인과의 소통이다. 앞서 다룬 관념적 대기능이 경험을 언어로 표상하는 방식과 관련된다면, 대인적 대기능은 그 언어를 사용하는 언어 사용자 간의 관계 맺음 방식과 관련된다. 인간은 언어 사용을 통해 자신뿐 아니라 상대방의 역할을 결정하기도 한다. 이 같은 관계 맺음과 역할 결정에 있어 각 언어는 나름의 어휘문법 체계를 구축한다.

　　대인적 대기능은 3장에서 다룬 관념적 대기능 및 5장에서 다룰 텍스트적 대기능과는 또 다른 특별한 의미를 지닌다. 이 둘은 각각 텍스트를 통해 세상을 해석하거나 텍스트 자체의 짜임을 구성하는 방식을 다룬다는 점에서 텍스트가 초점화된다. 반면 대인적 대기능은 언어 사용자에 보다 초점을 두는데, '대인적'이라는 것은 언어의 의미기능 중 한 부류인 동시에 언어 자체의 특질이 될 수도 있다.

　　이 장에서는 대인적 대기능의 개념에 대해 살핀 후 대인적 대기능을 실현하는 어휘문법의 구조와 체계에 대해 다룬다. 이후 대인적 대기능의 담화의미를 범주화하는 방식에 대해서도 논한다. 체계기능언어학이 대인적 대기능과 관련해 마련하는 이론적 틀은 언어교육적으로도 유의미한 시사점을 제공해 준다.

4.2. 대인적 대기능의 개념

대인적 대기능의 개념을 설명하는 핵심적 단어는 '역할(role), 관계(relationship), 제정(enact)'이다. 인간은 사회적 동물로서 다른 인간과 상호작용하며 삶에서 여러 행위들을 실천한다. 언어 행위 역시 사회적 삶의 일면이자 그것을 가능하게 하는 동력이다. 체계기능언어학에서는 언어 사용자들이 언어를 통해 행하는 상호작용의 핵심을 교환(exchange)으로 규정하고 여기에 교환 행위와 교환 대상이라는 두 가지 준거를 더하여 네 가지 기본적인 발화의 기능을 만들어 낸다. 이는 아래 〔표 4-1〕과 같다.

〔**표 4-1**〕 발화 기능의 주요 유형 (Halliday & Matthiessen, 2014: 136 재구성)

교환에서의 역할	교환 대상	
	재화 및 서비스	정보
제공	제안 내가 밥 사 줄게. / 내가 밥 사 줄까?	진술 아빠는 어제 일찍 들어왔어.
요청	명령 그만 떠들고 청소 좀 해라.	질문 너 그 가방 어디서 샀어?

먼저 교환은 그 방향에 따라 제공하는 것(giving)과 요청하는 것(demanding)으로 나누어 볼 수 있다. 이는 다시 무엇을 교환하느냐에 따라

재화나 서비스 같은 물질세계의 것을 주고받는 것과 정보 같은 정신세계의 것을 주고받는 것으로 분류해 볼 수 있다.[1] 결과적으로 교환과 관련한 두 가지 변인을 활용해 제안(offer), 명령(command), 진술(statement), 질문(question)의 네 가지 발화 기능이 성립된다. 재화나 서비스를 제공하고자 하는 것은 곧 제안이 되며, 요청하는 것은 명령이 된다. 정보를 제공하고자 하는 것은 진술이라 할 수 있고 반대로 요청하는 것은 질문이라 할 수 있다. 서법 유형으로 보았을 때 명령은 명령형, 진술은 평서형, 질문은 의문형에 의해서 실현되는 것이 일반적이다. 영어나 한국어에서는 제안을 실현하는 전형적인 서법 유형은 없고 평서형이나 의문형으로 제안의 의미가 실현된다. 각각의 예는 〔표 4-1〕에서 확인할 수 있다.

앞서 대인적 대기능은 역할과 관계에 대한 의미기능이라고 했다. 그렇다면 〔표 4-1〕에서 다룬 교환은 어떻게 역할 및 관계와 연결될 수 있는가? 교환의 언어는 화자와 청자에게 각각의 역할을 부여하고 이에 맞추어 관계가 정립된다. 예를 들어 〔표 4-1〕에서 명령의 예처럼 화자가 "그만 떠들고 청소 좀 해라."라고 말한다면 화자는 명령하는 사람이 된다. 청자는 자연스레 명령을 받는 사람이 되고, 그 명령을 수행할 것인지 거절할 것인지를 선택해야 하는 입장에 놓이게 된다.

대화에서 화자와 청자는 일방향적인 관계가 아니라 상호작용하는 관계이며, 대화 역시 일회적인 것이 아니라 주고받음의 연속이다. 이 주고받음에서 화자의 제안, 명령, 진술, 질문은 대화를 시작하는 개시(initiation)의 기능을 할 수 있다. 화자에 의해 개시의 기능을 하는 발화가 실현되면

----

1 '재화와 서비스'는 'goods & services'에 대한 번역어이다. 이때 'services'를 '행위'로 번역할 수도 있지만 주고받는 대상으로서의 'goods & services'는 행위 명제(proposal)와 행위 양태(modulation)에 포괄되는 개념이므로 이를 분명히 하고, 교환의 의미를 부각하기 위해 이 책에서는 '서비스'라고 번역한다.

청자 역시 발화로써 반응(response)을 보이게 된다. 이때 반응 발화는 화자의 기대에 부응하는(expected) 내용일 수도 있고 그렇지 않은 임의의 (discretionary) 내용일 수도 있다. 예컨대, 누군가 "너 그 가방 어디서 샀어?"라는 의문문을 실현했다면 이는 상대에게 정보를 요청하는 발화 기능이 개시된 것이다. 이때 상대는 "집 앞 가게에서 샀어."라고 해서 개시 발화자의 기대를 충족시키는 방향으로 반응할 수도 있으며, "잘 몰라. 잊어버렸어."라고 함으로써 기대를 벗어난 임의의 반응을 보일 수도 있다. 마찬가지로 제안은 수락하거나 거절할 수 있고, 명령은 수행하거나 불복할 수 있으며, 진술은 인정하거나 반박할 수 있다. 아래 〔표 4-2〕에서 네 가지 개시에 대해 기대되는 반응과 임의의 반응의 예를 확인할 수 있다.

〔표 4-2〕 발화 기능과 발화 유형 (Halliday & Matthiessen, 2014: 137 재구성)

개시			반응	
			기대되는 반응	임의의 반응
제공	재화 및 서비스	제안 내가 밥 사 줄까?	수락 그래, 밥 먹자.	거절 아니, 나 밥 먹었어.
요청		명령 그만 떠들고 청소 좀 해라.	수행 알았어, 청소할게.	불복 그러기 싫어.
제공	정보	진술 아빠는 어제 일찍 들어왔어.	인정 그랬어?	반박 아니야, 아빠 어제 일찍 들어오지 않았어.
요청		질문 너 그 가방 어디서 샀어?	응답 집 앞 가게에서 샀어.	미응답 잘 몰라, 잊어버렸어.

화자의 발화와 그에 대한 청자의 반응, 그리고 계속해서 이어지는 대화는 화자와 청자의 역할 및 관계를 고정시키지 않고 역동적으로 변모하

게 만든다. 대인적 대기능에 대한 분석은 이처럼 언어 사용자 간 역동적인 상호작용을 분석할 수 있게 해 준다. 대인적 대기능을 분석하기 위한 구조와 체계에 대해서는 다음 절에서 자세히 다루기로 한다.

4.3. 대인적 대기능의 구조

앞서 2장에서 주어가 가질 수 있는 의미기능의 층위로 심리적 주어, 문법적 주어, 논리적 주어 세 가지가 있음을 살폈다. 이는 동일한 절이라 하더라도 의미기능에 따라 다르게 분석될 수 있음을 보인 것이다. 예를 들어 3장에서는 절의 동성 체계를 과정과 참여자, 그리고 배경 요소로 나누어 분석했다. 이는 의미기능을 실현하는 어휘문법의 구조와 관련된 것이다. 대인적 대기능 역시 나름의 어휘문법 구조로 분석될 수 있다.

4.3.1. 서법부

대인적 어휘문법의 구조는 크게 서법부(Mood)와 잔여부(Residue)를 나누는 데에서 시작한다.[2] 그 명칭에서 짐작할 수 있듯, 대인적 대기능을 실현하는 핵심 요소는 서법부이다.

....

2   체계기능언어학에서 'mood'는 두 가지 의미로 사용되는데, 하나는 잔여부와 대립되는 서법부를 칭하기 위한 것이고 다른 하나는 문법 범주로서의 서법을 칭하기 위한 것이다. 할리데이와 매티슨(2014)에서는 전자의 경우 첫 글자를 대문자로 표기하고(Mood), 후자는 네 글자 모두를 대문자로 쓰되 글자 크기를 작게 함으로써(MOOD) 이 두 가지를 변별하고 있다. 각 개념은 대인적 어휘문법의 구조적 차원과 체계적 차원으로 구분해 볼 수도 있다.

〔표 4-3〕 영어 절의 서법부와 잔여부 분석

They've	all gone.
서법부	잔여부

〔표 4-4〕 한국어 절의 서법부와 잔여부 분석

아빠는	어제	일찍	들어오-	-왔어.
서법부		잔여부		서법부

〔표 4-4〕의 '아빠는 어제 일찍 들어왔어.'와 같은 진술은 반박될 경우 주어나 한정어를 변화시켜 새로운 명제로 다시 진술된다. 예를 들어 주어가 바뀌어서 '엄마가 어제 일찍 들어왔어.'라고 진술되거나, 한정어가 바뀌어서 '아빠는 어제 일찍 들어오지 않았어.'라고 진술될 수 있다. 이와 같이 주어와 한정어는 명제 구조에서 의미 있는 역할을 담당한다. 이를 통해 교환으로서의 절의 분석에서 서법부가 대인적 대기능 실현의 핵심적인 역할을 담당하는 것을 확인할 수 있다.

서법부의 구성 요소인 주어(subject)와 한정어(finite)[3]에 대해 자세히 살펴보자.

(1) ㄱ. 태우가 부엌에서 생선을 손질하고 있다.

　　 ㄴ. 생선이 태우에 의해 손질되고 있다.

3　'finite'는 본래 영어의 정형 동사와 비정형 동사를 구별하는 개념이다. 그런데 한국어는 용언 중 몇몇 개별 어휘가 활용에 제약을 가지기는 하지만 대체로 모든 용언이 정형의 형태를 취한다. 따라서 이 책에서는 동사에 시제 등의 문법적 의미를 한정한다는 의미기능을 보다 살려 '한정어'로 칭한다.

먼저, 서법부의 주어를 보자. 여기에서 주어는 문법적으로 주격을 부여받는 문법적 주어를 가리키는데, 행위자로 표상되는 논리적 주어나 주제부로 표상되는 심리적 주어와 구별된다. (1ㄱ)에서는 주격 조사가 결합한 '태우가'가 주어가 된다. 주어는 명제를 확인하거나 부인하게 하는 실체로서 책임(responsible)을 진다. 앞서 다룬 교환의 언어에서 명령의 기능으로 쓰이는 발화는 2인칭 주어를 요구하기 마련이다. 이는 '(네가) 청소 좀 해라.'와 같이 명령형으로 실현될 때뿐 아니라 '(너는) 청소를 해야 한다.'와 같이 평서형으로 실현될 때도 마찬가지이다. 그런데 이때 주어를 '인간은 청소를 해야 한다.'와 같이 3인칭으로 전환하면 명령보다는 진술에 가까운 의미 패턴이 형성된다.

한정어는 명제의 유효성을 조절하는 기능을 한다. 시제(tense), 극성(polarity), 양태(modality)가 한정 요소에 해당하는 문법 요소이다. 시제란 어떤 시점을 기준으로 해서 특정 사태의 시간적 위치를 나타내는 문법 범주이다. 즉, 시제는 해당 명제가 현재에 유효한지 아니면 과거나 미래에 유효한지를 조절하는 기능을 한다. 일반적으로 한국어의 시제 체계는 과거, 현재, 미래의 세 가지 시제 체계를 갖는다고 본다. '-았/었-, -겠-'과 같은 선어말 어미, '-고 있-'과 같은 보조 용언 구성 등으로 시제 의미를 실현한다.

극성은 긍정과 부정을 나타낸다. 이를 통해 해당 명제가 긍정적인 유효성에 대한 것인지 아니면 부정적인 유효성에 대한 것인지를 드러낸다. 부정은 '안, 못'과 같은 부정 부사나 '-지 않-'과 같은 부정의 보조 용언 구성을 활용하여 긍정문을 통사적으로 바꾼 부정문으로 실현된다.

양태는 화자의 주관적인 태도를 세분화하여 표현하는 문법 범주이다. 양태를 통해 명제가 어느 정도로 유효한지 또는 그 제안이 어느 정도로 강요되는지를 조절한다. 양태는 정보 내용으로서의 명제에 관련된 정보 양태와 행위 내용으로서의 명제와 관련된 행위 양태로 구분할 수 있다. '지금 밖에는 바람이 많이 불겠다.'와 같은 절에서는 '-겠-'이라는 선어말 어미를 통해 '추측'의 양태 의미가 실현되고, '나는 턱걸이를 열 개 할 수 있다.'라는 절에서는 '-ㄹ 수 있-'이라는 구성을 통해 '소망/능력'의 양태 의미가 실현된다. 이와 같이 한정어는 시제와 극성 의미, 양태 의미 등을 한정하며, 이때 양태 의미는 대인적 대기능의 실현에 핵심적인 요소이다.[4]

또한 영어와 달리 종결 어미라는 교착적 요소를 통해 서법을 실현하는 한국어에서는 (1ㄱ)의 '-다' 역시 한정어의 한 요소로 분석될 수 있다. '-다'는 평서형과 해라체 두 가지의 의미기능을 실현한다.

4.3.2. 잔여부

잔여부에는 서술어(predicator), 보충어(complement), 부가어(adjunct)가 있다. 여기서 서술어는 전통적인 학교 문법에서 문장 성분의 하나로 용언 전체를 지칭했던 것과 달리, 용언의 어간에만 해당하는 것으로 보아야 한다. 앞서 어간에 결합하는 어미나 보조 용언은 서법부의 요소로 보았다. 서술어는 과정을 표지하는 것으로 관념적(경험적) 대기능 분석에서 주요한 요소이다.

보충어와 부가어는 주어와의 관계 속에서 특징지을 수 있는데, 주어가 되지는 못했지만 주어가 될 잠재성을 지니고 있는 것을 **보충**어로, 그렇지 않은 것을 부가어로 볼 수 있다. 관념적 대기능과 연계하여 생각

....

4   그간 한국어의 양태 연구에서는 극성의 의미가 적극적으로 다루어지지 않았다. 하지만 체계기능언어학 기반의 양태 의미가 'yes'와 'no' 사이의 불확정성에 근거하고 있기 때문에 극성 의미는 대립적 체계 속에서 이해될 필요가 있다. 예를 들어 '해야 된다'라는 '의무'의 양태 의미는 반대 극성에 '하면 안 된다'라는 표현을 또 다른 선택항으로 가질 수 있다.

해 보면 주어와 보충어는 참여자에 대응하고 부가어는 배경에 대응하기
도 한다. 앞서 (1ㄱ)에서 '생선을'은 보충어, '부엌에서'는 부가어가 된다.
'생선을'은 (1ㄴ)에서와 같이 주어로 실현될 잠재성을 지닌다. 이상에서
다룬 대인적 어휘문법의 구조에 맞춰 (1ㄱ)을 분석해 보면 아래 〔표 4-5〕
와 같다.

〔표 4-5〕 대인적 어휘문법 구조 분석의 예

태우가	부엌에서	생선을	손질하-	-고 있다
서법부		잔여부		서법부
주어	부가어	보충어	서술어	한정어

　　대인적 어휘문법 구조 안에서 부가어는 전형적으로 잔여부 안에 속
하게 된다. 이와 같이 잔여부로 해석되는 부가어를 다시 '배경적 부가어
(circumstantial adjunct)'라고 지칭한다. 이 요소가 동성 구조 내에서 '배경'
으로 기능하기 때문이다. 그런데 대인적 구조 내에서 부가어의 전형적인
분석에 예외가 되는 두 가지 경우가 있다. 이와 같은 유형을 양태적 부가
어(modal adjunct)와 접속적 부가어(conjunctive adjunct)라고 한다.

〔표 4-6〕 부가어의 유형과 대기능

대기능 종류	부가어의 유형	대인적 대기능 구조에서의 위치
경험적	배경적 부가어	잔여부
대인적	양태적 부가어	서법부
텍스트적	접속적 부가어	(대인적 대기능 구조에 속하지 않음)

　　〔표 4-6〕에서 볼 수 있듯이, 양태적 부가어는 대인적 기능을, 접속적 부

가어는 텍스트적 기능을 담당한다.[5] 할리데이와 매티슨(2014: 125-132)에서는 양태적 부가어를 다시 평가 부가어(comment adjunct)와 서법 부가어(Mood adjunct)로 분류한다. 평가 부가어는 '설마 그 사람이 우리를 배신하겠어?'의 '설마', '과연 설악산은 절경이구나.'의 '과연'과 같이 전형적으로 절 전체에 대한 평가를 한다. 서법 부가어는 서법 구조에 의미적으로 연결되어 있다. 이를테면, 'already'는 시제에, 'never'는 극성에, 'maybe'는 양태에 연결되어 있는 서법 부가어이다. 텍스트적 기능을 하는 접속적 부가어는 해당 절과 (특히 선행하는) 텍스트의 다른 부분들의 맥락화된 관계를 구성하게 한다.

〔표 4-7〕 대인적 어휘문법 구조 분석의 예: 대인적 기능을 하는 부가어

그렇지만	중소기업의 환경은	그리	좋-	-지 않습니다.
	서법부		잔여부	서법부
접속적 부가어	주어	양태적 부가어	서술어	한정어

〔표 4-7〕에서 볼 수 있듯이 '그렇지만'은 접속적 부가어로서 대인적 구조 분석 내에서 서법부와 잔여부 어디에도 속하지 않는다. '그리'는 양태적 부가어로서 극성 의미의 한정어인 '-지 않-'에 연결되어 있는 서법 부가어이며, 대인적 구조 분석에서 서법부에 속한다.

....

5   1.3.2.에서 '대기능'은 모든 의미기능을 통합하는 표현으로 사용되며, 크게 관념적 대기능(경험적 대기능, 논리적 대기능), 대인적 대기능, 텍스트적 대기능으로 나누어진다고 말한 바 있다. 그런데 앞서 언급했듯 개별적인 자원의 의미기능을 말할 때는 그냥 '기능'이라고 표현할 수 있기 때문에 대인적 기능, 텍스트적 기능이라는 표현도 가능하다. 이때의 '기능'도 '의미기능'을 뜻하는 것은 물론이다.

4.4. 대인적 대기능의 체계

　대인적 어휘문법의 구조란 절 내에서 대인적 대기능을 분석해 낼 수 있는 틀을 의미한다. 이러한 틀 속에서 대인적 대기능을 실현하는 어휘문법들은 특정한 체계를 지닌다. 이 체계는 곧 '선택항'들을 나름의 기준에 맞춰 결집시킨 것이다. 대인적 어휘문법에서 체계를 이루는 요소로는 크게 서법과 양태가 있다.

4.4.1. 서법 체계

　한국어의 서법은 학교 문법에서 전통적으로 종결법(종결 표현), 상대 높임법(상대 높임 표현)이라고 다루던 언어 자원들이 합해진 개념으로 볼 수 있다. 실제 한국어에서는 종결 어미가 이 두 가지 의미기능을 모두 실현한다.[6] 따라서 종결과 상대 높임을 정리한 (표 4-8)이 한국어의 서법 체계라고 할 수 있다.

(표 4-8) 한국어의 서법 체계

상대 높임 서법 유형	직설형		명령형	
	평서절	의문절	명령절	청유절
하십시오체	-ㅂ니다	-ㅂ니까	-십시오	-십시다
해요체	-어/아요	-어/아요	-세요	-어/아요
하오체	-오	-오	-오, -구려	-ㅂ시다
하게체	-ㄴ다네	-는가	-게	-세
해체	-어/아	-어/아	-어/아	-어/아
해라체	-다	-냐	-라	-자

절이 직설형이 되느냐 명령형이 되느냐는 주어와 한정어의 존재 여부에 따라 결정된다. 주어와 한정어가 절 내에 실현되면 직설형이고, 실현되지 않으면 명령형이다.

직설형

직설형(indicative)은 주어와 한정어가 절 내에서 실현된다. 직설형 내에서 평서절(declarative clause)과 의문절(interrogative clause)을 구분하는 기준은 영어와 한국어에서 다르게 나타난다. 먼저 영어에서는 주어와 한정어의 배열 순서에 따라 평서절과 의문절을 구분할 수 있다. 평서절에서는 주어^한정어의 순서로, 의문절에서는 한정어^주어의 순서로 배열된다. 이와 달리 한국어에서는 평서절이든 의문절이든 주어와 한정어의 배열 순서에는 차이가 없다. 대신 종결 어미의 유형에 따라 평서절과 의문절을 구별한다.

(2) ㄱ. 학생들이 지금 운동장에서 축구를 한다. [평서절]

ㄴ. 이 식물의 특성은 무엇이냐? [의문절]

(2ㄱ)은 평서절의 예로서 종결 어미 '-다'로 실현되고, (2ㄴ)은 의문절의 예로서 종결 어미 '-냐'로 실현된다. 이와 같이 종결 어미의 유형에 따라 평서절과 의문절로 구분되는 것이 한국어 서법 체계의 특징이다. 서법 유형의 구분에 더해, 상대 높임 또한 종결 어미의 유형에 따라 실현된

....
6   상대 높임의 여섯 등급 중 해요체는 종결 어미가 아닌 보조사 '요'가 결합하여 실현된다. 『표준국어대사전』에서와 같이 '-어요'를 '-어'와 '요'가 결합하여 다시 어미가 된 것으로 처리하는 방식도 생각해 볼 수 있다.

다. (2ㄱ)과 (2ㄴ)은 모두 상대 높임 체계 중 해라체에 해당한다. 앞의 [표 4-8]에서 확인할 수 있듯이 평서절과 의문절은 각각 상대 높임 유형에 따라 하십시오체는 '-ㅂ니다, -ㅂ니까'로, 해요체는 '-어/아요'로, 하오체는 '-오'로, 하게체는 '-ㄴ다네, -는가'로, 해체는 '-어/아'로, 해라체는 '-다, -냐'로 실현된다.

명령형

명령형(imperative)은 무표적인 경우에 주어와 한정어가 절 내에서 실현되지 않는다. 명령의 주어는 수용자('너')뿐이기 때문에 명시되지 않는다. 또한 대인적 관점에서 명령은 협상이 뒤따를 것을 상정하지 않기 때문에 한정어의 기능이 무의미해진다.[7]

명령은 절대적이기에 양태 의미와 무관하고, 미래 시간만을 지시할 수 있기에 시간 의미의 선택이 불가능하다. 부정을 표시하는 경우에 한하여 극성의 선택만이 가능하다.

명령형 내에서 명령절(jussive clause)과 청유절(suggestive clause)을 구분하는 기준은, 영어에서는 'let's 구문'의 존재 유무이다. 한국어에서는 종결 어미의 유형에 따라 둘을 구별한다.

(3) ㄱ. 날씨가 추우니 옷을 많이 입<u>어라</u>. [명령절]

　　ㄴ. 함께 가<u>자</u>. [청유절]

(3ㄱ)은 명령절의 예로서 종결 어미 '-어라'로 실현되고, (3ㄴ)은 청유절의 예로서 종결 어미 '-자'로 실현된다. 이와 같이 종결 어미의 유형

....

7 실제 상황에서 명령이 언제나 그대로 받아들여진다는 의미는 아니다.

에 따라 명령절과 청유절로 구분되는 것이 한국어 서법 체계의 특징이다. 서법 유형의 구분에 더해, 상대 높임 또한 종결 어미의 유형에 따라 실현된다. (3ㄱ)과 (3ㄴ)은 모두 상대 높임 체계 중 해라체에 해당한다. 〔표 4-8〕에서 확인할 수 있듯이 명령절과 청유절은 각각 상대 높임 유형에 따라 하십시오체는 '-십시오, -십시다'로, 해요체는 '-세요, -어/아요'로, 하오체는 '-오, -구려, -ㅂ시다'로, 하게체는 '-게, -세'로, 해체는 '-어/아'로, 해라체는 '-라, -자'로 실현된다.

알아보기 한국어의 서법 체계 네트워크

신(Shin, 2018)에서는 한국어의 서법 체계를 다음 그림과 같이 선택항의 의미를 강화한 네트워크 도식으로 표현하였다. 이 도식은 종결 표현과 상대 높임 표현을 분리하여 나타내고 있다. 하지만 이 둘이 항상 함께 실현된다는 점에서 〔표 4-8〕과 같이 분리하지 않고 하나의 체계로 표현하는 것이 보다 명료한 지점이 있기도 하다.

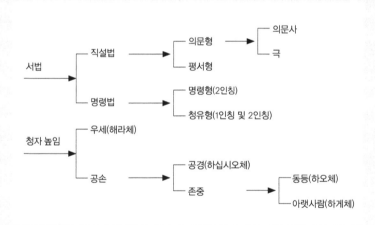

한국어의 서법 체계 네트워크(Shin, 2018: 27)

4.4.2. 양태 체계

대인적 대기능의 또 다른 어휘문법 자원은 양태이다. 양태의 의미 조절은 서법보다 섬세한 차원에서 이루어지는데, 이 역시 기본적인 출발점은 교환의 의미이다. 앞서 교환되는 대상의 종류를 재화 및 서비스와 정보 두 가지로 나누어 살펴보았다. 이 분류에 맞춰 명제를 구분하면 각각 행위 명제와 정보 명제를 설정할 수 있으며, 양태는 절의 경험적 의미를 표상하는 명제에 더해지는 것이다. 명제에 양태 의미가 더해진다는 것은 곧 불확정성이 더해진다는 것과 같은 의미이다. 전통적으로 양태는 명제에 대한 화자의 심리적 태도를 일컬어 왔으나 체계기능언어학에서는 그보다 'yes'와 'no' 혹은 'do'와 'do not' 사이의 불확정적 의미에 초점을 둔다.

양태 체계 네트워크에서 주요한 변인은 양태의 유형(type), 방향성(orientation), 값(value) 세 가지이다.

알아보기 양태와 대인적 대기능의 관련성

양태 체계를 상세하게 살피기 전에 양태 표현이 어떻게 대인적 대기능으로 분류될 수 있는지에 대해 논할 필요가 있다. 대인적 대기능은 언어 사용자 간의 역할 및 관계와 관련된 것이다. 그런데 명제의 불확정성에 대한 표현이 어떻게 언어 사용자 간의 역할과 관계를 조정하는가? 이와 관련하여 뱅크스(2019)에서는 대인적 대기능을 화자의 관계로 한정한 후 서법을 화자가 청자와 맺는 관계로, 양태를 화자가 메시지의 내용과 맺는 관계로 보았다. 또한 신희성(2019)에서는 듀보이스(Du Bois, 2007)의 입장 삼각형(stance triangle) 이론을 원용하여 양태 표현 역시 화자와 청자가 맺는 역할 및 관계의 어휘문법임을 설명해 냈다. 듀보이스(2007)에 따르면 화자가 어떤 대상에 대해 평가하는(evaluate) 일은 곧 화자를 특정 자리에 위치시키는(position) 일로 이어지며, 이는 다시 대화 참여자와의 관계를 조정하는(align) 일이 된다. 이때 화자가 어떤 대상에 대해 평가하는 일과 화자가 명제에 대해 어느 정도 확신을 가지고 있는지를 같은 선상에 놓고 보면, 양태 표현 역시 역할과 관계를 제정하는(enact) 어휘문법이 될 수 있다.

양태의 유형

먼저 양태 유형은 정보 명제에서 확률(probability)과 빈도(usuality)로 나타나고, 행위 명제에서는 의무(obligation)와 의향(inclination)의 정도로 나타난다.

〔표 4-9〕 양태의 유형

양태의 유형	
정보 양태 [정보의 교환]	확률
	빈도
행위 양태 [재화 및 서비스의 교환]	의무
	의향

(4)는 각각 확률, 빈도, 의무, 의향의 양태 의미가 더해진 표현들이다. 국어학 연구에서는 증거성과 능력 역시 양태 의미로 다루어 왔는데 이들 또한 각각 정보 양태와 행위 양태에 포함할 수 있을 것이다.

(4) ㄱ. 텔레비전은 인간에게 유해할 수 있다. [확률]

ㄴ. 텔레비전은 인간에게 유해하기 일쑤다. [빈도]

ㄷ. 너는 텔레비전을 봐야 한다. [의무]

ㄹ. 나는 텔레비전을 볼 것이다. [의향]

(4ㄱ)은 '-ㄹ 수 있-'을 통해 정보 양태로서 확률의 의미를, (4ㄴ)은 '-기 일쑤-'를 통해 정보 양태로서 빈도의 의미를 실현하고 있다. (4ㄷ)은 '-어야 하-' 구성을 통해 행위 양태로서 의무의 의미를, (4ㄹ)은 '-ㄹ 것 이-'를 통해 행위 양태로서 의향의 의미를 나타낸다.

양태의 방향성

양태의 방향성은 다시 두 가지 준거를 가진다. 하나는 '객관적(objec-tive) : 주관적(subjective)'의 대립이고 다른 하나는 '외재적(explicit) : 내재적(implicit)'의 대립이다.[8] '객관적 : 주관적'의 대립은 화자가 메시지를 객관적인 태도로 전달하고 있는지, 주관적인 태도로 전달하고 있는지에 따른 분류이다. 이것은 화자가 제공하는 정보가 실제로 얼마나 믿을 만한가와 관련되는 것이 아니라 서법부로 표현되는 정보를 제시하는 화자의 태도와 관계되는 것이다. '외재적 : 내재적'의 대립은 양태 의미가 별도 절을 외재적으로 형성하여 실현되는지, 절 내재적으로 실현되는지에 따른 분류이다.

유형 분류와 달리 방향성 분류는 두 준거를 교차하여 네 가지의 양태 의미를 상정하고, 여기에 다시 양태 유형 분류를 결합하여 총 여덟 가지의 양태 의미를 생각해 볼 수 있다. 이들 체계는 영어에서 보다 명료하게 드러나는데, 그 예를 보이면 〔표 4-10〕과 같다.

〔표 4-10〕 방향성에 따른 영어 양태 표현의 예(Thompson, 2014: 75)

	정보 양태	행위 양태
외재적·주관적	*I'm sure* we should sell this place.	I *don't advise* you to drink it.
내재적·주관적	She *might* have written to me.	I *mustn't* go there any more.
내재적·객관적	We *probably* won't repay it.	A cathedral *is supposed to* be old.
외재적·객관적	*It's likely that* they've heard by now.	*It's essential that* you leave at once.

....

8   'explicit, implicit'은 각각 '명시적, 암시적'으로 번역할 수도 있다. 하지만 이들 준거의 핵심은 양태 의미가 별도 절을 외재적으로 형성하여 실현되는지, 절 내재적으로 실현되는지에 있기에 여기에서는 '외재적, 내재적'이라는 용어를 선택하였다.

〔표 4-10〕의 예들 중 한국어와도 상응할 수 있는 것들을 보이면 (5)과 같다.

(5) ㄱ. 나는 텔레비전이 인간에게 유해하다고 생각한다. [외재적·주관적]

ㄴ. 텔레비전은 인간에게 유해할 것이다. [내재적·주관적]

ㄷ. 텔레비전은 대체로 인간에게 유해하다. [내재적·객관적]

ㄹ. 텔레비전은 인간에게 유해할 가능성이 높다. [외재적·객관적]

먼저 (5ㄱ)은 '나는 -다고 생각한다.'라는 별도의 절을 외재적으로 형성하면서 명제에 대한 불확정성을 주관적으로 표현하고 있다. 기본적으로 양태는 명제에서 부가적인 요소이기 때문에 절 내재적으로 실현된다. 하지만 이러한 전형성에서 벗어나 절 외재적으로 실현될 수도 있는데, 체계기능언어학에서는 이를 은유적 양태라고 보기도 한다.[9]

다음으로 (5ㄴ)은 내재적이고 주관적인 표현이다. (5ㄱ)처럼 '나'라는 주체가 출현하여 주관적인 성질을 올려 주지는 않지만 '-ㄹ 것이-' 구문은 추측의 주체가 존재한다고 상정할 수 있다는 점에서 주관적이라 할 수 있다. (5ㄷ)은 양태 부사를 통해 내재적이고 객관적으로 양태 의미를 실현한 예이다. 마지막으로 (5ㄹ)은 '가능성이 높다'라는 별도의 절을 외재적으로 형성하고 있지만 '가능성이'는 주체라기보다는 오히려 객체(object)에 가깝다. 따라서 (5ㄹ)은 보다 객관적인 표현으로 여겨질 수 있다.

....

9   은유적 양태와 관련된 자세한 내용은 문법적 은유에 대해 다루는 7장에서 살필 수 있다.

양태의 값

다음으로 양태의 값은 높음(high), 중간(median), 낮음(low)의 세 가지로 분류해 볼 수 있다. 특히 영어의 경우 'must(고) → will(중) → may(저)'와 같이 조동사를 활용하거나 'certainly(고) → probably(중) → possibly(저)'와 같이 양태 부가어를 통해 실현 강도를 조절하는 모습을 보인다. 체계기능언어학 이론에 기반해 한국어에서 양태 표현의 실현 강도를 일부 분류한 예를 가져오면 [표 4-11]과 같다.[10]

[표 4-11] 정보 양태와 행위 양태의 실현 강도(Shin, 2018: 41-42; 신희성, 2019에서 표로 정리한 것을 재인용)

정보 양태		행위 양태	
확률	빈도	의무	의향
그렇다		한다	
틀림없다 그럴 것이다 그렇겠다 그럴 수도 있겠다 그런 모양이다 그런 듯싶다	그런 법이다 그리하기 마련이다 그리하기 일쑤다 그리하기 십상이다 그런 셈이다 그런 편이다 그럴 때 있다	해야 한다 해야 된다 안 하면 안 된다 해도 된다 할 수 있다[허용]	하겠다 할 것이다 하려 한다 할까 싶다 하는 게 좋겠다 할까 보다
안 그렇다		안 한다	

가운데 열: 높음 ↕ 낮음

....

10 김병건(2016)이나 이지연(2018) 등에서 각각 발생 가능성의 높고 낮음 혹은 인식 양태에서 '막연, 개연, 확연'으로 양태 표현을 분류한 예들이 있는데, [표 4-11]은 이러한 양태의 값과 궤를 같이 하는 것이다.

4.5. 요약하기

이 장에서는 대인적 대기능의 개념에 대해 살핀 후 이를 실현하는 어휘문법의 구조와 체계에 대해 다루었다. 또한 대인적 대기능의 담화의미를 범주화하는 방식에 대해서도 살펴보았다. 그 내용을 정리하면 다음과 같다.

- 대인적 대기능은 언어를 통해 발생하는 언어 사용자 간 상호작용에 대한 영역이다. 보다 구체적으로는 언어 사용이 언어 사용자 간의 역할과 관계를 어떻게 제정하는지를 다룬다. 이때 대인적 대기능을 실현하는 어휘문법에는 서법과 양태가 있다.
- 대인적 대기능의 개념에서 핵심은 교환이다. 우리는 언어를 통해 재화 및 서비스나 정보를 교환한다. 교환의 방향에 따라 제공할 수도 있고 요청할 수도 있는데, 이 두 준거를 교차하면 기본적인 발화 기능은 진술, 질문, 제안, 명령의 네 가지로 나눌 수 있다. 진술, 질문, 명령은 일반적으로 평서형, 의문형, 명령형의 전형적인 서법으로 실현된다. 또한 이러한 발화 기능들을 개시로 볼 때, 이에 대한 반응도 수락하거나 거절하는 등 다양한 방식으로 이루어질 수 있다.
- 대인적 대기능의 분석은 크게 서법부와 잔여부로 나누어 이루어진다. 서법부는 대인적 대기능을 실현하는 핵심 요소로, 주어와 한정어를 포함한다. 이때 주어는 곧 문법적 주어이다. 한정어는 명제의 유효성을 조절하는 것으로 시제, 극성, 양태가 한정 요소에 해당한다. 잔여부에는 서술어, 보충어, 부가어가 포함된다. 이들은 대체로 관념적 대기능 분석에서 주요한 요소이다.

- 대인적 대기능의 서법 체계는 평서형, 의문형, 명령형, 청유형의 네 가지로 나누어 볼 수 있다. 대인적 대기능의 양태 체계는 이보다 복잡하다. 명제 의미에 따라 정보 양태와 행위 양태로 나눌 수 있고, 양태의 방향성에 따라 객관적인 표현과 주관적인 표현 그리고 외재적인 표현과 내재적인 표현으로 나눌 수 있다. 이들은 교차되어 총 여덟 가지 기본 유형을 발생시킨다.

더 보기

대인적 대기능과 관련한 한국어 연구에는 넓게 보면 종결 표현, 높임 표현, 양태 표현을 다룬 그간의 국내 연구들이 모두 포함될 수 있다. 하지만 할리데이를 위시한 체계기능언어학 이론에 기반한 대인적 대기능 연구는 아직 활발히 이루어지고 있지 않다. 그중에서도 국내에서 가장 많이 활용되는 것은 대인적 대기능의 담화 의미론적 연구인 평가 이론(appraisal theory)인데, 이는 담화 분석이나 번역 연구 등에서 특히 자주 활용되었다. 대표적으로 마승혜(2011), 박미준(2015), 이주리애(2015), 김병건(2018), 진염평·진영(2020) 등이 있다. 평가 이론을 활용한 한국어교육 분야의 연구로는 이슬비(2016), 맹강(2018) 등을 참고할 수 있다.

마틴과 화이트(Martin & White, 2005)에서는 대인적 대기능의 담화의미를 크게 교섭(negotiation), 평가(appraisal), 개입(involvement)의 세 가지로 나누고 이 중에서 평가에 집중하여 평가 이론을 창안한다. 평가 이론은 미하일 바흐친(Mikhail Bakhtin)의 대화주의와 체계기능언어학을 접목시킨 것으로, 불확정적인 양태 표현이 상대방에게 대화적 공간을 개방해 준다고 보는 것이 특징이다. 이러한 맥락에서 최근 국내외 언어교육에서는 설득적인 글쓰기, 논증적인 글쓰기 교육을 중심으로 평가 이론이 활발히 활용되고 있다.

대인적 대기능의 전반을 국어교육적 혹은 한국어교육적으로 활용한 연구는 박종훈(2015), 김호정(2016), 김서경(2019), 신희성(2019) 등이 있다. 그 외에도 다카치 토모나리(2014)에서는 체계기능언어학적 관점의 양태 개념을 상당 부분 수용하여 한국어의 양태 표현을 연구하기도 했다. 정혜승(2013)에서는 국어교육 차원에서 독자와의 상호작용적 글쓰기에 대해 논하면서 체계기능언어학의 대인적 대기능 이론을 일부 수용했다. 진염평·진영(2020)에서는 신문 사설 텍스트의 대인적 기능을 태도 평가 관점에서 살피고 있다.

텍스트적 대기능

차례

5.1. 들어가기

　텍스트적 대기능에서는 언어 사용자들이 어떠한 방식으로 그들이 전달하고자 하는 메시지를 맥락에 어울리게 구성하는지에 대해 주목한다. 따라서 텍스트적 대기능은 절을 통해서 특정한 메시지 기능을 실현하는 '메시지로서의 절'의 측면에 초점을 두고 메시지의 구조를 조직하는 방법을 다룬다.

　메시지의 구조를 만드는 두 가지 주요 자원은 주제 구조와 정보 구조이다. 주제 구조(thematic structure)는 메시지의 발신자가 주제부와 설명부로 절을 조직하는 방식과 관련된다. 정보 구조(information structure)는 절이 아닌 억양 군(tone group)을 기본 단위로 하는 정보 단위 체계로, 절과 같은 위계이다. 정보 구조는 구정보(Given)와 신정보(New)라는 두 가지 요소로 구성된다. 주제 구조와 정보 구조의 관계를 비교해 보면 많은 경우 주제부는 구정보와 일치하고, 신정보는 설명부와 일치한다. 이처럼 두 구조는 절에서 유사하게 기능하지만 각 개념이 기반하고 있는 텍스트에 대한 접근 방식에는 차이가 있다. 즉, 주제 구조와 정보 구조는 각각 다른 방식으로 해석되기 때문에 두 개의 개별 체계로 보아야 한다.

5.2. 주제 구조

주제 구조는 주제부와 설명부로 조직된 텍스트적 대기능의 어휘문법적 구조를 말한다. 주제부는 발신자가 출발점(시작점)으로 삼는 부분으로 영어에서는 보통 절의 맨 앞에 놓인다. 설명부는 발신자가 절의 메시지를 전개하는 부분으로, 대개 주제부 이후에 나오며 단순하게는 주제부를 제외한 절의 나머지 부분에 해당한다고 볼 수 있다. 절의 대기능을 반영하여 주제부를 구분하면 화제적(혹은 경험적) 주제부, 대인적 주제부, 텍스트적 주제부라는 세 가지 유형으로 분류할 수 있으며, 이 밖에 복합 주제부도 있다. 또한 주제부는 서법 유형과 절 복합 여부에 따라 다르게 분석될 수 있으며, 유표성과 무표성에 따라서도 구분된다.

5.2.1. 주제부와 설명부

주제부와 설명부의 개념

주제부는 메시지의 출발점을 제공하는 요소로, 메시지의 맥락 속에 절을 위치시키고 방향을 제시한다.[1] 즉, 메시지의 표지판(signpost) 기능을

....

1 톰슨(2014: 147-148)은 주제부를 '메시지의 출발점'으로 보아야 하는 이유와 관련하여, 주제부는 '그 절이 무엇에 대한 것인가?'를 의미하는 것이며 우리가 이에 이끌리는 경향이 있음을 지적했다. 할리데이(1985: 39) 또한 주제부를 그렇게 제안했다. 다만 톰슨(2014: 147-148)은 주제부의 의미를 이런 방식으로 표현하면 주제부와 주어를 구별하기 어려워지

하는 것이다. 영어에서 주제부는 어순에 기반하여 식별할 수 있으며, 절의 첫 번째 성분이 주제부에 해당한다. 한편 한국어나 일본어와 같은 언어에서는 주제부를 표시하는 데 사용할 수 있는 특정 문법적 조사(은/는, は[wa]/が[ga])가 있기 때문에 주제부가 절의 다른 위치에 발생할 수도 있다.

설명부는 메시지의 발신자가 주제부를 전개한 것이다. 일반적으로 발신자가 흥미롭거나 중요하다고 생각하는 메시지의 내용은 설명부에 나온다. 주제부가 메시지의 출발점이라면 설명부는 메시지의 도착점인 것이다. 설명부에 대한 식별 기준은 간단하다. 주제부가 아닌 메시지의 모든 부분이 설명부에 해당한다. 따라서 한 절에서 주제부를 확인하면 설명부는 쉽게 식별할 수 있다. [표 5-1]의 (ㄱ)과 (ㄴ)은 절의 길이에 상관없이 절의 첫 번째 성분이 주제부일 때 나머지 요소들은 모두 설명부로 식별됨을 보여 준다.

[표 5-1] 주제부와 설명부(Butt et al., 2012: 170; Banks, 2019: 57)

ㄱ.	Little Brown Betty	lived at the Golden Can.
ㄴ.	Wookey Hole Caves and Hotel	are situated in the quaint village of Wookey Hole, less than two miles from the Cathedral city of Wells, with plenty of free secure parking on site and a regular bus service to Wells.
	주제부	설명부

(ㄱ) 베티는 LA에 살았다. / (ㄴ) 우키홀 동굴과 호텔은 대성당의 도시인 웰스에서 2마일도 안 되는 마을에 위치하고 있으며, 현장에 많은 무료 주차와 웰스행 정기 버스를 제공한다.

....

기 때문에, 주제부를 '메시지의 출발점' 또는 '문맥 내에서 그 절을 찾아내고 방향을 정하는 지점'(Halliday & Matthiessen, 2014: 89)으로 보는 것이 더 적절하다고 하였다.

체계기능언어학의 주제부, 주어, 행위자

앞서 2.3.2.에서 간략히 언급했던 바와 같이, 체계기능언어학에서 주어와 주제부는 다른 개념이다. 이는 주어를 심리적 주어, 문법적 주어, 논리적 주어로 나누는 것과 관련된다. 할리데이와 매티슨(2014: 76-81)에서는 이에 대해 다음과 같이 설명하였다. 우선 심리적 주어는 '메시지의 관심사'를 의미한다. 화자가 절을 만들 때 처음부터 이것을 마음에 두고 시작하기 때문에 '심리적'이라고 한다. 다음으로 문법적 주어는 '주어의 무엇이 진술되고 있는지'를 의미한다. 이것은 주어와 술어의 구성이 형식적인 문법적 관계로 여겨지기 때문에 '문법적'이라고 한다. 마지막으로 논리적 주어는 '행위의 행위자'를 의미한다. 이것은 사물들 사이의 관계와 관련이 있기 때문에 '논리적'이라고 한다. 절에 따라 이 세 가지 주어는 아래 표의 (ㄱ), (ㄴ)과 같이 모두 일치하거나 모두 분리될 수 있다.

심리적·문법적·논리적 주어 분석(Halliday & Matthiessen, 2014: 80, Figure. 2-11, 12, 13)

	the duke		gave my aunt this teapot	
ㄱ.	심리적·문법적·논리적 주어			

	this teapot	my aunt	was given	by the duke
ㄴ.	심리적 주어	문법적 주어		논리적 주어

	this teapot	my aunt	was given	by the duke
ㄷ.	주제부	주어		행위자
	↓	↓		↓
	텍스트적 대기능	대인적 대기능		관념적 대기능

(ㄱ) 공작이 나의 이모에게 이 찻주전자를 주었다. / (ㄴ) 나의 이모가 공작에게서 받은 이 (표 5-2) 번역처럼 찻주전자 / (ㄷ) 나의 이모가 공작에게서 받은 이 찻주전자

체계기능언어학에서는 이들의 분리 가능성에 주목하여 심리적 주어는 주제부, 문법적 주어는 주어, 논리적 주어는 행위자로 각각에 다른 메타언어를 부여하고 절의 기능을 분석한다. 주제부는 텍스트적 대기능, 주어는 대인적 대기능, 행위자는 관념적 대기능 차원에서 다루어지며 이는 (ㄷ)에서 확인할 수 있다.

주제부의 유형: 화제적, 대인적, 텍스트적, 복합 주제부

절의 세 가지 대기능 구조를 반영하여 주제부가 될 수 있는 세 가지 유형의 절 구조 요소를 밝힐 수 있다. 화제적(또는 경험적) 요소, 대인적 요소, 텍스트적 요소가 그것이다. 첫째로 참여자, 과정, 배경처럼 동성(transitivity) 기능이 할당될 수 있는 요소가 절의 맨 앞에서 발생하면 이를 화제적 주제부(topical theme)라고 한다.[2]

〔표 5-2〕 화제적 주제부(Butt et al., 2012: 170-175)

ㄱ.	Little Brown Betty	lived at the Golden Can.
ㄴ.	Put	the kettle on.
ㄷ.	On Sunday morning	my love will come in.
	주제부: 화제적	설명부

(ㄱ) 베티는 LA에 살았다. / (ㄴ) 주전자를 올려라. / (ㄷ) 일요일 아침이면 내 사랑이 돌아올 것이다.

위의 예에서 'Betty', 'Put', 'On Sunday morning'은 각각 참여자, 과정, 배경으로 기능하므로 화제적 주제부가 된다. 한 절에서 화제적 주제부를 확인하면 절의 모든 나머지 구성 요소는 설명부로 볼 수 있다.

대부분의 절은 주제부로 기능하는 동성 체계의 구성 요소 중 하나로 시작하지만, 주제부 위치에 대인적 또는 텍스트적 요소들이 올 수도 있다. 절의 시작 부분에 서법을 실현하는 구성 요소나 양태 부가어가 화제

....

2   할리데이와 매티슨(2014: 109)은 이러한 주제부적 경험적 성분(thematic experiential constituent)을 '화제적 주제부'라 불렀는데, 이는 화제-논평(topic-comment) 분석에서 '화제(topic)'라고 부르는 것과 밀접하게 대응된다. 하지만 톰슨(2014: 163-164)은 '화제'의 모호한 개념을 비판하며 '경험적 주제부'라는 용어를 제안하였다. 이 책에서는 할리데이와 매티슨(2014)에 따라 '화제적 주제부'라고 기술하기로 한다.

적 주제부보다 선행하면, 이를 대인적 주제부(interpersonal theme)라고 부른다. 대인적 주제부는 발신자의 관점을 명시적으로 나타내는 기능을 하며 〔표 5-3〕의 (ㄱ)에 나타난 'interestingly'나 그 외에 'unfortunately, in my opinion, generally' 등과 같은 양태 부가어(modal adjunct)에 의해 실현된다.[3] 또는 〔표 5-3〕의 (ㄴ)에 있는 'Jane'처럼 호격어(격식 또는 비격식 호칭)로 나타날 수도 있다.

〔표 5-3〕 복합 주제부: 대인적 주제부와 화제적 주제부 구성(Bloor & Bloor, 2013: 92, Figure. 4-10)

ㄱ.	Interestingly	this production	minimizes questions of race and racism.
ㄴ.	Jane,	will you	marry me?
	주제부: 대인적	주제부: 화제적	설명부

(ㄱ) 흥미롭게도 이 작품은 인종과 인종 차별에 대한 질문을 최소화한다. / (ㄴ) 제인, 나랑 결혼해 줄래?

절 앞에 오는 것이 질문(의문절), 명령(명령절) 또는 진술(평서절)과 같은 서법(Mood) 요소일 때, 이들 또한 대인적 요소를 나타낸다. 'Don't touch that. 그거 만지지 마.'과 같은 명령절에서는 'Don't touch'가 주제부인데, 이렇듯 문두에 오는 '한정어+동사' 형태의 주제부는 이 절이 명령절임을 내보이는, 즉 대인적 기능을 하므로 대인적 주제부라 할 수 있다. 마찬가지로 'Do you give blood? 헌혈할 거니?'와 같은 의문절에서 'do'

....

3   양태 부가어는 본질적으로 명제에 대한 화자의 판단을 반영하는 정보를 추가한다. 양태 부가어는 절의 주제부와 설명부에 모두 나타날 수 있으나 다소 주제부적인 성질을 띤다. 화자가 명제의 사태에 대한 자신의 관점(확신하는지, 의향이 있는지)을 먼저 내세우는 것과 대화에서 청자를 먼저 부르고 이야기를 시작하는 것을 유사한 맥락에서 볼 수 있기 때문이다(Halliday & Matthiessen, 2014: 109-111).

는 이 절이 질문임을 보여 주는 단어로 질문자의 역할을 화자에게, 잠재적 답변자의 역할을 청자에게 부여한다. 다만 판정 의문절에서 'do'는 절의 경험적 구조를 배당받은 것이 아니므로 주제부는 다음에 나오는 주어로까지 확장된다. 따라서 의문절의 문두에 오는 한정어 또한 발신자와 수신자 사이의 관계 구축과 관련된다는 점에서 대인적 주제부라고 볼 수 있다.

텍스트적 대기능을 실현하는 세 번째 주제부는 **텍스트적 주제부**(textual theme)이다. 이들은 어떤 대인적 또는 화제적 의미를 나타내거나 표현하지는 않지만 메시지를 이전 절에 연결하는 기능을 하여 텍스트의 응집력을 부여하는 중요한 요소이다. 주제부가 될 수 있는 텍스트적 요소의 두 가지 주요 유형은 [표 5-4]에서 볼 수 있듯 'yes, no, oh, OK, well' 과 같은 연속 부가어(continuity adjunct)와 'however, therefore, and, because'와 같은 접속 부가어(conjunctive adjunct)이다.

[표 5-4] 복합 주제부: 텍스트적 주제부와 화제적 주제부 구성(Eggins, 2004: 306)

ㄱ.	No	you	wouldn't.
ㄴ.	And	he	proposes marriage.
	주제부: 텍스트적	주제부: 화제적	설명부

(ㄱ) 아니, 그럴 필요 없어. / (ㄴ) 그리고 그는 청혼했다.

절이 하나의 주제부 요소만을 구현할 때도 있지만, 연속된 주제부를 포함하는 것이 훨씬 더 일반적이다. 이때 텍스트적 주제부 또는 대인적 주제부는 화제적 주제부 이전에 발견된다. 이렇듯 여러 주제부를 포함한 절을 복합 주제부(multiple theme)라고 부른다. 복합 주제부 요소의 전형적인 순서는 [표 5-5]의 예처럼 '텍스트적^대인적^화제적'이다.

[표 5-5] 복합 주제부의 전형적 순서(Thompson, 2014: 164, Figure. 6-25)

And	oddly	he	was right.
주제부: 텍스트적	주제부: 대인적	주제부: 화제적	설명부
복합 주제부			

그리고 이상하게도 그가 옳았다.

하지만 접속 부가어와 양태 부가어가 주제부에 함께 나타나면 양태 부가어는 보통 접속 부가어에 선행한다. 따라서 이 경우 복합 주제부의 순서는 [표 5-6]과 같이 '대인적^텍스트적^화제적'이 된다.

[표 5-6] 복합 주제부의 대안적 순서(Thompson, 2014: 164, Figure. 6-26)

Unfortunately	however	the 'Un- artist'	proliferated within the art institutions as well.
주제부: 대인적	주제부: 텍스트적	주제부: 화제적	설명부
복합 주제부			

그러나 불행히도 '비예술가'가 예술 기관 내에서도 확산되었다.

알아보기 한국어의 주제

한국어에서 주제와 관련된 연구는 통사적 층위를 넘어 담화·화용적 층위에서 접근한 연구들이 주를 이룬다. 박승윤(1990), 이인영(1996), 최규수(1999), 성기철(2007) 등이 그 예이다. 임홍빈(2007: 4)과 이선웅(2012: 432)에 따르면 이들 연구에서 주제는 일반적으로 아래와 같은 특성을 갖는다.

(1) ㄱ. 주제는 문두(文頭)에 와야 한다.
    ㄴ. 주제는 '은/는'이 결합되어야 한다.
    ㄷ. 주제는 한 문장에 하나만 있어야 한다.

ㄹ. 주제는 신정보가 아닌 구정보여야 한다.

ㅁ. 주제는 한정적인 대상이어야 한다.

ㅂ. 주제는 담화나 정보 층위의 개념이다.

이때 (1ㅁ)에서 이야기하는 한정성(definiteness)은 화자가 자신이 어떤 대상에 대해 말하면 청자가 그것이 무엇을 가리키는지 알 수 있을 것이라고 가정할 때, 그 대상이 가지는 특성을 말한다. 이와 같은 특성은 몇몇 예외적인 경우를 제외하고 주제의 보편적 특성으로 받아들여지고 있다. 관련하여 다음 예문을 살펴보자.

(2)　ㄱ. 코끼리는 코가 길다.

　　　ㄴ. 나는 철수가 좋다.

위의 접근 방식에 따르면 (2ㄱ)이나 (2ㄴ)과 같이 '은/는'이나 '이/가'가 두 번 나타나는 문장에서 '코끼리는'과 '나는'은 주어가 아닌 주제이다. 즉, '주제+[주어+서술어]' 구성인 홑문장이다. 연구자에 따라서는 이러한 문장을 '주격 중출문, 이중 주어문'이라고도 하는데, 학교 문법에서는 이러한 문장을 '서술절을 안은 문장'으로 보고, 첫 번째 성분을 주제가 아닌 주어로 간주한다. 즉 '주어+[주어+서술어]'로 분석하는 것이다. 이는 두 번째 주어와 서술어가 서술절을 이루고, 첫 번째 주어는 전체 문장의 주어가 되는 겹문장으로 보는 견해이다.

한편, 임홍빈(2007: 159-172)에서는 문두 성분뿐만 아니라 문장에서 언급된 모든 주요 의미 화용적 대상은 주제로 해석될 수 있다고 주장한다. '주요 의미 화용적 대상'은 후행 담화에서 선행 담화에 나타나는 어떤 대상에 대하여 그것이 정말 그런지 확인하거나 문제 삼거나 반론을 제기하는 것이 가능한 대상이라고 정의하였다. 이 주장에 따르면 예문 (3)에서 실질적 의미를 가지고 있는 '철수, 동생, 사과, 먹-'이 모두 주제가 될 수 있으며, 각 성분에 대한 확인 또는 반론은 (4)와 같다.

(3)　철수는 동생이 사과를 먹었다.

(4)　ㄱ. 뭐 '철수'한테 그런 일이 생겼어? ['철수'에 대한 확인]

　　　ㄴ. 뭐 '(철수) 동생'이 그랬어? ['동생'에 대한 확인]

　　　ㄷ. '사과'가 아니라 '배'야. ['사과'에 대한 반론]

　　　ㄹ. '먹은 것'이 아니라 '한 입 문 거'야. ['먹은 것'에 대한 반론]

따라서 이 문장의 주요 의미 화용적 대상은 실질적 의미를 가진 '철수, 동생, 사과, 먹-'이 되고 이는 모두 담화 화용적 주제가 될 수 있다.

5.2.2. 주제부의 실현 양상

주제부와 서법

여기에서는 서법 종류에 따라 어떻게 주제부가 실현되는지 살펴볼 것이다. 발신자가 수신자에게 특별히 요구하는 것 없이 어떤 정보를 전달하는 평서절(declarative clause)이라면 간단하게 주제부를 분석할 수 있다. 하나의 화제적 주제부로 인식되는 지점까지 주제부로 분석하고, 절의 나머지 부분은 설명부로 분석하면 된다. 평서절의 주제부는 대부분 주어와 일치한다. 다만 어순이 자유로운 한국어의 경우 특히 구어에서는 주어가 문두에 오지 않는 예시들이 많다.

(표 5-7) 평서절의 주제부(Thompson, 2014: 148, Figure. 6-1)

The Queen	yesterday opened her heart to the nation.
주제부: 화제적	설명부

여왕은 어제 국민에게 마음을 열었다.

발신자가 수신자를 의식하지 않고 자신의 느낌을 표현하는 감탄절(exclamative clause)은 평서절의 하위 유형으로 포함시킬 수 있는데, 이 경우 (표 5-8)과 같이 감탄을 나타내는 'WH- 요소'를 주제부로 갖는다.

(표 5-8) 감탄절의 주제부(Halliday & Matthiessen, 2014: 101, Figure. 3-6)

What a self-opinionated egomaniac	that guy is!
주제부	설명부

뭐 저런 아집 세고 자기중심적인 남자가 있나!

발신자가 수신자에게 질문하여 대답을 요구하는 의문절(interrogative clause)에서의 주제부는 의문절의 종류에 따라 다르다. 먼저 수신자에게 '예/아니요'의 대답을 요구하는 판정 의문절(yes-no interrogative)의 경우, 영어에서는 비교적 주제부를 식별하기 쉽다. 'is/isn't, do/don't'처럼 극성의 의미를 표현하는 한정어가 반드시 주어 앞에 출현하기 때문이다. 다만 앞서 언급한 것처럼 이 경우 한정어는 경험적 의미를 표상하지 못하므로 이후에 출현하는 주어로까지 주제부가 확장된다. 할리데이와 매티슨(2014: 102)에서는 이를 '주제부(2)'로 표시하였고 에긴스(2004: 310)에서는 [표 5-9]와 같이 한정어를 대인적 주제부로, 이후의 주어를 화제적 주제부로 나누어 보았다.

[표 5-9] 판정 의문절의 주제부(Eggins, 2004: 310)

Can	I	get you some more?
주제부: 대인적	주제부: 화제적	설명부

조금 더 줄까?[4]

의문사를 사용하여 그 의문사가 가리키는 정보에 대해 수신자의 설명을 요구하는 설명 의문절의 경우, 주제부로 기능하는 요소는 정보를 요구하는 요소이다. 'WH- 요소'는 'who, which, what, why, how, when,

....

4 텍스트적 대기능에서 영어 예시를 번역한 부분들은 참고용으로만 제시한다. 어순이 서법을 형성하는 주요 기제인 영어와 달리 한국어는 어말의 종결 어미가 서법을 형성하기 때문에 서법의 유형에 따른 주제부 양상에 있어 차이가 크다. [표 5-9]뿐 아니라 [표 5-10]에서도 'How much'에 상응하는 부분을 문두에 두면 '얼마나 그들이 너에게서 가져갔니?'로 다소 어색한 표현이 된다. '얼마나 뺏겼니?'와 같은 의역이 가능하겠으나 먼저 말한 것처럼 이는 근본적으로 유형론적 차이에 기반한 것이기에 한국어를 영어에 맞게 일률적으로 적용해 보려는 노력이 되레 이해를 어렵게 만들 수 있다.

where, whoever, whatever' 등을 가리키는데 이들은 동성 체계의 일부 구조를 할당받기에 화제적 주제부라 할 수 있다. 대인적 기능 차원에서 보면 〔표 5-10〕의 'how much'는 잔여부에 해당하며 'do they'는 서법부에 해당한다.

〔표 5-10〕 WH- 의문절의 주제부(Eggins, 2004: 310, Butt et al., 2012: 174)

ㄱ.	How much	do they take out of you?
ㄴ.	Who	goes there?
	주제부: 화제적	설명부

(ㄱ) 그들이 너에게서 얼마나 가져갔니? / (ㄴ) 거기 누구니?

발신자가 수신자에게 어떤 행동을 하도록 요구하는 명령절(imperative clause)에서는 보통 주어나 한정어가 나타나지 않고 서술어로 절이 시작된다. 따라서 명령절에서는 서술어가 화제적 주제부로 기능한다. 발신자가 수신자에게 어떤 행동을 함께할 것을 요구하는 청유절(propositive clause)은 관용적 명령절로 볼 수 있는데, 이 경우 'let's'를 주제부로 분석한다.

〔표 5-11〕 명령절과 청유절의 주제부(Halliday & Matthiessen, 2014: 104, Figure. 3-10)

ㄱ.	Turn	it down.
ㄴ.	Let's	do lunch at the Ivy.
	주제부: 화제적	설명부

(ㄱ) 소리 낮춰. / (ㄴ) 아이비(Ivy)에서 점심 먹자.

무표적 주제부와 유표적 주제부

무표와 유표는 일반성과 보편성을 기준으로 나누는 개념이다. 무표적 인(unmarked) 경우는 가장 전형적(일반적)이고 보편적이며 예상 가능하여, 눈에 띄지 않는 보통의 경우를 의미한다. 반대로 유표적인(marked) 경우는 비전형적이고 예외적이어서, 눈에 띄는 특이한 경우를 의미한다. 모든 것이 일반적이고 전형적이면 무표적인 선택이 이루어진다. 메시지의 발신자가 유표적인 선택을 할 때는 문맥상 무언가가 비전형적인 의미를 가져야 함을 표시하고 있다고 볼 수 있다. 한국어에서 긍정적인 표현은 무표적이고 부정적인 표현은 유표적인데, 이는 의문절을 구성하거나 형용사를 명사로 파생시킬 때 자주 나타난다. 예를 들어 우리는 특별한 의도나 이례적인 맥락이 존재하지 않는 한 '이사 간 곳은 살기 좋아요?' 와 같이 긍정적인 형용사를 사용하여 의문절을 구성한다. 특별한 경우가 아니면 '이사 간 곳은 살기 나빠요?'라고 부정적인 형용사를 사용하지 않는다.

유표성과 무표성의 개념을 주제부에 적용하면 전형적이고 예상 가능한 양식과 비전형적이고 예상 불가능한 양식으로 분리할 수 있다. 모든 선택에는 의미가 있는 것처럼, 유표성을 선택한 주제부에는 발신자의 의도와 목적이 있다. 그 의도와 목적은 특정 요소에 대한 주의를 끌기 위한 것일 수 있고, 일관성 있는 텍스트를 만들기 위한 것일 수도 있다.

주제부의 유표성은 절의 서법과 주제부 구조의 관계와 관련이 있다. 〔표 5-12〕에서 볼 수 있듯, 무표적 주제부는 주제부의 구성 요소가 (ㄱ)과 같이 평서절의 주어, (ㄴ)과 같이 판정 의문절의 한정어, (ㄷ)과 같이 설명 의문절의 'WH- 요소', (ㄹ)과 같이 명령절의 서술어 역할을 수행할 때이다. 다시 말해, 무표적 주제부는 절에서 일반적으로 첫 번째 위치에서 발생하는 서법 구조 성분과 주제부가 합치할(conflate) 때이다.

〔**표 5-12**〕 서법에 따른 무표적 주제부 유형(Halliday & Matthiessen, 2014: 100-104)

ㄱ.	I	had a little nut-tree.
ㄴ.	Can you	keep a secret?
ㄷ.	Where	did you get that from?
ㄹ.	Turn	it up.
	무표적 주제부	**설명부**

(ㄱ) 나는 작은 개암나무가 있었어. / (ㄴ) 비밀을 지킬 수 있니? / (ㄷ) 그거 어디서 났니? / (ㄹ) 소리 높여 줘.

반면 유표적 주제부는 주제부가 서법 체계의 다른 구성 요소와 합치된다. 유표적 주제부의 가장 대표적인 유형은 배경적 부가어 또는 보충어를 절의 주제부로 이동시키는 것이다. 이때 배경적 부가어는 'WH- 요소'와 충돌하지 않는 조건에서 유표적 주제부로 기능한다. 그러나 이러한 경우는 일반적이지 않으며 대개는 주제부 위치에 있는 성분이 텍스트 속의 특정한 것과 대조를 이루거나 특수한 종류의 문맥 상황을 필요로 한다. 〔표 5-13〕은 평서절에서 유표적 주제부가 나타난 예이다.

〔**표 5-13**〕 평서절에서 유표적 주제부(Thompson, 2014: 149-150 참고하여 정리)

ㄱ.	On Friday night	I went to town.
ㄴ.	All the rest	we will do for you.
	유표적 주제부	**설명부**

(ㄱ) 금요일 밤에 나는 시내에 갔다. / (ㄴ) 나머지 모든 것은 우리가 해 줄게.

〔표 5-13〕의 (ㄱ)은 부가어인 'on Friday night'가 주제부로 기능한 경우다. 이를 무표적 형태로 고쳐보면 'I went to town on Friday night.' 처럼 부가어가 절의 마지막에 나타났을 것이다. 무표적인 경우 주제부는 'I'가 되지만 유표적인 경우 'on Friday night'가 절의 앞부분으로 이동되어 설명부에서 주제부로 기능이 변환되었다. (ㄴ)에서도 보충어인 'all the rest'가 주제부로 기능한다. 무표적 형태였다면 (ㄱ)과 마찬가지로 'We will do for you all the rest.'처럼 보충어가 절의 마지막에 나타났을 것이다.

'On Friday night I went to town.'과 'I went to town on Friday night.'은 모두 동일한 사태를 표상하고 있으므로 명제의 내용은 동일하다. 그러나 그 의미가 완전히 같다고 보기는 어렵다. 왜냐하면 전자는 'on Friday night'에 대해 언급하는 절이지만, 후자는 'I'에 대해 언급하는 절이기 때문이다. 이는 발신자가 수신자에게 어떠한 의도와 목적을 가지고 어떠한 형태로 전달하느냐에 따라 의미 차이가 발생한다는 것을 보여 준다.

다시 말해, 발신자는 이들 부가어와 보충어를 설명부 자리에 남겨 둘 수도 있었다. 그러나 발신자의 특정 의도와 목적을 나타내기 위해 설명부가 아닌 주제부로 기능하게끔 한 것이다. 그 의도는 수신자와 이미 공유하고 있는 정보를 주제부 자리에 위치시켜 담화의 방향을 효과적으로 제시하거나, 앞서 언급한 정보와 대조하거나, 보충어를 강하게 제시하기 위한 것일 수 있다. 즉, 주제 구조를 결정하는 데 발신자의 의도와 목적이 개입되고, 이것에 의해 무표적 표현이 특정한 형태의 유표적 표현이 되는 것이다. 따라서 주제 구조의 유표성은 발신자의 의도와 목적을 파악할 수 있는 도구가 된다.

절 복합체의 주제부
앞에서는 오직 하나의 단일절에 나타나는 주제부를 다루었다. 이제 하나 이상의 절 복합체에서 실현되는 주제부를 살펴보자. 절 복합체 속 주제부 분석은 각 절의 기술 방식에 영향을 받는다. 여기서는 대등 배열 절 복합체와 종속 배열 절 복합체의 주제부 분석을 간략하게 살펴볼 것이다 (절 복합체는 6장을 참조).

　　두 절이 대등하게 이어진 대등 배열 절 복합체(paratactic clause complex)에는 두 개의 독립된 절이 있으므로 각 절마다 개별적으로 주제부를 분석해야 한다. 대등하게 연결된 절들은 〔표 5-14〕처럼 일반적으로 두 번째 절의 주어가 생략된다. 이 경우 생략된 주어는 화제적 주제부의 역할을 충족한 것으로 간주된다. 따라서 두 번째 절은 화제적 주제부가 없는(생략된) 것으로 표시된다.

〔표 5-14〕 대등 배열 절 복합체의 주제부(Eggins, 2004: 314)

They	may be giving blood	and	(ellipsis of 'they')	should not be.
주제부: 화제적	설명부	주제부: 텍스트적		설명부

그들은 헌혈을 할지도 모르는데 ('그들은' 생략) 그러면 안 된다.

　　종속 배열 절 복합체(hypotactic clause complex)에는 주된 역할을 하는 주절과 주절에 정보를 추가하는 역할을 하는 종속절이 있다. 두 절은 독립된 절이 아니므로 주절과 종속절의 순서를 고려하여 주제부를 분석해야 한다. 우선 종속절이 주절 다음에 오는 경우(주절-종속절 구성), 주제부 분석은 〔표 5-15〕의 예처럼 대등 배열 절 복합체에서 했던 것과 동일하게 각 절별로 분석하면 된다.

〔표 5-15〕 종속 배열 절 복합체의 주제부: 주절-종속절 구성(Eggins, 2004: 315)

I	do it	because	I	had a daughter.
주제부: 화제적	설명부	주제부: 텍스트적	주제부: 화제적	설명부

나는 딸이 있어서 그것을 한다.

그러나 종속절이 주절 앞에 오는 경우(종속절-주절 구성), 주제부 분석은 〔표 5-16〕의 예처럼 두 가지 수준으로 진행될 수 있다. 우선 각 절마다 주제부가 존재한다는 원칙을 살려서 보면 각 절의 주제부를 별도로 분석할 수 있다. 반면, 주절에 선행하는 종속절이 결국 부가어와 비슷한 방식으로 기능한다는 점을 고려하면 종속절 자체가 절 복합체의 단일한 주제부라고 볼 수도 있다. 톰슨(2014: 160)에서는 실제 텍스트 분석 단계에서는 텍스트 전개의 방법론의 신호로서 주제부를 보는 것이 주목적이기 때문에, 절마다 주제부를 분석하는 방식보다 종속절 전체를 주제부로 보는 방식이 더 선호된다고 언급하기도 했다.

〔표 5-16〕 종속 배열 절 복합체의 주제부: 종속절-주절 구성(Eggins, 2004: 315)

If	you	weigh under 50kg	they	take less.
주제부: 텍스트적	주제부: 화제적	설명부	주제부: 화제적	설명부
주제부			설명부	

만약 당신이 50kg 이하라면, 그들은 더 적게 가져간다.

주제부의 전개 유형

텍스트 속의 주제부를 전개하는 방식을 통해 텍스트의 구조를 살펴볼 수도 있다. 주제부의 전개(Thematic progression)는 주제부가 앞선 주제부나 설명부와 어떻게 관련되는지를 보여 주며, 크게 네 가지 유형으로 나넌다. 첫째, 주제부 일관형 전개 유형(the constant Theme pattern)이다. 이 방식은 주제부는 변동이 없고 설명부에만 새롭게 내용이 추가되는 유형이다.

(표 5-17) 주제부 일관형 전개 유형의 예(Bloor & Bloor, 2013: 88)

절 1	Wole Soyinka, dramatist and scholar, is a Nigerian.
절 2	He was born in 1934.
절 3	He has devoted his life to drama for the theatre, both as a dramatist and as a university teacher of drama and English in his own country.

(절 1) 극작가이자 학자인 월레 소잉카는 나이지리아인이다. / (절 2) 그는 1934년에 태어났다. / (절 3) 그는 극작가로서 그리고 그의 나라에서 연극과 영어의 대학 교수로서 그의 삶을 연극을 위해 헌신해 왔다.

〔표 5-17〕에서 절 1의 주제부로 제시된 'Wole Soyinka'는 절 2와 절 3에서 'He'라는 대명사로 바뀌긴 하였지만 이들은 모두 동일한 대상을 가리킨다. 따라서 주제부는 변동 없이 각 절에서 반복되고 설명부에만 새로운 내용이 추가된다. 이러한 전개 유형은 어떤 인물의 행동에 초점을 두어 서술하거나 전기(傳記)를 기술할 때, 특정 사물이나 개념에 초점을 맞춰 사실 정보를 서술할 때 자주 나타난다. 주제부 일관형 전개 유형은 〔표 5-18〕과 같이 도식화할 수 있다.

(표 5-18) 주제부 일관형 전개 유형(Bloor & Bloor, 2013: 89, Figure. 5-1)

절 1	[주제부 A] + 설명부 A
	↓
절 2	[주제부 A] + 설명부 B
	↓
절 3	[주제부 A] + 설명부 C

둘째, 주제부 선형 전개 유형(the linear Theme pattern)이다. 이 방식은 선행절에서 설명부였던 요소가 후행절에서 주제부가 되는 유형이다.

〔표 5-19〕 주제부 선형 전개 유형의 예(Bloor & Bloor, 2013: 91)

절 1	The stomach produces **gastric juice**.
절 2	**The gastric juice** contains dilute hydrochloric **acid**.
절 3	**The acid** kills most of the bacteria in the food.

(절 1) 위는 위액을 생산한다. / (절 2) 위액은 묽은 염산을 함유하고 있다. / (절 3) 그 산은 음식의 박테리아를 대부분 죽인다.

절 1의 설명부인 'gastric juice 위액'는 절 2의 주제부가 된다. 절 2의 설명부인 'dilute hydrochloric acid 묽은 염산'는 다시 절 3의 주제부가 된다. 이러한 전개 유형은 앞서 살펴본 주제부 일관형 전개 유형에서는 부족했던 점증된 전개감을 텍스트에 제공하여 텍스트의 결속성(자세한 내용은 8장 참고)을 구축한다. 이러한 전개 유형은 〔표 5-20〕과 같이 도식화할 수 있다.

〔표 5-20〕 주제부 선형 전개 유형(Bloor & Bloor, 2013: 91, Figure. 5-2)

절 1	주제부 A + 설명부 B
	⬇
절 2	주제부 B + 설명부 C
	⬇
절 3	주제부 C + 설명부 D

셋째, 주제부 파생형 전개 유형(the derived Themes pattern)이다. 이 방식은 절의 주제부가 상위 주제부로부터 파생되어 전개되는 유형이다. 이러한 전개 유형은 〔표 5-21〕과 같이 도식화할 수 있다.

〔표 5-21〕 주제부 파생형 전개 유형의 예(Bloor & Bloor, 2013: 95)

제목	The animal kingdom: the gnawing rodents.
절 1	(gnawing animals, usually of small size) Rodents are the largest order or mammals, making up two fifths of all mammal species.
절 2	The order can be divided into three main groups: squirrels, rats and porcupines.
절 3	The rat-like rodents include hamsters, lemmings, voles and gerbils, as well as rats and mice.

(제목) 동물의 왕국: 갉아 먹는 설치류. / (절 1) (주로 크기가 작은 설치 동물) 설치류는 모든 포유류 종 중 5분의 2를 차지하는 대량 목(目) 포유류다. / (절 2) 이 목(目)은 크게 다람쥐, 쥐, 호저 세 가지로 나눌 수 있다. / (절 3) 쥐와 같은 설치류에는 일반적인 쥐와 생쥐들뿐만 아니라 햄스터, 레밍(나그네쥐), 들쥐, 애완 쥐들도 포함된다.

절 1은 제목으로 제시된 'the gnawing rodents 설치류'에 대해서 일반적인 소개를 하고 있다. 이후 절 2에서는 설명부 부분에서 설치류의 세 가지 종류를 소개한다. 여기에서 소개된 설치류의 종류는 이후 절 3에서 다시 주제부가 되고, 설명부에 제시된 각종 쥐들은 모두 주제부인 쥐에 포함되는 하위 범주들이다. 주제부 파생형 전개 유형은 〔그림 5-1〕과 같이 도식화할 수 있다.

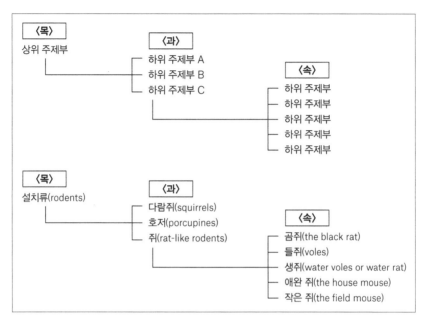

〔그림 5-1〕 주제부 파생형 전개 유형(Bloor & Bloor, 2013: 95, Figure. 5-4)

마지막으로 넷째는 설명부 분화형 전개 유형(the split Rheme pattern)이다. 이 방식은 하나의 설명부가 이후 절들에서 주제부가 되는 유형이다.

〔표 5-22〕 설명부 분화형 전개 유형의 예(Eggins, 2004: 325)

절 1	The three main reasons babies cry are hunger, cold, and illness.
절 2	Hunger can be determined by considering when the baby was last fed.
절 3	Babies feel cold more acutely than we do and the smaller the baby, the more warmly it should be wrapped up.
절 4	Finally, sickness or pain may also be signalled by crying.

(절 1) 아기들이 우는 세 가지 주된 이유는 배고픔, 추위, 그리고 병이다. / (절 2) 배고픔은 아기에게 언제 마지막으로 젖을 먹였는지 고려해서 결정할 수 있다. / (절 3) 아기들은 우리보다 더 예민하게 추위를 느끼므로, 아기가 작을수록 더 따뜻하게 감싸야 한다. / (절 4) 마지막으로, 병이나 아픔 또한 울음으로 나타날 수 있다.

〔표 5-22〕에서 절 1은 설명부에서 아기들이 우는 세 가지의 이유(배고 픔, 추위, 병)를 제시한다. 이후 이 세 가지 이유는 후속 절들에서 각각 주제 부로 선택되어 독립된 절을 이룬다. 설명부 분화형 전개 유형은 〔표 5-23〕 과 같이 도식화 할 수 있다.

〔표 5-23〕 설명부 분화형 전개 유형(Bloor & Bloor, 2013: 92, Figure. 5-3)

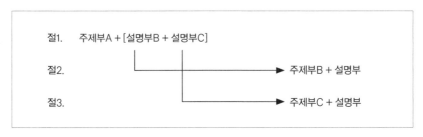

지금까지 살펴본 네 가지의 주제부 전개 유형들은 텍스트에 따라 하 나의 유형만 구현될 수도 있지만, 여러 유형들이 서로 혼합되어 나타나는 것이 훨씬 더 일반적이다.

5.3. 정보 구조

앞 절에서 주제 구조의 유표성과 무표성을 통해 메시지 발신자의 의 도와 목적을 파악할 수 있음을 살펴보았다. 그러나 발신자의 의도와 목적 은 절에서의 위치로만 표현되는 것이 아니다. 억양과 성조를 통해서도 가 능하다. 예를 들어 "How did you get here so early? 어떻게 여기에 이렇 게 일찍 왔니?"란 질문에 "MOM(대문자는 음성적 강세) brought me here. 엄마가 여기에 데려다줬어."라는 답을 했다고 가정해 보자. 이 답은 주제 구조에 변화를 주지 않고 억양과 성조에 변화를 주어서 메시지의 강조점을 표현하였다.

대답에 대한 주제 구조를 분석하면 평서절에서 주어인 'MOM'이 주제부로, 나머지 'brought me here'가 설명부로 기능하는 무표적 절이다. 앞서 살펴본 주제 구조에 의하면 무표적 절에서의 메시지의 강조점은 주제부가 아니라 설명부이다. 따라서 'MOM'이 음성적 강세를 받았음에도 불구하고 이 절에서 강조점은 'MOM'이 아닌 'brought me here'가 된다. 즉, 'MOM'은 발신자가 전달하고자 하는 핵심 내용임에도 설명부의 자리가 아니라 메시지의 출발점인 주제부의 자리에 위치하게 되는 것이다.

이처럼 텍스트를 분석하여 발신자의 의도를 파악하는 기제로 주제 구조만을 이용하는 것은 한계가 있다. 이에 할리데이는 주제 구조를 보완하기 위한 또 하나의 기제를 설정하였는데, 그것이 바로 정보 구조이다.

알아보기　주제 구조와 정보 구조에 대한 용어

정보 구조와 주제 구조는 학자에 따라 다양하게 연구되었다. 'Theme-Rheme, Given(Old)-New' 외에도 'topic-comment, background-focus, presupposition-focus, notional subject-notional predicate' 등의 용어가 사용되었다. 다음의 표는 폰 호이징거(Von Heusinger, 1999: 102)가 정보 구조에 대한 여러 학파의 용어 차이를 정리한 한 것이다.

정보 구조에 대한 용어(Von Heusinger, 1999: 102)

psychological subject – psychological predicate	Von der Gabelentz(1869), Paul(1880)
Theme – Rheme	Ammann(1928), Mathesius(1929), Prague School: Danes, Firbas, Halliday(1967)

topic – comment	Von der Gabelentz(1869), Reinhart(1982)
topic – focus	Modern Prague School: Sgall & Hajičová & Benešová(1973)
presupposition – focus	Chomsky(1971), Jackendoff(1972)
background – focus	Chafe(1976) for contrastive focus, Jacobs(1982)
Old/Given – New	Halliday(1967), Chafe(1976)
open proposition – focus	Prince(1981)
notional subject – notional predicate	Kiss(1995)

국내 연구자들 역시 '화제–평언, 화제–정보, 주제부–설명부, 주제–논평' 등 다양한 용어를 사용하고 있다. 때때로 정보 구조와 주제 구조는 동일한 개념으로도 연구되었고 할리데이와 매티슨(2014: 88-121)처럼 이 두 개념을 구분하려는 노력도 있었다. 여기에서는 정보 구조라는 개념을 처음 제안한 것이 할리데이(1967)이므로 할리데이와 매티슨(2014)의 견해를 따라 주제 구조와 정보 구조를 분리하여 살펴본다.

5.3.1. 구정보와 신정보

정보 구조는 절이 아닌 억양 군을 기본 단위로 하는 정보 단위 체계이지만 절과 같은 위계이다. 정보 구조의 기본 단위는 주제부 구조의 기본 단위였던 절이 아닌 '억양 단위(tone unit)'이다. 억양 단위는 하나 이상의 '음보(foot)'이며, 각각의 음보는 강세를 갖는 음절과 그 뒤에 이어지는 몇 개의 강세 없는 음절로 이루어지거나 하나의 음절로만 이루어지기도 한다. 억양 단위에서 강세를 가진 음절은 음성적 강세를 통해 실현되며, 하

나의 억양 단위에는 오직 하나의 음성적 강세만이 존재한다.[5]

　　정보 구조는 구정보와 신정보라는 두 가지 요소로 구성된다. 구정보란 메시지의 발신자와 수신자가 이미 상호 공유한 정보를 의미한다. 즉 수신자가 스스로의 힘으로 텍스트나 맥락을 통해 회복 가능하거나, 예측할 수 있거나, 앞서 언급이 되었거나, 정보성이 낮은 정보로, 성조나 억양에 의해 강조가 되지 않는 정보이다. 그리고 일반적으로 신정보에 앞서서 제시된다.

　　반면 신정보는 발신자와 수신자가 사전에 공유하지 않은 정보이다. 수신자가 스스로의 힘으로 텍스트나 맥락을 통해 회복 불가능하거나, 예측할 수 없거나, 처음 언급되거나, 정보성이 높은 정보로, 성조나 억양에 의해 강조를 받는 정보이다. 구정보와 신정보의 특징을 정리하면 〔표 5-24〕와 같다.

　　정보 구조는 구정보와 신정보로 구성되지만 각 정보의 특징에서 알 수 있듯이 정보 구조에 신정보는 반드시 포함되어야 하지만 구정보는 수의적으로 포함될 수 있다. 따라서 발신자는 원활하고 효과적인 의사소통을 위해 수신자에게 자신이 전달하고 강조하고 싶은 신정보 외에도 상황에 따라 앞서 언급한 구정보까지 텍스트에 제시한다.

·········
5　　사람들은 보통 억양 단위 사이에서 숨을 쉬는데, 이것은 억양 단위가 신체적인 한계로 인해 그 길이가 제한된다는 것을 의미한다. 절은 이론적으로 그 길이에 있어서 제한이 없고, 실제로 어떤 절은 상당히 길다. 하지만 대부분은 화자들은 다섯 개에서 여섯 개 이상의 억양 단위를 다루는 데 어려움을 느끼기 때문에 하나의 절은 대개 두 개 혹은 세 개의 억양 단위로 구성된다. 지금까지 이야기한 바에 의하면, 정보 구조는 오직 구어에만 존재하는 부분일 수 있다. 하지만 정보 구조는 구어이든 문어이든 텍스트의 의미에 내재하는 것이기에 문어 텍스트에도 존재한다. 정보 구조는 독자가 텍스트를 읽으면서 텍스트에 부과하는 것이다. 이것은 독자가 텍스트를 해독하는 방법의 하나이며 독자는 이를 통해 텍스트를 이해하게 된다(Banks, 2019: 68-69).

(표 5-24) 구정보와 신정보의 특징

구정보(Given)	신정보(New)
앞서 제시된(given) 정보	앞서 제시되지 않은(new) 정보
문맥상 회복 가능한(recoverable) 정보	문맥상 회복 불가능한(irrecoverable) 정보
문맥상 예측할 수 있는(predictable) 정보	문맥상 예측할 수 없는(unpredictable) 정보
정보성이 낮은(less newsworthy) 정보	정보성이 높은(newsworthy) 정보
억양과 성조에 의해 강조를 받지 않는 정보	억양과 성조의 강조를 받는 정보
일반적으로 절의 앞부분에 제시되는 정보	일반적으로 절의 뒷부분에 제시되는 정보

다음 텍스트는 컴퓨터 설명서에서 가져온 것이다. 이 글은 질문 형태의 제목('What is an Operating System? 운영체제란 무엇인가?')으로 시작한다. 일반적으로 질문은 수신자에게 정보를 요청하는 기능을 하지만, 이 글의 필자는 수신자의 역할을 하는 독자에게 질문을 사용하여 문제를 제기한다. 필자는 첫 단락을 제목에서 구정보로 제시된 'An operating System 운영체제'라는 문구로 시작하고, 나머지 절은 운영체제가 하는 일에 대한 설명인 신정보로 구성하였다.

What is an Operating System?

An operating system is a program that enables computer hardware to communicate with computer software. It controls how the parts of a computer interact and organizes information in and out of the computer. Without an operating system, a computer could not be used effectively. Some operating systems are Microsoft Windows 7, Apple Mac OS, and Linux.

운영체제란 무엇인가? 운영체제는 컴퓨터 하드웨어가 컴퓨터 소프트웨어와 통신할 수 있도록 하는 프로그램이다. 그것은 컴퓨터의 부품들이 상호작용하는 방식을 제어하고 컴퓨터 안팎으로 정보를 정리한다. 운영체제가 없으면 컴퓨터를 효과적으로 사용할 수 없다. 운영체제에는 마이크로소프트 윈도 7, 애플 맥 OS, 리눅스 등이 있다.

(Bloor & Bloor, 2013: 68)

이 텍스트의 경우 제목을 제외한 나머지 모든 절은 구정보가 먼저 제시되고 신정보가 나중에 제시되는 무표적인 형태의 절로 구성되어 있다 (자세한 내용은 5.3.2. 참고). 첫 번째 절의 'An operating system'은 이미 제목으로 제시된 단어가 그대로 사용된 것이기에 정보성이 낮다.[6] 두 번째 절의 'It' 역시 이미 언급된 대상을 다시 언급하는 대명사를 사용하였기에 정보성이 강하지 못하다. 세 번째 절과 네 번째 절의 시작도 앞선 절에서 언급된 적이 있는 'operating system'과 'computer'를 다시 언급하고 있다. 따라서 이들은 모두 구정보에 해당한다. 반면 위에서 밑줄 친 부분을 제외한 절의 나머지 부분은 앞서 언급된 적이 없으며 문맥상으로도 독자가 회복하거나 예측할 수 없는 정보이므로 신정보에 해당한다.

한편 두 번째 절인 'It controls how the parts of a computer interact and (it) organizes information in and out of the computer.'에서는 주어인 'It'이 생략되었다. 이는 'It'이 앞서 제시된 구정보인 'operating system'이기 때문에 가능하다. 즉 이 절은 정보단위에서 선택 요소인 구정보는 생략되고 필수 요소인 신정보로만 구성된 절이다.

....

6   텍스트의 첫 번째 절이나 절 복합은 텍스트의 시작 부분으로서 새로운 의미를 담고 있는 신정보인 경우가 대부분이다. 하지만 이 텍스트의 첫 번째 절의 경우 제목에서 이미 제시된 단어가 그대로 사용되었으므로 구정보로 볼 여지가 있다.

5.3.2. 무표적 정보 구조와 유표적 정보 구조

일반적으로 메시지의 발신자는 이미 수신자와 상호 이해가 형성되어 있는 구정보를 먼저 언급한 다음에 발신자가 말하려고 하는 핵심 내용, 즉 발화의 의도나 목적인 신정보를 전달한다. 따라서 구정보가 신정보에 앞서 서술되는 형태가 일반적이다. 이 경우를 정보 구조에서는 무표적이라고 한다. 앞서 살펴본 컴퓨터 설명서 텍스트 일부를 다시 살펴보자.

(표 5-25) 문어에서의 구정보와 신정보(Bloor & Bloor, 2013: 68)

An operating system	is a program that enables computer hardware to communicate with computer software.
구정보	신정보

첫 번째 절은 텍스트의 제목으로 제시된 운영체제라는 구정보를 절의 앞부분에 제시하고, 운영체제의 기능에 대한 설명인 신정보는 절의 뒷부분에 제시하였다. 따라서 이 절은 무표적 정보 구조이다. 이 텍스트는 첫 번째 절뿐만 아니라 나머지 절들 모두 무표적 정보 구조로 구성되었다. 컴퓨터 설명서는 무엇보다 독자에게 컴퓨터에 대한 내용과 사용법 등을 쉽게 전달하는 것이 목적이므로, 이를 달성하기 위해 전형적이고 일반적인 무표적인 정보 구조로 텍스트를 이루었다고 볼 수 있다.

무표적 정보 구조와 달리 신정보가 구정보에 앞서서 제시되는 경우를 유표적이라고 한다. 정보 구조는 주제 구조와 달리 절의 위치를 바꾸지 않고 억양과 성조만으로도 신정보와 구정보의 위치를 바꿀 수 있는데, 이들에 의해서 신정보 다음에 구정보가 제시되는 형태가 되면 이를 유표적 정보 구조라 한다. 할리데이와 매티슨(2014: 118-119)은 주로 실제 대화 상황에서 발화되는 텍스트를 연구하여 성조와 억양에 따라 신정보와 구정보가 달라지는 것을 확인하였다.

You say 'Madam, isn't that beautiful?' If you suggest it's beautiful, they see it as beautiful.
'아주머니, 저거 아름답지 않아요?'라고 당신이 말하는군요. 당신이 그것이 아름답다고 제시하면, 사람들이 그게 아름답다고 보지요.
(Halliday & Matthiessen, 2014: 118, Figure. 3-18)

이 텍스트의 두 번째 절은 [표 5-26]처럼 'suggest'와 'see'에 성조와 억양을 줌으로써 강조점을 변화시킨 유표적 정보 구조이다.

[표 5-26] 유표적 정보 구조(Halliday & Matthiessen, 2014: 118, Figure. 3-18)

If you **suggest**	it's beautiful	they **see**	it as beautiful.
신정보	구정보	신정보	구정보

5.4. 주제 구조와 정보 구조의 관계

텍스트를 분석하여 발신자의 의도와 목적을 파악하는 기제인 주제 구조와 정보 구조의 관계는 유표성에 따라 달라진다. 먼저 무표적 형태의 주제 구조와 정보 구조는 수신자와 이미 상호 공유되어서 정보성이 낮기에 강조되지 않는 주제부와 구정보를 절의 앞부분에 위치시키고, 수신자와 사전에 상호 공유된 적이 없어서 정보성이 높기에 강조되는 설명부와 신정보는 절의 뒷부분에 위치시킨다. 다음 예문을 보자.

(1) 질문: How did you get here so early?

　　대답: I came with MOM(음성적 강세로 강조) today.

　　질문: 어떻게 여기에 이렇게 일찍 왔니?

　　대답: 나 오늘은 엄마와 같이 왔어.

(Halliday & Matthiessen, 2014: 120-121)

예문 (1)의 '대답'과 같이 무표적 형태로 절이 구성되면 주제부는 구정
보와 일치하고, 설명부는 신정보와 일치하게 되어 주제 구조와 정보 구조의
강조점 또는 핵심 내용이 동일해진다. 이는 [표 5-27]에서 확인할 수 있다.

[표 5-27] 주제 구조와 정보 구조가 일치하는 경우(Halliday & Matthiessen, 2014: 120-121
참고하여 정리)

	I	came with **MOM** today.
주제 구조	주제부	설명부
정보 구조	구정보	신정보

반면 유표적인 형태의 주제 구조와 정보 구조는 무표적 형태와는 다
른 방식으로 나타난다. 주제 구조와 정보 구조의 지향점이 다르기 때문이
다. 주제 구조는 발신자의 관점으로서, 대화를 시작하는 위치(출발점)를
알려주는 기능을 한다. 반면 정보 구조는 수신자의 관점을 반영하여, 수신
자가 집중해서 살펴 주길 바라는 곳을 알려 주는 기능을 한다. 즉, 주제 구
조는 발신자 지향적인 반면에 정보 구조는 수신자 지향적이다. 이러한 지
향점의 차이로 인해 유표적 형태의 정보 구조에서는 주제 구조와 정보 구
조의 강조점 또는 핵심 내용이 달라진다. 다음의 예문 (2)와 [표 5-28]을
보자.

(2) 질문: How did you get here so early?

대답: MOM(음성적 강세로 강조) brought me here.

질문: 어떻게 여기에 이렇게 일찍 왔니?

대답: 엄마가 나를 여기 데려다줬어.

(Halliday & Matthiessen, 2014: 120-121)

〔표 5-28〕 주제 구조와 정보 구조가 불일치하는 경우(Halliday & Matthiessen, 2014: 120-121 참고하여 정리)

	MOM	brought me here.
주제 구조	주제부	설명부
정보 구조	신정보	구정보

무표적 절의 경우 주제 구조와 정보 구조 모두 강조하는 정보를 절의 뒷부분에 위치시킨다. 그러나 유표적 절의 경우 주제 구조에서는 메시지의 핵심 내용이 아니었던 주제부를, 정보 구조에서는 억양과 성조를 통해 핵심 내용으로 만들 수 있다. 따라서 절의 어순은 그대로 두고 주제 구조는 무표적인 형태를 유지하면서 억양과 성조를 통해 정보 구조만 유표적인 형태로 변화시킬 경우에는 더 이상 주제부와 구정보, 설명부와 신정보가 일치하지 않게 된다. 이러한 내용을 기반으로 주제 구조와 정보 구조의 관계를 〔표 5-29〕로 정리할 수 있다.

〔표 5-29〕 주제 구조와 정보 구조의 관계(Bloor & Bloor, 2013: 180-181; Halliday & Matthiessen, 2014: 119-121 참고하여 정리)

*음영은 음성적 강세

	절의 앞부분	절의 나머지 부분
무표적 절	주제부	설명부
	구정보	신정보
유표적 절	주제부	설명부
	신정보	구정보

5.5. 요약하기

이 장에서는 체계기능언어학의 세 가지 대기능 중 텍스트적 대기능을 살펴보았다. 텍스트적 대기능은 언어 사용자들이 전달하고자 하는 메시지를 어떠한 방식으로 구성하는지와 관련된다. 이 장에서 다룬 내용을 요약해 보면 다음과 같다.

- 텍스트적 대기능은 절을 통해서 특정한 메시지 기능을 실현하는 것(메시지로서의 절)으로, 메시지의 구조를 만드는 방법을 다룬다. 메시지의 구조를 만드는 두 가지 주요 자원은 주제 구조와 정보 구조이다.
- 주제 구조는 텍스트의 부분으로, 절이 가지는 하나의 메시지 구조이다. 이것은 발신자가 주제부와 설명부로 절을 조직하는 방식과 관련된다.
- 주제부는 메시지의 출발점을 제공하는 요소로, 메시지의 맥락 속에서 절을 위치시키고 방향을 제시하며 메시지의 표지판 기능을 한다. 주제부의 식별은 어순에 기반을 두는데 영어에서 주제부는 대개 절의 첫 번째 문장 성분이다.
- 주제부의 유형에는 화제적(경험적) 주제부, 대인적 주제부, 텍스트적 주제부, 복합 주제부가 있으며, 주제부의 전개 유형에는 주제부 일관형, 주제부 선형, 주제부 파생형, 설명부 분화형이 있다.
- 주제부는 서법 유형과 절 복합 유형에 따라 다르게 분석될 수 있으며, 유표성과 무표성에 따라서도 구분된다.
- 설명부는 메시지의 도착점을 제공하는 요소로, 메시지의 발신자가 주제부를 전개한 것을 의미한다. 보통 흥미롭거나 중요하다고 생각

하는 메시지의 내용은 설명부에 등장한다. 주제부를 제외한 메시지의 모든 부분이 설명부이다.

- 정보 구조는 절이 아닌 억양 군을 기본 단위로 하는 정보 단위 체계이지만 절과 같은 위계이다. 정보 구조는 구정보와 신정보라는 두 가지 요소로 구성된다.

- 구정보는 메시지의 발신자와 수신자가 이미 상호 공유한 정보로, 수신자가 텍스트나 맥락을 통해 회복 가능하거나 예측할 수 있는 정보이다.

- 신정보는 메시지의 발신자와 수신자가 사전에 공유하지 않은 정보이다. 따라서 수신자가 텍스트나 맥락을 통해 회복 불가능하거나 예측할 수 없다.

- 정보 구조는 주제 구조와 마찬가지로 유표성과 무표성에 따라 구분된다. 그러나 주제 구조와 달리 억양이나 성조를 통해서 신정보와 구정보의 위치를 바꿀 수 있다.

- 주제 구조와 정보 구조의 관계는 무표적 절의 경우 주제부는 구정보와 일치하고 신정보는 설명부에 일치하지만, 유표적 절에서는 일치하지 않는다.

더 보기 ··

국어학 및 국어교육학에서 정보 구조에 대한 연구는 다양한 분야에서 아주 활발하게 이루어지고 있다. 의미론과 화용론뿐만 아니라 형태론, 통사론, 음운론과 음성학의 연구에 이르기까지 관계없는 분야를 찾아보기가 힘들 정도이다. 정보 구조는 국어학의 모든 분야에서 다루어질 정도로 중요한 주제이지만, 그 복합적인 성격으로 인해 연구자마다 이를 보는 시각이 다양하다.

　국내에서 이루어지는 정보 구조에 대한 연구들은 이 책의 기반이 되는 할리데이뿐만 아니라 '연결(link)-꼬리(tail)-초점(focus)'의 삼항 분절을 도입한 발두비(Vallduví, 1990), '절대적 지위 정보와 상대적 지위 정보'를 파악한 프린스(Prince, 1992), '지시적 차원과 관계적 차원'을 구분하고 상관관계를 밝힌 건델과 프렛하임(Gundel & Fretheim, 2004) 등을 적용하여 정보 구조를 훨씬 더 폭넓고 세밀하게 살피고 있다.

최근 연구로는 전영철(2013), 최윤지(2016), 박철우(2017), 정승철(2018), 조진수(2018ㄷ) 등이 있다. 전영철(2013)은 지시적 구정보, 지시적 신정보, 관계적 구정보, 관계적 신정보 간의 관계를 바탕으로, 지시적 신정보가 관계적 구정보로 구조화되는 유형 중 명사구에 중심을 두고 논의한 연구이다. 최윤지(2016)는 정보 구조를 크게 실체의 절대적 정보 구조, 명제의 절대적 정보 구조, 명제의 상대적 정보 구조로 나누고, 이 세 가지 정보지위 간의 상호관계에 대해서 살핀 후 이러한 관계들을 사용역을 기준으로 평가한 연구이다. 박철우(2017)는 한국어 문장의 통사 단위들을 토대로 한국어 정보 구조의 기본 단위들을 구체적으로 획정하는 것에 집중한 연구이다. 정승철(2018)은 한국어와 일본어, 미얀마어의 대조 연구를 통해 한국어의 정보 구조의 보편성과 한국어의 화제 구문이 지닌 특수성을 살핀 연구이다. 조진수(2018ㄷ)는 관형사절과 같은 복문의 절 차원에서 지시적인 신정보가 관계적인 구정보로 구조화되는 양상을 검토한 연구이다. 앞으로도 국어학과 국어교육학에서 정보 구조에 대한 연구는 더욱 폭넓고 깊게 이루어질 것이다.

논리적 대기능

차례

6.1. 들어가기

지금까지 우리는 하나의 절 안에서 대기능을 살펴보았다. 그러나 우리가 실제로 말을 하거나 글을 쓸 때 말과 글이 단 하나의 절로만 구성되는 경우는 많지 않다. 우리는 여러 개의 절을 복합하여 말을 하고 글을 쓴다. 이 장에서 다룰 논리적 대기능은 절 이상의 단위에서 작용하는 대기능으로서, 절을 복합하는 인간의 언어사용 체계를 통해 실현된다. 이는 전통적으로 '문장 확대'로 논의되었던 단문, 복문, 이어진문장, 안은문장 등의 개념과 관련된다.[1] 체계기능언어학은 인간의 언어사용을 언어 기능에

....

1   그러나 이 장에는 기존의 국어학 논의와 구별되는 체계기능언어학만의 고유하고 흥미로운 관점이 곳곳에 내재되어 있다. 절 복합의 '확장 체계'를 '확대 체계'로 명명하지 않은 것은 그간 문장 확대로 다루어 온 개념의 감각에 체계기능언어학의 기능적 '확장'의 관점이 그대로 상응하지 않기 때문이다.

　　확대가 '형태'적 개념이라면 확장은 '기능'적 개념이다. 투사와 확장 개념은 이미 경험적 대기능에서 다루어진바, '관점, 역할, 장소, 이유, 방법' 등의 의미를 배경이나 참여자로 풍부화하는 감각을 가지고 있다. 절 복합체의 투사와 확장에서도 동일한 감각이 유지된

대한 선택으로 보며, 선택이 나타나는 곳에는 의미가 발생한다고 본다. 따라서 여러 개의 절을 복합하는 표현을 선택했을 때 모종의 의미가 발생하는 것은 당연한 일이다.

6.2. 논리적 대기능과 절 복합 체계

6.2.1. 논리적 대기능의 개념

체계기능언어학의 세 가지 대기능 중 하나인 관념적 대기능은 세계에 대한 의미를 표현하는 반영의 언어를 가리키는 것으로, 경험적 대기능과 논리적 대기능 두 가지를 모두 아우르는 개념이다. 경험적 대기능이 의미하는 사람의 사태 구성 행위로서의 세계 인식을 표현한다면, 논리적 대기능은 의미하는 사람의 논리 구성 행위로서의 세계 인식을 표현하는 데 관여한다. 사태 구성 행위로서의 세계 인식이란 '사건이나 상태를 어떻게 바라보고 있는가'를 가리키는 것이며, 논리 구성 행위로서의 세계 인식이란 '구성된 사건 혹은 사태 사이의 논리 관계를 어떻게 바라보고 있는가'를 가리키는 것이다. 즉, 경험적 대기능이 '사태의 언어'로서 하나의 절 내에서 사태 그리고 그 사태에 포함된 개체, 그 사태가 벌어지는 배경을 표현한다면, 논리적 대기능은 이렇게 기술된 몇 가지 사태를 이어 붙이며 사태들 사이의 의존 관계와 논리 관계를 표현한다.

....
다. 확장은 단순히 절의 존재를 담지하는 용언의 존재 여부로 결정되지 않는다. 기존에 국어학에서 안긴문장(포유문)으로 취급되었던 일련의 복합 양상이 내포로 다루어지지 않는 것도 이 때문이다.

6.2.2. 복합체와 선택항 체계

단일체(simplex)는 하나의 동일 위계 언어 단위(unit)로 구성된 언어 단위를 의미한다. 그리고 복합체(complex)는 두 개 이상의 동일 위계 언어 단위가 연결되어 구성된 언어 단위를 의미한다. 여기서 유의할 것은 하위 위계가 통합되어 상위 위계를 형성함으로써 복합체가 구성되는 것이 아니라는 점이다. 복합되기 이전의 단일체의 위계는 복합체가 된 이후에도 그대로 유지된다.

체계기능언어학의 통합적 배열 차원의 어휘문법 위계는 '절 〉 군/구 〉 단어 〉 형태소'의 순서를 따른다. 앞쪽의 위계가 뒤쪽의 위계보다 상위 위계이다. 각 위계는 하나 이상의 하위 위계 언어 단위로 구성되며, 위계 구조에서 뒤에 오는 것이 앞 위계의 한 부분인 관계를 갖는다. 즉, '단어'는 '군/구'의 한 부분을 이루고, '군/구'는 '절'의 한 부분을 이룬다.

하지만 동일한 위계의 언어 단위의 결합이 언제나 상위 위계를 형성하는 것은 아니다. 예를 들어, 한 단어는 형태소 한 개로 구성된 단일어일 수도 있고, 두 개 이상의 형태소로 구성된 복합어일 수도 있다. 그러나 형태소와 형태소가 결합하더라도 상위 위계인 '단어'가 되지 않고 여전히 '형태소'에 머물기도 하는데, 이것을 형태소 복합이라 부른다. 이렇듯 형태소와 형태소가 복합된 결과를 '복합 형태소'라 하며, 그 위계는 결합 이전과 동일하게 유지된다. '어릴 적 나는 시골에 살았었다.' 따위의 문장에서 쓰이는 선어말 어미 '-았었/었었-'은 과거 시제 선어말 어미 '-았/었-'이 복합되어 형성된 선어말 어미로, 대표적인 복합 형태소이다. 이러한 복합은 모든 언어 단위에서 구성될 수 있다. 따라서 '형태소 복합, 단어 복합, 구 복합, 절 복합' 등이 모두 가능하다.

체계기능언어학에서 문장은 문어의 철자적 단위이며, 절 복합체는 문법적이고 의미적인 단위로서 구어와 문어 모두에서 발생하는 문법적 단위이다. 할리데이(1994: 21)에 따르면 '절 복합체'라는 개념은 문장의 기능적 조직을 완전히 설명할 수 있도록 해 주는 개념으로, 하나의 문장은 사실 '하나의 절 복합체'라 할 수 있다. 따라서 변별적 문법 범주로서의 '문장'이라는 용어를 굳이 가져다 쓸 필요가 없다고 본다. 이에 주세형(2010: 126)에서는 체계기능언어학에서 문장이라는 용어는 마침표를 포함한 정서법상의 단위로만 사용되어서, 결국 문장은 쓰기의 구성 요소이고 절 복합체는 문법의 구성 요소라고 말하고 있다.

문장이 모여서 구성되는 상위 언어 단위로 담화 혹은 텍스트를 설정하는 경우도 있으나 텍스트는 '언어 단위'의 개념이 아닌 의사소통 사례의 단위이다(자세한 내용은 8.1. 참고). 체계기능언어학에서 최상위 위계는 '절'이기 때문에, 기존의 '문장' 개념은 '절 복합체'가 되며 문장 이상의 단위 역시 절 복합체가 반복적으로 나타나는 형태로 인식된다.

그렇지만 이 책에서는 '절 복합체'라는 체계기능언어학의 용어를 사용하면서 동시에 '문장'이라는 용어도 함께 사용하도록 한다. 이는 현행 학교 문법에서 '문장'이 문어는 물론이고 구어에서도 통상적으로 사용되기 때문이다.

절 복합체(clause complex)의 구성은 배열의 체계에 따라, 의미는 논리-의미 유형 체계에 따라 표현된다. 각 체계는 여러 개의 선택항들로 구성된 선택항 체계이다. 배열(taxis) 체계는 복합된 절 사이의 관계를 의존적으로 구성하는 선택항과 독립적으로 구성하는 선택항으로 구성된 체계이며, 논리-의미 유형(logico-semantic type) 체계는 인접한 절들이 연결되는 과정에서 형성되는 논리적 의미 유형의 체계이다. 논리-의미는 하나의 절이 다른 절에 투사되는 선택항과 하나의 절이 다른 절의 의미를 확장하는 선택항으로 구성된 체계이다. 절 복합의 선택항 체계를 보이면 [그림 6-1]과 같다.

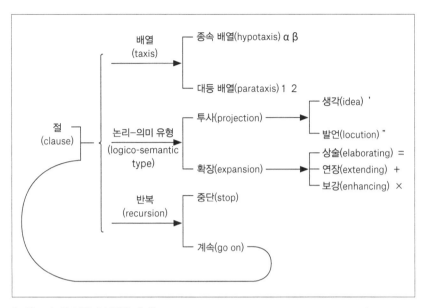

〔그림 6-1〕 절 복합의 선택항 체계(Halliday & Matthiessen, 2014: 438, Figure. 7-3)

절을 복합하면서 절 사이의 의존성과 논리 – 의미를 표현하는 메시지 발신자의 선택 과정을 따라가 보자. 선택은 〔그림 6-1〕의 왼쪽에서 오른쪽으로 나아간다. 우선 가장 왼쪽에는 절이 있다. 이 체계는 절 복합의 체계이기 때문에 이때의 절은 '복합하려는 절'을 의미한다. 이 절이 체계항 속에 투입되어 오른쪽으로 나아가면 '배열, 논리-의미 유형, 반복'이라는 세 개의 선택항 체계를 만나게 된다. 이 세 개의 선택항 체계는 곡선 형태의 중괄호로 묶여 절과 연결되어 있다. 이때 곡선 형태의 중괄호는 이 괄호로 묶인 세 개의 선택항 세트가 모두 동시에 진행됨을 나타낸다.

설명의 편의를 위해, 동시에 일어나는 선택을 위에서부터 하나씩 차례대로 살펴보자. 가장 위쪽에 위치한 첫 번째 선택항은 배열 선택항 세트이다. 이는 발신자가 '절의 배열을 어떻게 할 것인가'를 선택하는 과정이다. 배열 선택항 세트의 화살표를 따라가면 다시 각진 직선 형태의 각괄호가 나타난다. 각괄호는 이 괄호로 묶인 선택항 세트 중 한 가지만 선택되고, 나머지는 버려진다는 것을 나타낸다. 이에 따라 발신자는 종속 배열 혹은 대등 배열 중 한 가지를 선택하게 된다.

　다음으로 두 번째 세트는 논리–의미 유형의 선택항 세트이다. 앞서와 마찬가지로 논리–의미 유형의 화살표를 따라가면 투사와 확장의 각괄호 선택항이 나타나며 둘 중 하나를 선택하면 나머지는 선택할 수 없다. 이 지점에서 발신자는 '복합하려는 절'을 이미 존재하는 절 속으로 투사할 것인지, 아니면 나란히 붙여 절을 확장할 것인지를 선택한다. 이때 투사를 선택하면 다시 생각과 발언의 각괄호 선택항으로 나아가 둘 중 하나의 유형을 선택하게 되고, 확장을 선택하면 상술, 연장, 보강 중 한 가지를 선택하게 된다. 결국 논리–의미 유형의 선택항 세트에서는 '생각 투사, 발언 투사, 상술 확장, 연장 확장, 보강 확장'의 다섯 가지 유형 중 하나를 선택하게 된다. 각 선택항의 가장 오른쪽의 기호는 해당 선택을 상징하는 기호를 표기한 것이다(기호화와 관련된 자세한 내용은 이어지는 절을 참고).

　마지막 세트는 반복(recursion)의 선택항 세트이다. 앞서 두 세트가 의존성의 의미 및 논리 의미를 형성하는 것과 달리, 반복은 절 복합 세트의 진행을 주관한다. 발신자는 반드시 두 개의 절만 복합하지는 않는다. 세 개, 네 개 혹은 그 이상의 절을 복합할 수 있다. 우선 위에서 이루어진 과정을 통해 두 개의 절을 복합한 발신자는 세 번째 선택항 세트에 진입하여 절 복합으로 마무리할 것인지, 추가로 절을 더 복합할지 선택하게 된다. 중단을 선택할 경우 절 복합체 형성을 끝내게 되고, 계속을 선택할 경우 다시 가장 왼쪽의 출발점으로 돌아가 하나의 절을 추가로 복합하는 과정을 되풀이한다. 발신자는 이 같은 과정을 원하는 만큼 반복하며 절을 복합하다가 어느 시점에 이르러서 반복 체계 세트의 선택항에 진입하여 '중단'을 선택하여 절 복합체 형성을 끝낸다.

6.3. 절 복합의 배열 체계

6.3.1. 배열 체계의 구성

두 개의 선택항은 복합된 절의 지위가 동등하고 의미적으로 독립적인 대등 배열(parataxis)과, 복합된 절의 지위가 동등하지 않고 의미적으로 의존적인 종속 배열(hypotaxis)로 구별된다. 이는 전통적으로 국어학 논의에서 이어진문장(혹은 접속문)으로 다루어진 것으로 전자는 대등하게 이어진 문장(대등접속문), 후자는 종속적으로 이어진 문장(종속접속문)의 개념에 상응한다. 이 책에서는 대등 배열로 복합된 절 복합체를 대등복합절, 종속 배열로 복합된 절 복합체를 종속복합절로 부르기로 한다.

대등 배열 및 종속 배열의 지위 개념은 의미적 독립성과 의존성에서 기인한다. 두 절이 의미적으로 서로 의존하는 관계에 있는 경우, 두 절이 상호의존적 관계에 있는 것이 아니라 한 절이 다른 절에 의존하는 관계를 형성하기 때문이다. 이때 의존하는 절의 지위가 의존을 받는 절의 지위보다 낮다. 둘 사이의 지위가 동일하지 않은 것이다. 따라서 종속복합절의 경우 의존하는 절을 **종속절**, 의존 받는 절을 주절이라 부른다. 대등복합절의 경우 복합된 절들이 의미적으로 서로 독립적이기 때문에, 두 절의 차이는 무엇이 먼저 오고 무엇이 나중에 오느냐 하는 것뿐이다. 따라서 앞에 오는 절을 선행절, 뒤에 오는 절을 후행절이라 부른다.

일반적으로 대등복합절과 종속복합절을 구분하는 기준은 절의 순서를 바꿀 수 있는가를 증거로 삼는다.[2] 다음 (1)의 예에서 확인할 수 있듯

....

2   일찍이 국어학 분야에서는 대등문의 이러한 특성을 교호성(交互性)이라고 명명한 바 있다. 사실 종속문과 구분되는 대등문의 특성에는 여러 가지가 있다. 교호성은 그중 하나이

대등복합절 (1ㄱ)은 선행절과 후행절의 순서를 (1ㄱ′)와 같이 바꾸는 것이 가능하다. 하지만 종속복합절 (1ㄴ)의 경우 (1ㄴ′)처럼 순서를 바꾸어 표현할 수 없다. 대등복합절에서 선행절과 후행절의 의미적 관계는 독립적인 반면, 종속복합절에서 종속절과 주절의 관계는 의존적이기 때문이다. 물론 텍스트적 대기능의 측면에서 살펴보면 (1ㄱ)과 (1ㄱ′)가 의미기능적으로 완전히 동일한 것은 아니다.

(1) ㄱ. 바람이 시원했고 마음이 들떴다.
    ㄱ′. 마음이 들떴고 바람이 시원했다.
    ㄴ. 바람이 시원해서 마음이 들떴다.
    ㄴ′. 마음이 들떠서 바람이 시원했다.

대등복합절의 주어에는 (2ㄱ′)처럼 '대조, 화제'의 의미를 갖는 보조사 '은/는'이 결합할 수 있다. 그러나 종속복합절의 주어에는 (2ㄴ′)처럼 결합할 수 없다. 앞서와 마찬가지로 종속복합절의 경우 이를 구성하는 두 절이 서로 의존하고 있어 두 절의 의미가 '대조'되는 듯한 어감이 어색한 반면, 대등복합절의 경우 이를 구성하는 두 절이 서로 의미적으로 독립적이기 때문에 '대조'되는 어감이 어색하지 않은 것이다.

(2) ㄱ. 바람이 시원했고 마음이 들떴다.
    ㄱ′. 바람은 시원했고 마음은 들떴다.
    ㄴ. 바람이 시원해서 마음이 들떴다.

....
며, 또 다른 중요한 특성으로 알려진 것은 선행절의 후행절 중간으로의 이동 가능성이다. 이는 이관규(2015: 255, 257)를 참조할 수 있다.

ㄴ′. *바람은 시원해서 마음은 들떴다.

이상의 복합절은 연결 어미에 의해 만들어진다. 연결 어미는 대등적 연결 어미, 종속적 연결 어미, 보조적 연결 어미로 나뉜다. 대등복합절을 형성하는 대등적 연결 어미에는 '-고, -(으)며, -(으)ㄴ데, -지만, -(으)나' 등이 있으며, 종속복합절을 형성하는 종속적 연결 어미에는 '-(으)면, -(으)니, -(으)므로, -어서/아서/러서, -(으)려고' 등이 있다. 본용언과 보조 용언을 연결하는 보조적 연결 어미 '-아, -게, -지, -고'가 쓰인 경우는 복합절로 다루지 않고 단일절로 다룬다. 그러나 배열 체계는 위에서 제시한 몇 가지 문법적 특징이나 연결 어미 유형에 따라 기계적으로 분석될 수 없으며 어휘와 문맥에 따른 의미를 고려해서 분석되어야 한다(자세한 내용은 아래 알아보기 참고).

<mark>알아보기</mark> 대등 배열과 종속 배열의 '의미기능적' 구분

'바람이 시원했고 마음이 들떴다.'라는 문장은 연결 어미 '-고'로 연결된 대등복합절이다. 그러나 이러한 분석이 가능한 것은 이 문장이 시간적인 선후 관계를 나타내는 어휘를 가지고 있지 않고 문맥으로부터 떨어져 나와 있기 때문이다.

이 예문에 아래와 같이 문맥을 부여해 보자.

(1) 사막의 바람은 뜨거웠다. 여행으로 들떴던 마음은 이내 무겁게 가라앉았다. 하지만 작열하던 태양이 저물고 바람의 온도가 달라졌다. <u>바람이 시원했고 마음이 들떴다.</u> 하지만 들뜨던 마음도 잠시, 시원하던 바람에 이내 한기가 서리기 시작했다.

(1)과 같이 문맥이 부여된 상황에서는 이 문장의 선행절과 후행절의 위치를 바꿀 수 없다. 앞선 서사에서 바람의 온도와 마음 상태 사이의 인과 관계가 구축되어 두 어휘 사이에 의미적 의존성이 발생했기 때문이다. 그렇기에 (1)의 밑줄 친 문장은 대등복합절이 아닌 종속복합절로 볼 수도 있다.

시간적인 선후 관계를 나타내는 어휘가 끼어드는 경우도 마찬가지이다. 동일한 문장에 시간적 선후 관계를 나타내는 어휘 '그제야'를 넣은 예문 (2) 역시 선행절과 후행절의 위치를 바꿀 수 없다. 이처럼 배열 관계의 구별에는 '형태'와 함께 '의미'를 신중하게 고려해야 한다.

(2) 바람이 시원했고 그제야 마음이 들떴다.
(3) *그제야 마음이 들떴고, 바람이 시원했다.

6.3.2. 배열 체계의 분석

배열 체계 분석은 기호화를 통해 이루어진다. 대등 배열 복합에서 각 절은 '1, 2, 3, …'과 같은 숫자로 기호화된다. 가장 앞에 나오는 절(선행절)을 '1'로 기호화하고 이어지는 절(후행절)은 '2'로 기호화한다. 이 절에 또 후행하는 절이 있다면 '3'으로 기호화하는 식으로 나아간다. 종속 배열 복합에서 각 절의 기호화에는 그리스 문자 'α(알파), β(베타), γ(감마), δ(델타), …'를 사용한다. 앞서 제시한 내용과 유사하게 주절을 'α'로 기호화하고, 종속절을 순차적으로 'β', 'γ'로 기호화해 나간다. 이때 대등 배열의 선행절, 종속 배열의 주절을 함께 1차절(primary clause)이라 통칭하고 후행절과 종속절을 2차절(secondary clause)이라 통칭한다. 이상의 내용을 요약하여 정리하면 〔표 6-1〕과 같다.

〔표 6-1〕 절 연결점의 1차절과 2차절(Halliday & Matthiessen, 2014: 442, Table. 7-4)

	1차절	2차절
대등 배열	1 선행절	2 후행절
종속 배열	α 주절	β 종속절

절 복합이 이루어지는 동안 절 사이에는 연결점이 생성된다. 연결점 (nexus)이란 절과 절이 연결되는 지점을 의미한다. 하나의 배열은 두 개의 절에 의해 발생하므로 연결점은 한 쌍의 절 당 하나씩 존재한다. 두 개의 절이 복합되면 한 개의 연결점이, 세 개의 절이 복합되면 두 개의 연결점이 만들어진다. 배열 체계 분석에서 연결점은 '^'로 기호화된다. (3ㄱ) 은 세 개의 절이 배열된 복합문이다. 복합이 일어나는 지점을 기호화해서 표현하면 (3ㄱ′)와 같다.

(3) ㄱ. 좋은 날도 많았지만 세상일이 내 마음 같지 않아 슬픈 날도 많았다.
ㄱ′. 좋은 날도 많았지만^세상일이 내 마음 같지 않아^슬픈 날도 많았다.

(3)에서 확인할 수 있듯, 세 개 이상의 절로 구성된 복합문에는 대등 배열과 종속 배열이 혼성되어 나타나기도 한다. 이처럼 두 가지 배열 방식이 모두 나타나는 절 복합체는 혼성복합절이라고 부른다. (3)을 연결점에 따라 분리하면 아래 (4)와 같다. 그리고 각각의 배열 관계에 따라 절을 기호화하면 첫 번째 연결점을 이루는 쌍은 (4ㄱ′)가 되며, 두 번째 연결점을 이루는 쌍은 (4ㄴ′)와 같이 기호화된다.

(4) ㄱ. 좋은 날도 많았지만^세상일이 내 마음 같지 않아 슬픈 날도 많았다.
ㄱ′. 1^2
ㄴ. 세상일이 내 마음 같지 않아^슬픈 날도 많았다.
ㄴ′. β^α

결과적으로 (4ㄴ)은 (4ㄱ)의 후행절과 동일하며, 이때 하위복합(nest-ing)이 일어난다. 이처럼 하위복합이 나타나는 혼성복합절은 〔표 6-2〕와 같이 분석될 수 있다. 또한 하위복합은 괄호로 기호화하므로 (4ㄱ)의 예문은 1^2(β^α)로 분석된다. 괄호가 없는 형태인 1^2β^2α로 기호화할 수도 있다.

[표 6-2] 하위복합이 나타나는 혼성복합절의 분석

	1		좋은 날도 많았지만
2		β	세상일이 내 마음 같지 않아
		α	슬프 날도 많았다.

6.4. 절 복합의 논리-의미 유형 체계

6.4.1. 논리-의미 유형 체계의 구성과 분석

논리-의미의 체계는 인접한 절들이 서로 투사하거나 확장하여 형성하는 논리-의미의 유형을 기준으로 한 선택항 세트이다. 논리-의미의 관계는 일차적으로 확장과 투사라는 두 가지 근본적 관계에 기반을 둔다. 확장(expansion)은 2차절이 1차절의 메시지를 확장하는 것을 의미한다. 2차절은 1차절을 상술하거나, 연장하거나, 보강함으로써 1차절을 확장한다. 투사(projection)는 2차절이 1차절에 투사되는 것을 의미한다. 이때 투사되는 절은 발언(locution)이나 생각(idea)이다.

확장은 동일한 경험 차원에서 현상을 연결하는 것인 반면, 투사는 하나의 경험 차원의 현상(말하거나 사고하는 과정)을 더 높은 차원의 현상(사람들이 말하거나 사고한 것에 대한 기호적 현상)에 연결하는 것이다. 문법에 의해 만들어지는 이 논리-의미론적 기본 관계는 [그림 6-2]처럼 나타낼 수 있다.

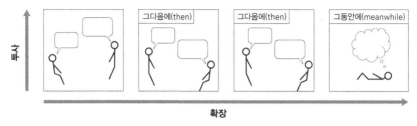

〔그림 6-2〕 만화책의 관습에 나타나는 투사와 확장(Halliday & Matthiessen, 2014: 443, Figure. 7-5)

확장은 〔그림 6-2〕에서 사각형 프레임(그리고 프레임 내의 사건)이 추가되어 나가는 과정과 유사하다. 하나의 프레임은 하나의 절을 의미하는 것으로, 추가되면서 '수평적'으로 텍스트를 구축한다. 반면 투사는 확장에 의해 연결된 사각형 프레임 속에 투사된다. 투사되는 것이 발언이면 말풍선으로, 생각이면 구름 모양으로 표상되는 것이다. 확장과 투사에는 총 다섯 가지 하위 유형이 존재하며, 각 하위 유형의 기호화 방법과 간략한 정의를 정리하면 〔표 6-3〕과 같다.

〔표 6-3〕 논리−의미 관계 하위 유형의 기호화와 정의(Halliday & Matthiessen, 2014: 445)

	논리−의미 관계 유형	기호	정의
확장	상술 즉, 예를 들어, 다시 말해	=	한 절에 이미 있던 것(그것의 일부)을 상술함으로써 또 다른 절을 확장: 다른 말로 재진술하기, 더 자세하게 명시하기, 논평하기, 예를 들기
	연장 그리고, 또는	+	한 절이 그것을 넘어 연장함으로써 또 다른 절을 확장: 일부 새로운 요소를 추가하기, 그것에 대한 예외 주기, 대안 제공하기
	보강 왜냐하면, 아직, 그다음에	×	한 절이 그것 주변을 장식함으로써 또 다른 절을 확장: 시간, 장소, 원인, 조건의 상황적 자질과 함께 한정하기
투사	발언 ~라 말한다	"	한 절이 말한 것의 구성을 어구로 제시하는 것을 통해 다른 절에 투사
	생각 ~라 생각한다	'	한 절이 의미의 구성을 사고로 제시하는 것을 통해 다른 절에 투사

논리-의미의 기호화는 절을 표상하는 숫자나 문자 앞에 위치한다. 종속 배열일 경우에는 종속절 앞에 논리-의미 기호가 붙는다. 대등 배열일 경우에도 후행절 앞에 표시되는 것이 일반적이나, 투사의 경우 투사된 생각이나 발언이 선행절일 경우에는 선행절 앞에 붙는다. 아래 (5ㄱ)의 예문은 확장과 투사가 모두 나타나는 혼성복합절이다. 이 혼성복합절의 연결점을 표시하면 (5ㄴ)과 같고, 배열 관계를 분석하면 (5ㄷ)과 같다. 논리-의미 관계 유형을 분석하면 (5ㄹ)로 분석된다. 이것을 〔그림 6-2〕와 같이 만화로 표현하면 〔그림 6-3〕처럼 그려 볼 수 있다.

(5) ㄱ. 김 형사는 슈퍼 주인이 범인이라 확신했고 이 형사에게 "증거를 다시 살펴보자."라고 말했다.

ㄴ. 김 형사는《슈퍼 주인이 범인이라》확신했고^이 형사에게《증거를 다시 살펴보자》라고 말했다.

ㄷ. 1(α^《β》)^2(α^《β》)

ㄹ. 1(α^《′β》)+2(α^《″β》)

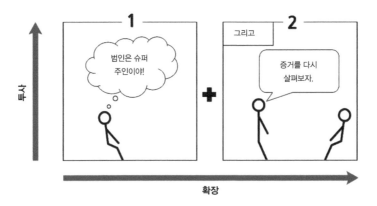

〔**그림 6-3**〕 만화책의 관습에 따른 예문 (5ㄱ) 표현

6.4.2. 확장 체계

상술

상술(elaboration)은 2차절이 메시지에 새로운 필수적 요소를 추가하지 않고 1차절에 이미 존재하는 것에 대해 더 많은 정보를 제공하는 것이다. 추가 정보가 상술되는 대상은 전체 메시지일 수도 있고 메시지의 일부분일 수도 있다. 상술의 하위 유형은 상술되는 대상에 대하여 상술되는 내용이 어떤 유형의 것이냐에 따라 '재시, 예시, 명시'로 분류된다. 각각의 개념을 차례대로 살펴보자.

첫째로 재시(再示, exposition)는 2차절이 1차절의 명제를 다른 말로 재진술하는 논리적 관계를 가진다. 주요 표지로는 '다시 말해, 즉, 그러니까' 등이 있다. 둘째로 예시(例示, exemplification)는 2차절이 1차절의 명제에 대하여 예를 제공하는 논리적 관계를 가진다. 주요 표지로는 '예를 들어, 일례로, 구체적으로' 등이 있다. 셋째로 명시(明示, clarification)는 2차절이 1차절의 명제를 더 자세하게 명시하기 위해 해당 명제를 설명하거나 논평하는 논리적 관계를 갖는 것으로, '사실, 실제로' 등을 주요 표지로 갖는다. 그러나 표지가 언제나 나타나는 것은 아니다. 경우에 따라 나타날 수도 있고 나타나지 않을 수도 있다. 다음 예시를 살펴보자.

(6) ㄱ. 아무런 소리도 나지 않았고 침묵만 흘렀다. [재시 상술]
　　ㄴ. 그는 요리를 위해 필요한 재료가 적힌 종이를 보았고, 종이에는 고추와 대파, 양파 같은 것들이 빼곡히 적혀 있었다. [예시 상술]
　　ㄷ. 너는 아픈 게 아니라 회사에 가기 싫은 거야. [명시 상술]

대등복합절 (6ㄱ)의 선행절은 '아무런 소리도 나지 않았고'(1)이고,

후행절은 '침묵만 흘렀다.'(2)이다. 표지가 나타나지는 않지만 후행절은 선행절 전체의 메시지를 '다시 말하는' 방식으로 상술하고 있다. 따라서 (6ㄱ)에서 선행절과 후행절의 논리-의미적 관계는 상술하기 중에서도 재시 상술에 속한다. (6ㄴ)의 경우 선행절의 재료가 후행절에 구체적으로 예시되는 논리-의미 관계를 가지므로 예시 상술에 속한다. (6ㄷ)의 경우 2차절이 1차절의 숨은 의미를 밝혀 분명히 하는 '사실은'의 관계를 가지는 명시 상술의 예이다.

연장

연장(extension)은 2차절이 1차절에 어떤 새로운 것을 덧붙임으로써 또 다른 의미를 늘리는 논리적 관계를 의미한다. 덧붙여진 것은 단순한 추가일 수도 있고, 변경이나 선택일 수도 있다.

먼저 추가(addition)는 하나의 과정에 다른 과정이 결합하는 것으로 두 과정 사이에 인과 관계나 선후 관계가 없는 논리적 관계를 의미한다. 추가는 다시 긍정 순접, 부정 순접, 역접의 세 가지 하위 유형으로 나뉜다. 긍정 순접은 두 절 X, Y가 모두 긍정되는 접속 관계를 의미하는 것으로, 'X 그리고 Y, X와 Y 둘 다, X뿐만 아니라 Y도'와 같은 논리-의미적 관계를 갖는다. 부정 순접은 두 절 X, Y가 모두 부정되는 접속 관계를 의미하는 것으로, 'X 그리고 Y도 아닌, X와 Y 둘 다 아닌, X뿐만 아니라 Y도 아닌'과 같은 논리-의미적 관계를 갖는다. 마지막으로 역접은 한 절이 긍정되면 다른 절이 부정되는 접속 관계를 나타내는 것으로, 'X와 달리 Y는, X와 대조적으로 Y는'과 같은 논리-의미적 관계를 갖는다. (7)은 채식주의자의 종류를 설명한 것으로 (7ㄱ)은 긍정 순접, (7ㄴ)은 부정 순접, (7ㄷ)은 역접에 해당한다.

(7) ㄱ. 플렉시테리언(flexitarian)은 식물성 음식을 주로 먹으면서 동물
성 음식도 먹는다. [긍정 순접]

ㄴ. 비건(vegan)은 고기와 생선도 먹지 않고 달걀이나 우유처럼 동
물에게서 비롯된 음식도 먹지 않는다. [부정 순접]

ㄷ. 페스코테리언(pescotarian)은 고기류 가운데 어류만 먹지만 폴로
테리언(pollotarian)은 오리나 닭 같은 가금류만 먹는다. [역접]

다음으로, 변경(variation)은 하나의 절이 다른 절의 전체 또는 일부분
을 대신하거나 제외시키는 방식의 변화를 나타내는 논리적 관계를 의미
한다. 전자를 대체 변경, 후자를 제외 변경이라 한다. 아래 예문에서 (8ㄱ)
은 대체 변경의 예로, 두 절 X, Y는 'X는 아니지만 Y', 즉 'X 대신 Y'의 논
리-의미적 관계를 갖는다. (8ㄴ)은 제외 변경의 예로, 'X이지만 X 전체는
아닌'의 논리-의미적 관계를 갖는다.

(8) ㄱ. 앞으로의 목표에 대해서 말할 것이 아니라 구체적인 계획을 제
시했어야 했다. [대체 변경]

ㄴ. 무례한 그의 농담에 아무도 웃지 않았지만 그는 혼자 재밌다는
듯 웃어댔다. [제외 변경]

마지막으로 선택(alternative)은 두 절 X, Y 중 하나를 선택하는 논리
적 관계를 의미한다. 이때 두 절 X, Y는 'X 혹은/또는 Y'의 논리-의미적
관계를 갖는다.

(9) ㄱ. 이 경우 컴퓨터에서 재인쇄를 선택하거나 프린터를 다시 시작하
면 된다.

ㄴ. 왼쪽으로 가든 오른쪽으로 가든 걸리는 시간은 비슷하다.

보강

보강(enhancement)은 하나의 절이 다른 절의 전체나 일부분에 시간, 공간, 인과, 조건, 목적 등을 부여하여 수식하는 방식으로 의미를 보강하는 것이다. 아래 (10)은 보강의 다양한 예를 보여준다.

(10) ㄱ. 어둑한 창밖을 바라보면서 그는 우산을 챙겼다. [시간]

ㄴ. 집을 나서자 비가 쏟아지기 시작했다. [시간·공간]

ㄷ. 우산을 챙기지 않았다면 낭패를 볼 뻔했다. [조건]

ㄹ. 약속 시간에 늦지 않으려 주차장으로 발걸음을 재촉했다. [목적]

ㅁ. 차가 막혀서 약간 늦게 도착했다. [원인]

(10ㄱ)은 종속절이 주절 전체에 시간적 배경을 부여하고 있다. (10ㄴ)은 종속절이 주절에 시간적 선후 관계 및 공간적 배경을 제공한다. 즉, 종속절이 비가 쏟아지기 시작한 시점과 이때 화자가 위치한 공간적 배경을 제공하면서 주절을 수식하고 있는 것이다. (10ㄷ)은 조건을 부여하는 보강에, (10ㄹ)은 목적을 부여하는 보강에, (10ㅁ)은 원인을 부여하는 보강에 해당한다.

지금까지 확장 체계의 세 가지 하위 유형인 상술, 연장, 보강에 대해서 살펴보았다. 상술, 연장, 보강은 복합된 절들 사이의 관계에서 발생하는 논리적 의미이다. 따라서 논리-의미 관계 유형은 형태 의존적 개념이 아니다. 그렇기에 특정한 형태의 연결 어미가 반드시 특정 논리-의미를 보장하지는 않는다. 앞서 예로 들었던 (7ㄱ)과 (10ㄱ)을 비교해 보자.

(7)　ㄱ. 플렉시테리언(flexitarian)은 식물성 음식을 주로 먹<u>으면서</u> 동물
　　　　성 음식도 먹는다.

(10)　ㄱ. 어둑한 창밖을 바라보<u>면서</u> 그는 우산을 챙겼다.

　　두 절 복합체 모두 '-(으)면서'라는 동일한 형태의 연결 어미가 사용
되었지만 이 둘의 논리-의미 관계 유형은 서로 다르다. (7ㄱ)은 플렉시테
리언에 대한 정보를 담고 있는 메시지가 추가된 연장의 논리-의미를 보여
주는 것으로, 두 절 사이에는 시간 관계나 인과 관계 등이 나타나지 않는
다. 반면 (10ㄴ)은 주절과 종속절의 과정이 동시에 진행되는 듯하면서도
종속절이 주절에 인과 관계 및 시간적 선후 관계를 부여하고 있어 보강의
논리-의미 관계를 갖는다. 앞서 알아보기에서 대등 배열과 종속 배열을 형
태가 아니라 '의미-기능'으로 구분해야 한다고 했던 것처럼, 논리-의미의
유형도 복합체를 이루는 절들의 관계에서 어떤 의미-기능이 발생하는가
에 주목하여 구분해야 한다.

6.4.3. 투사 체계

투사를 분류하는 세 가지 기준
　　투사는 '말하거나 사고하는 과정'이라는 경험 차원의 현상을 그보다
더 높은 기호 차원의 현상에 연결시키는 논리 의미 유형이다. 투사 체계가
실현하는 이러한 논리-의미는 투사의 다양한 분류를 통해 보다 잘 이해할
수 있다. 투사는 '투사 수준, 투사 방식, 발화 기능'이라는 세 가지 기준에
따라 분류된다.

투사 수준에 따른 분류: 생각 투사 대 발언 투사

투사는 투사 수준(level)에 따라 생각 투사와 발언 투사로 분류할 수 있다. 하나의 절 속에 투사된 절의 언어적 '내용(content)'이 생각이면 생각 투사, 언어화된 표현이면 발언 투사가 된다. 이때 분류 기준을 '수준'이라고 명명한 것은 투사된 내용이 무엇이냐에 따라 투사된 절과 투사된 절을 포함하는 전체 절의 실현 계층(realization-stratification)이 상이하기 때문이다. 생각 투사는 '의미하기'를 투사하고, 발언 투사는 '표현하기'를 투사한다.

먼저 발언 투사를 살펴보자. 누군가가 어떤 말을 하는 것은 전언적 사태이다. 이 사태를 인식한 화자는 우선 "그녀가 말했다."라는 전언적 절을 구성하고, 여기에 '그녀'의 언어적 행위를 "비가 오네."라는 언어적 내용으로 인용하여 "그녀가 비가 온다고 말했다." 혹은 "'비가 오네.'라고 그녀가 말했다."와 같이 표현하게 된다. 이때 투사된 내용이 담기는 전언적 절 "그녀가 말했다."와 투사된 절 "비가 오네."는 모두 표현하기라는 점에서 그 지위가 동등하다. 다시 말해, "그녀가 말했다."가 발화자의 발언이라면 "비가 오네."는 그녀의 발언이라는 점에서 모두 어휘문법적 실현인 것이다.

이에 반해 생각 투사에서는 투사된 내용이 담긴 절과 투사된 절의 지위가 동등하지 않다. 누가 어떤 생각을 하는 것은 정신적 사태이다. 발언 투사와 마찬가지로 이 사태를 인식한 화자는 "그는 생각한다."라는 정신적 절을 구성하고, 여기에 정신적 행위인 "세상은 아름다워."를 언어적 내용으로 인용하여 "그는 세상이 아름답다고 생각한다.", "'세상은 아름다워.'라고 그는 생각한다."와 같이 표현하게 된다. 이때 투사된 내용이 담기는 정신적 절 "그는 생각한다."와 투사된 절 "세상은 아름다워."의 지위는 동등하지 않다. 화자의 발언인 "그는 생각한다."는 어휘문법적 현상, 즉 표현하기(wording)인 반면 '그'의 생각인 "세상이 아름답다."는 의미적 현상, 즉 의미하기(meaning)이기 때문이다.

투사 방식에 따른 분류: 종속적 보고 투사 대 대등적 인용 투사

투사 방식은 전통적으로 국어학에서 다루어 온 간접 인용과 직접 인용을 생각하면 보다 쉽게 파악할 수 있다. 종속적 보고 투사는 간접 인용에, 대등적 인용 투사는 직접 인용에 개념적으로 상응한다. 다만 국어학에서 보통 인용이 발언 투사에 대한 것으로 제한되었던 것과 달리, 체계기능언어학의 투사는 생각을 인용 대상에 포함한다는 점에서 차이가 있다. 이에 따라 간접 투사되는 것은 보고(report)로, 직접 투사되는 것은 인용(quote)으로 조정된다. 투사 수준과 투사 방식 두 축을 교차시키면 아래 〔표 6-4〕와 같이 네 종류의 투사가 나타난다.

〔**표 6-4**〕 투사 방식에 따른 투사의 종류

	"직접, 인용(direct, quoted)" 1 2 대등적 (−라고/하고)	"간접, 보고(indirect, reported)" α β 종속적 (−다고/냐고/라고/자고)
생각 ′ 정신적	생각 인용 ′ 1 2 '세상은 아름다워', 그는 생각한다.	생각 보고 α ′β 그는 세상이 아름답다고 생각한다.
발언 ″ 전언적	발언 인용 ″ 1 2 "비가 오네.", 그녀가 말했다.	발언 보고 α ″ β 그녀가 비가 온다고 말했다.

발화 기능에 따른 분류: 정보 명제 투사 대 행위 명제 투사

투사는 투사된 발화가 제공하거나 요구하는 내용의 성격에 따라서도 분류할 수 있다. 투사된 발화가 제공하거나 요구하는 것이 정보인 경우는 정보 명제(proposition) 투사라 하고, 재화나 서비스일 경우에는 행위 명제(proposal) 투사라고 부른다. 〔표 6-4〕의 예문들은 모두 명제 투사에 해당한다. 여기에 발화 기능에 따른 분류의 축을 추가하면 〔표 6-5〕처럼 정리할 수 있다.

〔표 6-5〕 발화 기능에 따른 투사의 종류

		"직접, 인용(direct, quoted)" 1 2 대등적	"간접, 보고(indirect, reported)" α β 종속적
생각 ′ 정신적	대형문: 정보 명제	′ 1 2 '나는 할 수 있어', 그녀는 생각했다.	α ′β 자기가 할 수 있다고 그녀는 생각했다.
	대형문: 행위 명제	'그만했으면 좋겠어', 그녀는 생각했다.	그만했으면 좋겠다고 그녀는 생각했다.
발언 ″ 전언적	대형문: 정보 명제	″ 1 2 "나는 할 수 있어", 그녀가 말했다.	α ″ β 자기가 할 수 있다고 그녀가 말했다.
	대형문: 행위 명제	"하지 마", 내가 말했잖아.	하지 말라고 내가 말했잖아.
	소형문	"하늘아, 이리 와 봐", 엄마가 말했다.	–

대등 투사가 소형문[3]을 투사할 수 있는 반면, 종속 투사는 그렇지 않다. 소형문 인용의 예로 제시된 호격어 "하늘아"는 (11ㄱ)에서 확인할 수

....

3   '소형문(小型文, minor sentence)'은 블룸필드(Bloomfield, 1933)에서 제안된 개념으로, 문장의 필수성분 중 일부가 빠진 문장을 가리킨다. 소형문은 필수성분의 결여라는 측면에서 생략문과 공통점을 가지지만 생략문이 생략된 문장 성분을 재구할 수 있는 것과 달리, 소형문에서는 정확히 어떤 성분이 생략된 것이라 말하기 어렵다. 흔히, '아이고, 쯧쯧' 등과 같은 감탄사, '신이시여, 철수야'와 같은 체언에 호격 조사가 결합된 형태가 여기에 속한다. 불이 난 상황에서 '불이야!'라고 외치거나, 달려오는 차를 보고 외치는 '차!' 등의 경고 표현, '안녕하세요.' 등의 인사 표현도 소형문에 속한다. 소형문은 '작은 문장', '불완전문', '불구문'으로도 번역된다. 소형문에 대비되는 개념인 '대형문(大型文, full sentence)'은 '완전문', '큰 문장' 등으로 번역된다(이선웅, 2012: 244; 이유미 · 황병순, 2017: 247; Halliday & Matthiessen, 2014: 195-196).

있듯 보고될 수 없다. 보고에 적격한 형태로 만들기 위해서는 (11ㄱ′)와 같이 호격어를 생략하거나, (11ㄱ″)와 같이 호격어를 주절의 부사어로 취해야 한다.

(11) ㄱ. *하늘아 이리 와 보라고 엄마가 말했다.

　　ㄱ′. 이리 와 보라고 엄마가 말했다.

　　ㄱ″. 이리 와 보라고 엄마가 하늘이에게 말했다.

지금까지 우리는 투사를 분류하는 세 가지 기준을 살펴보았다. 이상의 세 분류를 바탕으로 이제 투사의 두 가지 유형을 살펴보도록 하자.

투사 유형

투사에 의해 확장된 복합절은 투사하는 절과 투사되는 절로 나뉜다. 이때 투사되는 내용에 따라 투사의 종류를 발언 투사와 생각 투사로 나눌 수 있다.

발언 투사

발언 투사는 말이나 글로 나타난 절(예를 들어, "비가 온다.")을 전언적 절(예를 들어, "그녀가 말했다.") 안으로 투사한다. 이때 전언적 절의 동사로 항상 '말하다'만 사용되는 것은 아니다. 언어적 표현과 관련된 다양한 유형의 동사가 사용될 수 있다. 발언을 투사하는 전언적 절에 사용될 수 있는 대표적인 동사를 대략적으로 보이면 아래 (12)와 같다.

(12) 말하다, 쓰다, 적다, 보고하다, 발표하다, 설명하다, 묻다, 제안하다, 요구하다, 주장하다, 명령하다, 지시하다, 알리다, 불평하다, 울부짖

다, 소리치다, 따지다, 구시렁거리다, 투덜거리다, 위협하다, 맹세하
다, 경고하다, 약속하다, 간청하다 등

발언 투사는 배열 체계에 따라 다시 발언 인용과 발언 보고로 나뉠
수 있으며, 투사된 절의 발화 기능에 따라 정보 명제 발언 투사와 행위 명
제 발언 투사로 나뉠 수 있다. 또한 앞서 언급한 것처럼 발언 투사는 소형
문을 투사할 수 있으므로, (13)과 같이 크게 여섯 가지 유형의 투사가 나
타난다. 각 문장의 끝에 대괄호로 표시한 것은 유형의 절 복합 체계를 분
석하여 기호로 표현한 것이다.

(13) ㄱ. 행위 명제 발언 인용 투사: "내 가위 쓰지 마!" 동생이 소리쳤
다. ["1^2]

　　ㄱ′. 행위 명제 발언 보고 투사: 자기 가위를 쓰지 말라고 동생이 소
리쳤다. ["β^α]

　　ㄴ. 정보 명제 발언 인용 투사: "이게 왜 네 가위냐?" 오빠가 물었
다. ["1^2]

　　ㄴ′. 정보 명제 발언 보고 투사: 오빠는 이게 왜 네 가위냐고 물었
다. [α^《"β》]

　　ㄴ″. 정보 명제 발언 인용 투사: 오빠가 "이게 왜 네 가위냐?"라고
물었다. [1^《"2》]

　　ㄷ. 소형문 발언 인용 투사: "그만." 엄마가 다그쳤다. ["1^2]

(13ㄱ)에서 투사된 절은 특정 행위를 요구하는 행위 명제 발언이고,
(13ㄴ)에서 투사된 절은 정보를 요구하는 정보 명제 발언이다. 두 가지 모
두 직접 발화에 해당하는 인용 표현이기 때문에 대등 배열로 복합되므로,

기본적으로 문형은 1^2와 같이 분석된다. 이때 투사되는 절이 선행절이고 그 내용은 발언이므로 큰따옴표를 선행절 앞에 붙여 "1^2로 분석한다. 소형문이 인용된 (13ㄷ)도 마찬가지이다.

(13ㄱ)과 (13ㄴ)을 각각 간접 발화 형태로 바꾼 (13ㄱ′)와 (13ㄴ′)는 보고 발언이기 때문에 각 문장은 종속 배열로 복합된다. 이때 (13ㄱ′)는 경우 투사되는 절인 종속절 β가 투사하는 절인 주절 α보다 앞에 나오므로 "β^α와 같이 분석된다. (13ㄴ′)의 경우 투사된 종속절 β가 투사하는 주절 α 사이에 끼어 들어온 문형이다. 이처럼 문장 사이에 절이 끼어드는 경우에는 해당 절을 《 》속에 넣어서 표현한다. 결과적으로 (13ㄴ′)는 α^《"β》와 같이 분석된다. 절이 끼어드는 현상이 종속 배열의 보고 투사에서만 나타나는 것은 아니다. (13ㄴ″)는 대등 배열의 인용 투사인 (13ㄴ)에서 투사된 후행절이 투사하는 선행절에 끼어들도록 바꾸어 쓴 문장이다. 앞서와 같은 원리로 1^《"2》와 같이 분석된다.

생각 투사

생각 투사는 언어로 발화되지 않은 생각(예를 들어, '세상은 아름답다.')을 정신적 절(예를 들어, "그는 생각한다.") 안으로 투사한다. 이때 정신적 절의 동사가 항상 '생각하다'로 표현되는 것은 아니다. 생각을 투사하는 정신적 절에 사용될 수 있는 대표적인 동사를 대략적으로 보이면 아래 (14)와 같다.

(14) 생각하다, 믿다, 확신하다, 추측하다, 추정하다, 예상하다, 궁금하다, 안다, 꿈꾸다, 상상하다, 기억하다, 잊다, 의심하다, 여기다, 판단하다, 결심하다, 원하다, 바라다, 소망하다, 의도하다, 계획하다, 고민하다, 후회하다 등

생각 투사 역시 배열 체계에 따라 다시 생각 인용과 생각 보고로 나눌 수 있으며, 투사된 절의 발화 기능에 따라 정보 명제 생각 투사와 행위 명제 생각 투사로 나눌 수 있다. 생각 투사는 소형문을 투사하지 못하므로 다섯 가지 유형으로 나타났던 발언 투사와 달리, (15)와 같이 크게 네 가지 유형으로 표현될 수 있다. 각 문장의 끝에 대괄호로 표시한 것은 유형의 절 복합 체계를 분석하여 기호로 표현한 것이다.

(15) ㄱ. 행위 명제 생각 인용 투사: '증거를 다시 살펴봐야겠어.', 김 형사는 생각했다. ['1^2]

　　ㄱ'. 행위 명제 생각 보고 투사: 김 형사는 증거를 다시 살펴봐야겠다고 생각했다. [α^《'β》]

　　ㄴ. 정보 명제 생각 인용 투사: '범인은 슈퍼 주인이었어!', 김 형사는 확신했다. ['1^2]

　　ㄴ'. 정보 명제 생각 보고 투사: 김 형사는 슈퍼 주인이 범인이라고 확신했다. [α^《'β》]

(15ㄱ)에서 투사된 절은 행위를 요구하는 행위 명제 생각이고, (15ㄴ)에서 투사된 절은 정보를 요구하는 정보 명제 생각이다. 두 가지 모두 직접 발화에 해당하는 인용 표현이기 때문에 대등 배열로 복합된다. 투사되는 절이 선행절이고 그 내용이 생각이므로 작은따옴표를 선행절 앞에 붙여 '1^2로 분석한다.

(15ㄱ)과 (15ㄴ)을 각각 간접 발화 형태로 바꾼 (15ㄱ')와 (15ㄴ')의 경우 보고 표현이기 때문에 각 문장은 종속 배열로 복합된다. (15ㄱ')와 (15ㄴ') 모두 투사된 종속절 β가 투사하는 주절 α 사이에 끼어 들어온 문형이므로 α^《'β》와 같이 분석된다.

절 복합으로서 투사된 복합절(겹문장)은 단일절(홑문장)로도 표현될 수 있다. 아래의 〔표 6-6〕을 살펴보자.

〔표 6-6〕 투사된 복합절과 그에 상응하는 단일절

	단일절	보고 투사	인용 투사
생각 투사	담당 검사는 김 지사를 유죄로 판단했다.	담당 검사는 김 지사가 유죄라고 생각했다.	'김 지사는 유죄야', 담당 검사는 생각했다.
발언 투사	김 지사는 무죄를 주장했다.	김 지사는 자신은 죄가 없다고 호소했다.	"저는 죄가 없습니다.", 김 지사는 호소했다.

〔표 6-6〕은 단일절로 표현할 수 있는 사태를 투사하여 인용하거나 보고하는 복합절로 표현하는 예를 보여 준다. 이 선택은 곧 유죄를 구형한 검사의 생각이나 무죄를 주장하는 김 지사의 목소리를 드러내 사태 속으로 끌어올 것인지, 나의 목소리로 말할 것인지를 선택하는 것이다. 단일절에서 보고 투사, 인용 투사로 나아갈수록 목소리는 자세해지고, 그 결과 사태의 생동감과 증거성이 높아진다. 반면 인용 투사에서 보고 투사, 단일절로 나아갈수록 정보를 축약적으로 전달할 수 있다.

이 장을 마무리하면서 논리적 대기능이 반드시 절 복합의 층위에서만 실현되는 것은 아니라는 사실을 거듭 강조하고자 한다. 논리적 대기능은 절 이하의 단위에서도 실현된다. 단어, 군/구도 복합체를 형성하며, 절과 동일한 규칙을 따른다. 여기에서는 지면의 부족으로 절 이하의 복합에 대해 다루지 못하였으나, 이에 대한 논의도 뒤따라야 할 것이다.

6.5. 요약하기

이 장에서는 경험적 대기능과 함께 관념적 대기능을 형성하는 논리적 대기능에 대해 살펴보았다. 이를 통해 화자 혹은 필자가 여러 개의 절을 복합하는 방법과 그러한 선택에 내재하는 기능적 감각을 이해하고자 하였다. 이 장에서 다룬 내용을 요약해 보면 아래와 같다.

- 논리적 대기능은 의미하는 사람의 논리 구성 행위로서의 세계 인식을 표현하는 데 관여하는 대기능이다. 경험적 대기능에 의해 기술된 몇 가지 사태를 배열 체계에 따라 이어 붙이며 각 사태 사이의 의존 관계와 논리 관계를 표현한다.
- 단일체는 하나의 동일 위계 언어 단위로 구성된 언어 단위를 의미한다. 그리고 복합체는 두 개 이상의 동일 위계 언어 단위가 연결되어 구성된 언어 단위를 의미하며, 이는 복합 이전과 동일한 위계를 지닌다.
- 배열 체계는 두 개 이상의 인접한 절들이 의존성과 독립성의 측면에서 어떤 관계로 연결되어 있는지를 나타내는 것이다. 두 개의 선택항은 복합된 절의 지위가 동등하고 의미적으로 독립적인 대등 배열과, 복합된 절의 지위가 동등하지 않고 의미적으로 의존적인 종속 배열로 구별된다.
- 논리-의미 유형 체계는 인접한 절들이 연결되는 과정에서 형성되는 논리적 의미 유형에 대한 것이다. 논리-의미 유형은 확장과 투사라는 두 가지 근본적 관계에 기반을 둔다.
- 확장은 2차절이 1차절의 메시지를 확장하는 것을 의미한다. 2차절은 1차절을 상술하거나, 연장하거나, 보강함으로써 1차절을 확장

한다.

- 상술은 2차절이 메시지에 새로운 필수적 요소를 추가하지 않고 1차절에 이미 존재하는 것에 대해 더 많은 정보를 제공하는 것이다. 상술되는 대상에 대하여 상술되는 내용이 어떤 유형의 것이냐에 따라 '재시, 예시, 명시'로 분류된다.

- 연장은 2차절이 1차절에 어떤 새로운 것을 덧붙임으로써 또 다른 의미를 늘리는 논리적 관계를 의미한다. 덧붙여진 것은 단순한 추가일 수도 있고, 변경이나 선택일 수도 있다.

- 보강은 하나의 절이 다른 절의 전체나 일부분에 시간, 공간, 인과, 조건, 목적 등을 부여하여 수식하는 방식으로 의미를 보강하는 것이다.

- 투사는 2차절이 1차절에 투사되는 것을 의미한다. 이때 투사되는 절은 발언이나 생각이다.

- 발언 투사는 말이나 글로 나타난 표현을 투사되는 절로 갖고, 이러한 내용이 담기는 전언적 절을 투사하는 절로 갖는다. 생각 투사는 생각과 같이 언어로 표현되지 않은 의미를 투사되는 절로, 이러한 내용이 담기는 정신적 절을 투사하는 절로 취한다.

더 보기

체계기능언어학의 논리적 대기능에 대한 연구는 그 수가 매우 적은데, 그중에서도 절 복합체를 형성하는 연결 어미에 초점을 맞춘 연구는 더 적다. 투사와 확장은 논리적 대기능의 영역에서만 고려되는 것이 아니다. 배경 요소로서 경험적 대기능에서, 응결 장치로서 접속 부사가 텍스트적 대기능에서 고려될 수 있다. 절 복합체를 형성하는 연결 어미의 논리적 대기능은 응결 장치 연구에 포함되어 다루어졌다. 그중 체계기능언어학의 내용과 비교적 더 밀접한 관련을 보이는 연구로는 안경화(2001)와 유민애(2015)를 들 수 있다.

안경화(2001)는 구어체 텍스트의 응결 장치를 유형화하고 토론 텍스트에서 그 사용 양상을 살핀 연구이다. 여기에서는 할리데이(1985: 287-318)에 따라 연결 어미, 접속 부사, 관용적 연결 표현의 유형을 설명(elaboration), 확대(extension), 보강(enhancement)으로 분류하였다. 그리고 설명 유형을 다시 아래와 같이 부연과 상술로, 상술 유형을 다시 한정, 요약, 증명, 보류, 전환으로 분류하였다.

구어체 텍스트의 응결 장치

기능		형태	연결 어미	접속 부사	관용적 연결어
설명	부연	나열	–	그러니까, 즉, 곧	말하자면, 달리/바꿔/다시 말하자면
		대조	–	예컨대, 이를테면	이와 같이, 예/보기를 들(자)면
	상술	한정	–	다만, 특히	적어도
		요약	–	결국	요약하면, 간략히 말하자면
		증명	–	사실	사실상
		보류	–	어쨌든, 하여튼, 하여간, 아무튼, 어떻든	
		전환	–	그런데	

그런데 이때 설명 유형에 해당하는 연결 어미는 빠져 있다. 한국어 문법교육 내용으로서 응결 장치를 살핀 유민애(2015) 역시 안경화(2001)의 분류를 그대로 답습하였다. 그러나 본문의 예시 (6)에서 살펴보았듯 연결 어미도 상술 확장에서 재시, 예시, 명시 등의 논리적 의미기능을 갖는다는 점에서 위 분류의 한계를 짚어볼 수 있다.

문법적 은유

차례

7.1. 들어가기

은유(隱喩)는 대상의 본뜻을 숨기고 유사한 특성을 가진 다른 사물이나 개념을 통해서 대상을 표현하는 수사법이다. 은유에 대한 기존의 연구는 문학을 중심으로 한 어휘적 은유에 대한 것으로, 언어 표현의 효과 및 창조력을 강조하는 수사학 분야에서 주로 이루어져 왔다. 그러나 최근 언어학 분야에서 체계기능언어학을 바탕으로 한 문법적 은유(grammatical metaphor) 연구가 활발해지고 있다.[1]

체계기능언어학의 관점에서는 문법적 은유를 어휘문법에서 실현된 기존의 보편적이고 일반적인 표현 형식과는 다른 변이형으로 본다. 체계기능언어학에서 은유는 관념적 은유(ideational metaphor), 대인적 은유(interpersonal metaphor), 텍스트적 은유(textual metaphor)로 구분된다.

....

1   체계기능언어학에서의 은유 연구는 할리데이(1985)에서 처음으로 소개되었고, 이후 할리데이 (1988a, 1988b), 마틴(1992), 할리데이와 마틴(Halliday & Martin, 1993) 등을 통해 발전하였다.

이 장에서는 관념적 은유와 대인적 은유의 의미기능을 중심으로 문법적
은유에 대해 살펴보도록 한다.

7.2. 문법적 은유의 개념과 유형

7.2.1. 문법적 은유의 개념

문법적 은유는 전통문법에서 연구해 온 어휘적 은유와 대별되는 것으
로, 동일한 의미를 표현하는 데 있어 보편적이고 일반적인 어휘문법의 표
현 형식과는 다른 변이형으로 실현된다. 이는 어휘문법과 의미 간의 실현
관계(realizational relationship) 이론을 통해 보다 잘 이해될 수 있다. 어휘
문법과 의미 간의 실현 관계는 일치(congruent) 관계와 비일치(incongru-
ent) 관계로 나뉜다. 일치 관계는 어휘문법과 의미가 일반적인 방식으로
실현된 경우를 말하며, 비일치 관계는 그 둘의 관계가 일반적이지 않은 방
식으로 실현된 경우를 의미한다. 이러한 실현 관계에 따른 각각의 표현 형
식을 일치 형식과 비일치 형식이라고 하며, 비일치 형식은 은유 형식이라
고도 한다.

예를 들어 관념적 대기능에서 과정(process)은 주로 동사군을 통해
실현되고, 참여자(participant)는 명사군을 통해 실현된다. 이러한 일반적
유형은 일치 관계 혹은 일치 형식에 해당한다. 이와 달리 과정을 실현해야
하는 동사군이 명사군의 형태로 변이되어 절을 형성한 경우, 이는 곧 비일
치 관계이자 은유 형식에 해당한다. 이처럼 어휘문법과 의미 간의 전형적
인 실현 방식은 일치 형식으로, 어휘문법과 의미 간의 비전형적인 실현 방
식은 은유 형식으로 본다. 일치 형식은 일상 대화에서 많이 사용되고 비일

치 형식은 전문적 담론이나 과학 텍스트에 주로 쓰인다.

7.2.2. 문법적 은유의 유형

앞서 언급했듯, 세 가지 대기능에 따라 문법적 은유의 유형을 관념적 은유, 대인적 은유, 텍스트적 은유로 분류해 볼 수 있다.

첫째, 관념적 은유는 대기능 중 하나인 관념적 대기능에 초점을 두며 절에서 명사화(nominalization)에 의해 실현된다. 명사화는 어휘문법 범주가 재구조화된 표현인데, 특히 과학 텍스트의 주요한 특질 중 하나로 널리 연구되어 왔다.

둘째, 대인적 은유는 대인적 대기능을 바탕으로 하며, 양태 은유와 서법 은유로 나눌 수 있다. 양태 은유(modality metaphor)는 절 내재적으로 실현되던 양태 의미가 새로운 과정을 포함하여 절 외재적으로 실현되는 것이다. 서법 은유(mood metaphor)는 절 유형의 변화를 통해서 실현된다. 대인적 은유는 전문 분야보다 일상 대화에서 의사소통 효과를 높이기 위해 많이 사용되어 왔다.

셋째, 할리데이(1985)에서는 텍스트적 은유의 가능성에 대해 제시하지 않았으나 마틴(1992: 416-417)에서는 텍스트적 은유의 범주를 설정하고 있다. 텍스트 지시 표현은 참여자보다는 사실을 식별하며 내적 접속사는 일련의 행위가 아닌 일련의 텍스트들과 협응한다는 점에서, 메타 명제적인 표현들을 텍스트적 은유로 해석한 것이다. 예를 들어, 절 앞의 'for example, let me begin by pointing out that'과 같은 표현들은 접속 관계의 은유적 실현으로 읽힐 수 있다. 하지만 이후 할리데이와 매티슨(2014)에서도 텍스트적 은유에 대한 개념은 다루어지지 않았으며 관념적 은유나 대인적 은유에 비해 관련 연구도 활발히 진행되지 않았다.[2] 따라서 이 장에서는 관념적 은유와 대인적 은유를 중심으로 문법적 은유를 소개하기로 한다.

다음 예문을 통해 문법적 은유의 과정을 자세히 살펴보도록 하자.

(1) ㄱ. People most strongly believe that there is no good evidence.

사람들은 좋은 증거가 없다고 가장 강력하게 믿는다.

ㄴ. The strongest belief of all is that there is no good evidence.

가장 강력한 믿음은 좋은 증거가 없다는 것이다.

(Halliday & Matthiessen, 2014: 711-712)

(1ㄱ)은 전형적인 일치 형식이고 (1ㄴ)은 (1ㄱ)과 동일한 사태를 표현하는 비일치 형식, 즉 은유 형식이다. (1ㄴ)은 관념적 은유에 해당하는데, 이는 주로 어휘문법 층에서 절의 과정 유형 및 구성 요소의 변화를 통해 이루어진다. 즉 일치 형식에서 은유 형식으로 변환될 때 (1ㄱ)의 정신적 과정 유형은 (1ㄴ)의 관계적 과정 유형으로 바뀌며, 동사군의 과정으로 표현되던 사태는 명사로 표현된다(believe → belief).

(2) ㄱ. Probably that pudding never will be cooked.

아마 그 푸딩은 절대 조리되지 않을 것이다.

ㄴ. I don't believe that pudding ever will be cooked.

나는 푸딩이 조리될 것이라고 믿지 않는다.

(Halliday & Matthiessen, 2014: 687)

....

2   할리데이와 마틴(1993: 265-266)에서는 텍스트적 은유에 대해 은유적 주제부(metaphorical theme)라는 개념을 제시한 바 있다. 하지만 엄밀히 따지면 이는 관념적 은유가 주제부로 실현되는 양상을 보인 것으로, 관념적 은유 혹은 대인적 은유와 대별되는 텍스트적 은유라 보기 어렵다.

(2)에서는 일치 형식이 양태의 대인적 은유 형식으로 바뀌는 것을 보여 준다. 양태의 대인적 은유는 관념적 은유와 달리 투사의 의미 관계를 기반으로 이루어지는 은유이다. (2ㄱ)의 일치 형식에서 양태 의미를 나타내는 부사 'probably'는 (2ㄴ)의 양태 은유 형식에서 종속적 절의 α절, 즉 주절인 'I don't believe…'로 변하였다. 일치 형식에서 양태 은유 형식으로 변화하면서 절의 의미도 달라지는데, 이 예문에서는 화자의 주관적 판단이 수반되고 평가적 의미가 더해졌다.

7.3. 문법적 은유의 의미기능

7.3.1. 관념적 은유의 의미기능

관념적 은유는 관념적 대기능 체계에 나타난 문법적 은유를 말한다. 관념적 은유는 동성 은유(transitivity metaphor)라고 부르기도 한다. 관념적 은유 표현이 주로 동성 체계에서 과정 유형의 변화를 통해 실현되기 때문이다. 특기할 만한 것은 관념적 은유가 일상적인 대화에서 쓰이는 언어 형식이 아니라, 격식성 및 전형성을 지니는 전문적인 문어 텍스트에서 많이 사용되는 언어 표현 형식이라는 점이다. 이러한 특징은 할리데이와 매티슨(2014)에서 관념적 은유와 아동의 모국어 발달과의 관계를 밝힌 것을 통해 확인할 수 있다. 학습자들은 초등학교 고학년으로 올라가면서 점차 관념적 은유를 접하게 되고, 중학교에 이르러 교과목에 기초한 전문화된 텍스트 문제를 해결하려고 노력하기 시작한다. 이러한 이유로 관념적 은유는 중등 교육 단계에서 모국어 발달에 도움이 되는 중요한 교육 내용이 된다.

다음은 어린 독자를 대상으로 한 책의 일부이다. 이를 통해 명사화로 실현된 관념적 은유 표현을 간단하게 살펴보자.

(3) Slate is a metamorphic rock. Slate was once shale. But over millions of years, tons and tons of rock pressed down on it. The pressure made the shale very hot, and the heat and pressure changed it into slate. ⋯ Other metamorphic rocks are made the same way slate it, by heat and pressure.

슬레이트는 변성암이다. 한때는 슬레이트도 퇴적암이었다. 그러나 수백만 년에 걸쳐 수많은 암석이 그것을 압박했다. 그 압력은 퇴적암을 매우 뜨겁게 만들었고, 그 열과 압력은 퇴적암을 슬레이트로 바꾸어 놓았다. ⋯ 다른 변성암들은 열과 압력에 의해 슬레이트와 같은 방식으로 만들어진다.

(Gans, 1984: 24; Halliday & Matthiessen, 2014: 710에서 재인용)

(3)은 영어의 두 종류의 명사화를 보여 준다. 동사의 명사화(press → pressure)와 형용사의 명사화(hot → heat)가 그것이다. 어린 독자들을 위한 이 텍스트는 "tons and tons of rock pressed down on it" → "the pressure made the shale very hot" → "the heat and pressure"와 같이, 텍스트 연속체에서 일치 형식(pressed, hot)이 사용된 후 이어지는 절에서 일치 형식과 대응되는 은유 형식(pressure, heat)이 바로 제시되고 있다.

이와 같은 텍스트 정보 제시 방식은 학령기 학습자의 언어발달 수준을 고려하여 관념적 은유에 접근할 수 있는 가능성을 제공해 준다. 우선, 어휘문법에서 위계 범주(scale of rank)의 변화가 일어났다. 어휘문법에서 동사군의 구성 요소가 명사군의 구성 요소로 변한 것이다. 이러한 어휘문법상의 위계 범주 변화와 함께 의미 층위상의 변화도 발생했다. 예를 들어 'pressed down on it → the pressure'와 같은 변화는 물질적 절에서 과정을 나타낸 요소가 텍스트 연속체에서 다음 절의 참여자 역할을 수행하는 사물(thing)로 변하는 의미 범주 간의 변화로 볼 수 있다. 이처럼 문법적 은유에서는 어휘문법 층에 있는 구성 요소의 위계 범주 변화를 통해 의미의 재구조화가 실현되며, 이러한 은유 형식은 주로 명사화 표현으로 나타난다.

이처럼 명사화는 의미 재구성의 자원이며 관념적 은유의 대표적인 실현 방식이다. 명사화는 주로 문어 텍스트에 많이 나타나는데, 명사화를 통해 필자는 자신의 관점이 아닌 생각, 이유, 원인 등을 논리적으로 조직할 수 있다.

〔표 7-1〕은 앞서 설명한 예문 (1)의 과정을 분석한 것이다. 이를 기반으로 전형적인 명사화와 관념적 은유의 변화 과정을 검토해 보자.

〔표 7-1〕 일치 형식과 은유 형식의 표현 조합(Halliday & Matthiessen, 2014: 712)

		(people)	most strongly	believe			that there is no…
(1ㄱ)	일치 형식	α				∅	β
		정신적 절					투사된 절
		감지자	태도, 정도	과정			
		명사군	부사군	동사군			
		the	strongest	belief	of all	is	that there is no…
(1ㄴ)	은유 형식	관계적 절					
		값(value)				과정	토큰(token)
		명사군				동사군	명사군: 절
		직시	특성	사물	수식	정형/사건	사물
		한정사	형용사	명사:명사화	전치사구	동사	절

(1ㄱ)은 일치 형식으로 절 복합체인 반면, (1ㄴ)은 은유 형식으로 관계적 절이다. (1ㄱ)의 일치 형식은 생각을 나타내는 정신적 절인 주절('people most strongly believe')과 그 생각의 내용('that there is no…')을 나타내는 종속절로 구성된다. 여기서 생각의 내용은 동사군('believe')으로 표현되어 정신적 절의 과정으로 작용한다. (1ㄴ)의 관념적 은유 형식은 식별을 나타내는 관계적 절인데, 'the strongest belief of all'은 피식별자이고 명사군으로 실현된다. 이 부분은 (1ㄱ)의 일치 형식에서는 정신절로 실현된 주절 'people most strongly believe'에 대응한다. 'that there is no…'는 식별자이고 투사된 생각이 사실처럼 표현된 사실 절이다.

또한 (1ㄱ)의 일치 형식에서 정신적 절의 과정을 나타내는 'believe'는 (1ㄴ)의 관념적 은유 형식에서 명사군 'belief'로 변화된다. 이 변화를 통해 믿음의 '과정'이 관찰되고 함축되어 믿음의 실체를 표현하는 '사물'로 변화함으로써, 다른 과정의 참여자로서의 역할을 수행할 수 있게 된 것이다. 따라서 의미 층위에서 논의할 때, 'belief'는 과정과 사물이라는 두가지 특성이 결합된 것이며, 이러한 의미 층위상의 결합은 의미 재구조화의 결과이다. 즉, 일치 형식에서 'believe'의 범주적 의미 및 실체 또는 사물의 특성은 'belief'의 명사 범주적 의미라고 할 수 있다.

이처럼 일치 형식에서 은유 형식으로의 재구조화는 일반적으로 절 복합체에서 절로, 절에서 군으로, 과정에서 사물로 변화하는 하향식(downward) 위계 범주 변화의 과정으로 볼 수 있다. 이때 과정에서 사물로의 변화가 바로 명사화의 과정이고, 명사화는 관념적 은유의 보편적이고 대표적인 유형이다.

문법적 은유의 과정은 논리적 관계와 과정 사이에 존재하는 의미의 접점을 찾아 의미를 재구조화함으로써 경험이나 사건을 구체적 범주에서 추상적 범주로 변화시키는 것이다. 명사화 표현은 어휘의 밀도가 높다는 점에서 일치 형식의 압축(packaged)으로 해석할 수 있으며, 특히 정보의 압축적 제시가 필요한 과학 텍스트에서 많이 나타난다. 먼저 영어 과학 텍스트에서 명사화 사용 양상을 살펴보자.

(4) The rate of crack growth depends not only on the chemical environment but also on the magnitude of the applied stress. The development of a complete model for the kinetics of fracture requires an understanding of how stress accelerates the bond-rupture reaction. In the absence of stress, silica reacts very slowly with water⋯

균열 성장률은 화학적 환경뿐만 아니라 작용 압력의 크기에 따라 달라진다. 균열의 운동학에 대한 완성된 모델의 개발은 압력이 결합 파열 반응을 어떻게 가속화하는지에 대한 이해를 필요로 한다. 압력이 없으면 이산화규소는 물과 매우 천천히 반응한다.

(Michalske & Bunker, 1987: 81; Halliday, 1988a에서 재인용)

(4)에서 밑줄 친 부분은 영어 과학 텍스트에 나타난 명사화 사용 양상을 보여 준다. 절의 구조를 분석하면 모든 절은 '명사군+동사군+명사군/전치사구'와 같이 세 가지 성분으로 구성되어 있으며, 명사화 표현은 명사군 안에 들어 있다. 예를 들어 명사군 'an understanding of how stress accelerates the bond-rupture reaction 압력이 결합 파열 반응을 어떻게 가속화하는지에 대한 이해'은 심리 과정을 나타낸 정신적 절 'We must understand that how stress makes⋯happen more quickly 우리는 압력이 어떻게 이산화규소가 물과 보다 빠르게 반응하도록 만드는지를 이해해야만 한다.'가 핵 명사 'understanding'을 중심으로 이루어진 명

사군으로 위계 이동한 결과이다.

여기서 심리의 변화를 드러낸 'understand(이해하-)'는 깨달음의 실체를 표현한 'understanding(이해)'으로 변화하였고, 일치 형식에서 투사된 절('how stress makes…')은 은유 형식에서 명사군 내 'understanding'을 수식하는 전치사구의 역할을 수행하게 되었다. 이러한 위계 이동이 바로 관념적 은유의 명사화 과정이며, 명사화 표현은 속성이나 과정에서 위계 변화를 함으로써 은유 형식에서 사물로서 참여자의 역할을 하게 된다. 이제 한국어 학술 테스트에 나타난 명사화 사용 양상을 살펴보자.

> (5) ㄱ. 연상적 의미는 <u>개인이 다양한 맥락과 배경에 따라 개념을 표현하면서 발생하는 다양한 의미 양상</u>을 포괄적으로 일컫는다.
>
> (고춘화, 2016: 207)
>
> ㄴ. 이 논의에서는 <u>어휘 교육의 목표</u>를 <u>어휘 사용 능력의 신장</u>으로 잡고 어휘 사용 능력을 다시 <u>의미 파악 능력</u>(사전적 정보의 활용 능력/형태적 정보의 활용 능력/문맥적 정보의 활용 능력)과 <u>어휘 구사 능력</u>(관습적 용법의 구사 능력/개성적 용법의 구사 능력)으로 나눈다.
>
> (구본관, 2011: 31)
>
> ㄷ. 특정 언어 형태를 선택함으로써 <u>의도한 의미를 실현하고자 한 문법적 사고가 시 창작의 과정에서 작용하고 있음</u>이 명시적으로 드러나 있다.
>
> (남가영, 2011: 154)

(5ㄱ)~(5ㄷ)의 밑줄 친 부분은 한국어 학술 텍스트에 나타난 명사화 사용 양상을 보여 준다. 한국어에서 명사화는 '수식 성분+핵 명사'의 구

조로 실현되고 있으며, 명사절 구문, 명사 병치 구문, 관형격 구문, 관형절 수식 구문 등으로 나타난다(정려란, 2018: 109). 여기서는 관형절 수식 구문, 명사 병치 구문, 명사절 구문이라는 세 가지 명사화 양상을 분석해 보고자 한다.

(5ㄱ)은 명사화가 관형절 수식 구문으로 실현된 예이다. 이는 과학 텍스트 또는 학술 텍스트에서 무언가를 정의할 때 전형적으로 사용되는 관계적 과정 유형이다. 영어 과학 텍스트 및 학술 텍스트의 절에서는 일반적으로 '명사군+동사군+명사군'과 같은 구성이 나타난다. 그러나 영어와 한국어의 어순 차이로 인해 한국어 텍스트의 절에서는 동사군이 명사화 표현을 포함하고 있는 명사군에 후행한다. 명사 병치 구문으로 나타나는 명사화 표현은 (5ㄴ)의 '어휘 사용 능력, 의미 파악 능력, 어휘 구사 능력'과 같이 명사의 나열로 구성된다. 다른 문법적 요소가 개입되지 않는다는 점에서 명사 병치 구문의 어휘 밀도는 다른 명사화 표현보다 더 높게 나타난다. (5ㄷ)은 용언 어간에 명사형 어미 '-음'을 붙인 명사절 구문으로 실현된 명사화 표현이다. 이는 일치 형식일 때 '… 작용하고 있다'라고 표현되는 물질적 과정이 비일치 형식 명사군 '… 작용하고 있음'으로 사용된 것을 보여 준다.

이상의 논의를 통해서 우리는 관념적 은유 또는 명사화가 일상 언어 또는 일치 형식의 변이형으로서 특정한 사용역이나 장르에서 많이 사용된다는 것을 확인할 수 있다. 이는 서로 다른 맥락에서 일어나는 동일한 현상이나, 어휘문법 및 의미기능에 대한 선택에서 차이를 보인다. 따라서 관념적 은유 표현을 사용할 때는 독자, 사용역, 텍스트의 장르적 특성 등 여러 요인을 함께 고려해야 한다.

7.3.2. 대인적 은유의 의미기능

대인적 은유는 대인적 대기능 체계에 나타나는 문법적 은유이다. 앞서 언급했듯이 대인적 은유는 다시 양태 은유와 서법 은유로 나눌 수 있다. 양태 은유는 투사절을 통해 원래 양태 동사 혹은 양태 부사로 실현된 양태적 의미를 표현하고 서법 은유는 평서형, 의문형, 명령형 등 서법 유형의 전환을 통해서 실현된다.[3]

양태 은유의 의미기능

양태 은유는 투사의 의미 관계를 기반으로 하여 원래 양태 부사 또는 양태 동사로 실현된 의미가 'It seems, I think, It is likely'로 시작하는 투사절을 통해서 표현된 것이다. 양태 은유를 이해하려면 양태 의미 체계를 다시 정리할 필요가 있다. 체계기능언어학에서는 양태적 의미를 표현할 때 주관적 방향성(orientation)과 객관적 방향성을 구별한다. 즉, 양태 의미를 통해 화자가 명제에 대한 주관적 태도나 의지를 표현할 수도 있고, 객관적 정보에 대한 가능성이나 개연성을 표현할 수도 있는 것이다. 또 양태 표현은 외재적 표현과 내재적 표현을 기준으로도 분류될 수 있다. 할리데이와 매티슨(2014)에서는 내재적 양태 의미 표현을 일치 형식으로 보

....

3   이러한 분류는 할리데이(1985)에서 처음으로 제시되었으나 관념적 은유에 대한 분류와 달리 대인적 은유는 할리데이(1994) 등에서 크게 발전되지 않았다. 할리데이와 매티슨 (2004, 2014)에서도 양태 은유는 양태에 관한 부분에서 양태의 은유적 확장으로 기술되고 있으며, 대인적 은유 부분에서는 서법 은유만 다루고 있다. 그러면서 양태 은유를 대인적 은유의 선행 단계(precursor)로 취급하고, 양태 은유를 대인적 은유로 나아가는 경로로 볼 수 있다고 주장한다. 여기서는 할리데이(1985)를 기반으로 삼아 양태 은유와 서법 은유 모두 대인적 은유의 일부로 인정하는 입장에서 논의를 전개하고, 할리데이와 매티슨(2004, 2014)에서 추가된 논의도 함께 기술하도록 한다.

고, 외재적 양태 의미 표현을 양태 은유로 보았다. 다음 예를 통해 양태 은유 표현을 살펴보자.

> (6) ㄱ. I think Mary knows. 나는 메리가 안다고 생각한다. [외재적·주관적 지향]
>
> ㄴ. Mary'll know. 메리는 알 것 같다. [내재적·주관적 지향]
>
> (7) ㄱ. It's likely Mary knows. 메리가 알 것이다. [외재적·객관적 지향]
>
> ㄴ. Mary probably knows. 메리는 아마 알고 있을 것이다. [내재적·객관적 지향]
>
> (Halliday & Metthiessen, 2014: 689)

(6ㄴ), (7ㄴ)에서는 양태 조동사 'will'과 양태 부사 'probably'를 통해 내재적 지향을 나타내고 (6ㄱ), (7ㄱ)에서는 'I think, It is likely'처럼 생각 투사를 나타내는 표현을 통해 외재적 지향을 나타낸다. 전자는 어휘문법 표현으로 실현된 일치 형식이고, 후자는 투사를 통해 실현된 양태 은유 형식이다. 이처럼 일치 형식에서 양태 은유 형식[4]으로의 변화는 어휘문법 층위에 있는 양태 조동사 또는 양태 부사가 투사의 의미관계를 기반으로 이루어진 투사 표현으로 변화함으로써 실현된다.

이러한 양태 은유 형식은 부가 의문문(tag question)을 통하여 판정할 수 있다. (6ㄱ), (7ㄱ)의 부가의문문 형식은 각각 'I think Mary knows,

....

4   톰슨(2014: 73)에서는 양태 은유 표현이 양태적 의무(modal responsibility)와 관련이 있다고 하였다. 화자가 양태 은유를 통해서 주관적 관점을 분명하게 표현하거나 또는 사건 그 자체의 특성으로 나타내는 것을 만들어 내면서 화자의 주관적 관점을 객관화하는 방식을 취한다는 것이다.

does she?', 'It's likely Mary knows, does she?'인데, 여기서 명제는 주절인 'I think, It is likely'가 아니라 투사절에 내포된 종속절 'Mary knows'이다. 따라서 부가의문문으로 변할 때 'don't I?' 또는 'isn't it?'이 아니라 'does she?'로 실현된다. 화자의 입장에서 'Mary knows'라는 명제가 확실하지 않기 때문에, 이를 말할 때 'I think'와 같은 명시적 주관적 지향의 투사 표현 또는 'It is likely'와 같은 명시적 객관적 지향의 투사 표현으로 실현된 양태 은유로 표현하는 것이다. 이러한 양태 은유는 'I think, It is likely'와 같은 투사 표현을 통해 양태 의미를 명제처럼 만들어 낸 것으로, 어휘문법 층위에서 은유적 구조를 이룬다.

국어에서의 양태 은유 표현은 특정한 인용 동사가 들어간 간접 인용문에서 많이 나타난다.[5] 특히 화자의 판단이나 주장을 드러낸 학술 텍스트 및 신문 사설 텍스트에서 쉽게 발견할 수 있다. 이와 같은 텍스트에서 한국어의 양태 은유는 간접 인용 구문을 통해 드러나며, 투사절의 과정은 내적 발화에 대해 인용할 때 일반적으로 사용되는 사유 동사로 실현된다.[6] 투사절로 실현된 양태 은유는 주로 주절에서 '생각하다, 보다, 판단하다' 등의 사유 동사를 사용함으로써 사실이나 관점에 대한 진술 또는 화자의

....

5 채숙희(2013: 64)에 따르면 인용 동사는 하나의 독립된 발화로 쓰일 수 있는 피인용문을 보어로 취한 발화 행위나 인지 행위를 나타낼 수 있는 동사이다. 남기심(1973: 27-33)에서는 [±자발적], [±대외적], [±언어적] 세 가지 의미자질을 이용하여 인용 동사를 분류하고 있으며, 채숙희(2013)에서는 발화 동사, 인지 동사, 포괄 동사로 인용 동사를 나누었다. 또한 박재연(2012)에서는 의미론적 관점에서 인용 동사를 발화 동사, 사유 동사, 해독 동사로 나누고 있다. 이 장에서는 박재연(2012)에서 제시된 인용 동사의 분류 및 정의를 따른다.

6 사유 동사는 포괄적인 사유를 표현하는 포괄적 사유 동사와 양태 의미를 명세화하여 표현하는 양태 동사로 나뉜다. 사유 동사가 사용된 인용 구문이 문법화하여 양태적 의미를 나타내는 보조 용언 구문으로 발전할 수 있는 것은 사유 동사가 양태적 의미 영역과 밀접한 관련을 맺고 있기 때문이다(박재연, 2012: 226-227).

주장에 대한 근거 제시의 기능을 수행한다. 다음 (8), (9)의 예문을 통해 신문 사설 텍스트와 학술 텍스트에 나타난 양태 은유 양상을 살펴보자.

(8) ㄱ. 이제 우리는 스스로의 족쇄가 되고 있는 민주주의 정서의 이면에서 자라나고 있는 주변 대국들을 증오하는 배타주의에서 벗어나고, 지정학적 한계를 뛰어 넘어서, 세계의 선진문명을 배우고 익혀서 그것을 넘어 설 수 있다는 자부심을 길러야 할 때가 왔<u>다고 본다.</u>

(뉴욕 중앙일보, 2019/08/08, 13면)

ㄴ. 결론적으로 말해 국회의원이 되고자 하는 후보는 공인으로서 마땅히 과거의 모든 기록을 공개하고 검증을 받아야 한<u>다고 생각한다.</u>

(중앙일보, 2000/04/01, 2면)

(9) ㄱ. 연구사의 면면한 흐름 속에서 자신의 연구가 어떤 좌표를 찍어 내는지 판단하여 명시하는 연구자의 일종의 자의식의 표현이라<u>고도 볼 수 있을 것이다.</u>

(박나리, 2018: 58)

ㄴ. 앞으로 어휘적 연어와 어휘화의 관계를 밝히는 일과 어휘적 연어, 문법적 연어, 어휘화, 문법화를 총체적으로 설명해 내는 일이 남아 있<u>다고 생각한다.</u>

(임근석, 2008: 146).

(8)과 (9)는 모두 사유를 나타내는 인용 동사 '보다, 생각하다'가 쓰인 간접 인용 구문이다. (8)에서는 신문 사설 텍스트에 나타난 양태 은유

표현을 제시하였고, (9)에서는 국어학 영역 학술 텍스트에서의 양태 은유 표현을 제시하였다. 형식적인 면에서 봤을 때는 (8)과 (9) 모두 투사절에 속하며, 내포된 절은 '생각'의 내용으로서 비인칭적인 '-다고 본다, -다고 생각한다'에 의해 투사된다. 여기서 양태 부사 또는 양태 동사가 없는 일치 형식은 은유 형식으로 변화할 때 은유 형식의 내포절이 됨으로써 위계 등급이 하락되는 위계 변동을 겪는다. 이때 투사절의 과정 유형은 인지 또는 생각을 나타내는 정신적 절로 볼 수 있는데, 투사된 명제는 일치 형식의 명제를 그대로 가져오면서 인지 과정에 의해 투사된다.

의미기능 측면에서 봤을 때 (8)의 밑줄 친 양태 은유 표현은 필자가 독자에게 정보를 전달해 주는 기능 및 이 내용에 대한 필자의 태도와 평가를 드러내는 기능을 수행한다. (9)의 밑줄은 정보를 전달하거나 다른 필자의 관점을 인용하기보다는 자신의 주장을 펼치는 학술 텍스트에 나타나는 양태 은유 표현이다. (9ㄱ)의 경우 사유 동사 '보다'의 사용을 통해 필자의 태도와 관점이 드러나며, 이 양태 은유는 안긴절로 실현된 명제를 객관화하는 기능을 수행한다. (9ㄴ)의 양태 은유는 사유 동사 '생각하다'를 사용하여 명시적 주관적 지향의 투사를 실현함으로써 필자의 주관적인 주장을 객관화, 사실화하는 기능을 한다.[7]

....

7   이상의 논의를 통해 우리는 한국어에서 양태 은유의 작용 범위가 한정적이라는 사실을 알 수 있다. 한국어에서 양태 은유는 특정한 인용 동사가 사용된 간접 인용 구문에서만 매우 한정적으로 실현된다. 또한 본문에서 다룬 한국어의 양태 은유는 전형적인 양태 은유 표현이라기보다, 할리데이와 매티슨(2004, 2014)에서 언급했던 양태의 은유적 확장으로 해석될 가능성이 있다. 한국어에서 양태 은유에 관한 논의는 거의 이루어지지 않았고, 영어에서의 연구도 대부분의 할리데이(1985, 1996b)에 머물러 있는 수준이다. 게다가 이 장의 각주 3에서 설명했듯 할리데이와 매티슨(2004, 2014)에서는 양태 은유라는 개념에 대해 부정적인 태도를 보이며 양태 은유 표현을 양태의 은유적 확장으로 분석하고 있는 실정이다.

서법 은유의 의미기능

서법 은유 표현은 서법 체계와 밀접한 관련이 있다. 인간의 발화는 교환의 개념을 중심에 두었을 때 교환에서의 역할과 교환의 대상에 따라 각각 제공과 요청, 정보와 재화 및 서비스를 변인으로 설정할 수 있다. 이러한 변인에 따라 발화 기능은 크게 진술, 질문, 제안, 명령 네 가지로 구분된다. 이에 대해서는 이 책의 4장을 참고할 수 있다. 서법 은유는 바로 이 네 가지 발화 기능 간의 변화를 통해 실현된다. (10), (11)의 예문을 통해 서법 은유를 살펴보자.

(10) ㄱ. Please open the door. 문 열어 주세요.

ㄴ. Would you please open the door? 문 좀 열어 주시겠어요?

(11) ㄱ. You shouldn't say such a thing. 그런 말을 해서는 안 된다.

ㄴ. How could you say such a thing? 어떻게 그런 말을 할 수 있어요?

(Halliday & Matthiessen, 2014: 708)

(10)은 화자가 청자에게 문을 열어 줄 것을 요청하는 내용을 담고 있다. 이때 (10ㄱ)은 명령의 발화를 통해 직접적으로 요구하는 반면 (10ㄴ)은 질문을 통해 간접적으로 요청하고 있다. 이처럼 화자는 동일한 의미를 표현하더라도 상황 맥락에 따라 서법 체계에서 적합한 어휘문법 표현을 선택하여 의사소통의 목적을 실현한다. 이때 서법 은유는 (10)에서 보여 준 교환 행위의 변화로 실현된다. 명령을 직접적으로 나타낸 (10ㄱ)은 일치 형식이며, 의문형으로 변화하여 간접적으로 요구하기의 기능을 수행한 (10ㄴ)은 은유 형식이라 볼 수 있다.

(11)에서도 진술의 교환 행위가 질문으로 변화하는 양상이 나타난다.

(11ㄱ)의 진술은 일치 형식이고, 이 내용을 의문형으로 표현한 (11ㄴ)은 은유 형식이다. (10ㄴ)과 (11ㄴ)은 전통적으로 수사 의문문으로 분류되었던 것으로, (10ㄴ)은 명령의 의미를 나타낸 명령 의문문이고 (11ㄴ)은 감탄의 의미를 드러낸 감탄 의문문이다.

지금까지 살펴본 것처럼 체계기능언어학에서는 특정한 상황 맥락에서 문장 유형의 변화를 통해 서법 은유가 실현된다고 본다. 의미기능 측면에서는 문장 유형의 변화를 통해 화자의 주관적 태도, 의도나 요구가 완곡하게 표현된다. 다음으로 한국어의 서법 은유 예시를 살펴보자.

(12) ㄱ. 그런 식으로 말하지 마세요.

　　ㄴ. 그런 식으로 말하시면 안 되죠. / 그런 식으로 말하지 않으셨으면 좋겠어요.

　　ㄷ. 어떻게 그런 식으로 말하실 수 있어요?

(12)는 모두 화자의 주관적인 명령 또는 요청의 의미를 나타내는 예이다. 그런데 (12ㄱ)에서 화자의 의도 또는 태도가 명령문을 통해 직접적으로 실현되는 것과 달리 (12ㄴ)과 (12ㄷ)에서는 각각 평서문과 의문문을 통해 간접적으로 실현된다. 여기서 (12ㄱ)은 일치 형식이고, (12ㄴ)과 (12ㄷ)은 (12ㄱ)의 은유 형식이다.

서법 은유는 특정한 상황 맥락에서 화자의 주관적 의도, 요구, 태도 등을 부드럽게 표현하는 기능을 갖고 있다. (12)에서 제시된 서법 은유를 통해서 언어의 형식과 의미기능이 일대일의 관계가 아니라 일대다 또는 다대다의 관계를 맺고 있음을 확인할 수 있다. 다시 말해 하나의 언어 형식이 여러 의미기능을 나타낼 수도 있으며, 반대로 여러 의미기능이 한 가지의 언어 형식으로 실현될 수도 있다.

7.4. 요약하기

이상 체계기능언어학 이론을 바탕으로 문법적 은유의 개념, 유형, 의미기능을 검토하였다. 체계기능언어학에서 문법적 은유란 동일한 의미를 언어사용의 상황 맥락과 의사소통의 목적에 따라 어휘문법 범주의 변화 및 의미 재구조화를 통해 표현하는 것이라 정의할 수 있다. 이 장에서 다룬 내용을 요약해 보면 다음과 같다.

- 문법적 은유는 전통문법에서 연구해 왔던 어휘적 은유를 보완하는 개념으로, 동일한 의미를 어휘문법 층위에서 실현된 기존의 보편적이고 일반적인 표현 형식과 다른 변이형으로 표현하는 것이라 정의할 수 있다.
- 관념적 은유는 관념적 대기능 체계에 나타난 문법적 은유를 말한다. 관념적 은유는 동성 은유라고 부르기도 하는데, 이는 관념적 은유 표현이 주로 동성 체계상의 과정 유형의 변화를 통해 실현되기 때문이다.
- 명사화는 의미 재구성의 자원으로 관념적 은유를 실현하는 가장 대표적인 방법이다. 명사화는 주로 문어 텍스트에 많이 나타난다. 명사화를 통해 필자는 자신의 관점이 아닌 생각, 이유, 원인 등을 논리적으로 조직할 수 있다.
- 대인적 은유는 대인적 대기능 체계에 나타난 문법적 은유로, 양태 은유와 서법 은유로 나눌 수 있다.
- 양태 은유는 투사절을 통해 양태 동사 혹은 양태 부사로 실현된 양태적 의미를 표현한다. 한국어에서 양태 은유는 주로 간접 인용 구문에서 매우 한정적으로 나타난다.

- 서법 은유는 평서문, 의문문, 명령문 등 문장 유형의 전환을 통해 실현된다. 서법 은유는 특정한 상황 맥락에서 화자의 주관적 의도, 요구, 태도 등을 부드럽게 표현하는 기능을 갖고 있으며, 한국어에서는 주로 간접 화행에서 많이 나타난다.

더 보기 ··

체계기능언어학 관점에서 문법적 은유에 대한 연구는 주로 국어교육학 영역에서 진행되고 있으며, 이러한 연구에는 소지영·주세형(2017), 소지영(2018), 조진수(2018ㄴ), 정려란(2018, 2021)이 있다.

소지영·주세형(2017)에서는 문법적 은유 이론을 바탕으로 과학 교과서의 언어적 특성을 살펴보고 분석함으로써 그로부터 읽어 낼 수 있는 국어교육학적 시사점을 탐색하였다. 이 연구에서는 문법적 은유를 일종의 '표현 방식'으로, 명사화를 그것의 구체적인 '실현태'로 보았다. 초등학교 3~4학년 과학 교과서 텍스트에서는 전형적 명사화 양상의 사용이 드물었으며, 고등학교 과학 교과서 텍스트에서는 명사화 양상이 많이 나타났다. 이 연구에서는 명사화 표현들이 주로 개념화와 범주화의 기능을 수행한다고 주장했다.

소지영(2018)에서는 한국어의 서술성 명사를 문법적 은유의 명사화 현상으로 해석하고, 이것이 텍스트의 응집성과 밀접한 관련이 있음을 밝혔다. 구체적으로 보면 서술성 명사가 문법적 은유의 대표적 실현 형식인 명사화와 깊이 관련된다는 주장을 바탕으로 2018년도 수능 국어 영역의 독서 지문 세 편을 분석하였다. 이를 통해 서술성 명사가 인접한 문장 또는 문단의 의미를 연결해 주는 응집성 기능이 있다는 결론을 내렸다.

정려란(2018)에서는 체계기능언어학 이론을 바탕으로 국어의 문법적 은유의 유형과 특징을 살펴보고, 학술 텍스트에서의 실현 양상 및 의미기능을 검토하였으며, 이를 기반으로 문법적 은유의 교육적 가치를 논의하였다. 이 논의에서는 명사화 표현을 문법적 은유의 대표적 실현 양상으로 보고, 학술 텍스트에서 나타난 한국어의 문법적 은유를 명사절 구문, 명사 병치 구문, 관형격 구문, 관형절 수식 구문이라는 네 가지 유형으로 분류하였다. 그리고 의미 잠재성에 의한 언어의 재구조화 능력은 언어 이해와 사용의 정확성과 창의성을 기르는 데에 가치가 있다고 밝혔다.

조진수(2018ㄴ)는 문법적 은유 이론으로 수학 문장제 텍스트의 이해 과정을 분석하고 유형화하였다. 이 논의에서는 수학 문제가 언어로 기술될 때 문법적 은유 표현을 사용하는 사례를 보이며, 문법적 은유가 수학 텍스트의 이해 과정에서 수식 단계로의 이행을 매개하는 기능을 수행함을 주장하였다. 이는 문법과 수학 융합 교육 방안을 위한 새로운 시각을 보여 준다.

결속성

차례

8.1. 들어가기

일상적으로 텍스트는 여러 개의 문장 혹은 하나 이상의 문단으로 구성된 '글'을 의미하는 개념으로 사용된다. 그러나 언어학의 관점에서 텍스트의 개념은 그리 간단치 않다. 텍스트는 문어에 국한되지 않으며, 문장보다 크거나 긴 글을 의미하는 언어적 위계의 단위도 아니다.[1] 체계기능언어학에서 텍스트(text)는 사례화의 연속체의 한 끝단에 있는 '사례(instance)'를 가리키는 것으로('사례화의 연속체'에 대한 논의는 이 책의 2장, 9장을 참고), 언어적 체계가 실제로 구현된 낱낱의 의사소통 사례를 의미한다.[2]

구현된 사례로서 텍스트는 언어를 전달하는 매개체로 정의되지 않는

....

1   근본적으로 텍스트는 언어학적 개념이 아니라 기호학적 개념이다. 즉, 텍스트를 구성하는 단위는 기호이며 언어는 텍스트를 만들 수 있는 수많은 기호 중 하나이다. 따라서 텍스트는 글과 말에만 국한되는 것이 아니라 의미하기 위해 사용된 이미지나 영상 등 모든 형태의 구체물에도 사용될 수 있다. 다만 이 책은 언어학에 기반하므로, 텍스트의 범위를 구어와 문어, 수어(手語)를 포함하는 언어적 텍스트를 가리키는 제한적 의미로 사용한다.

다. 따라서 음성을 매개로 사례화하는 구어, 글자를 매개로 사례화하는 문어를 모두 포함한다. 또한 구현된 사례로서 텍스트는 그것의 크기 혹은 길이로 정의되지 않는다. 따라서 미술관 전시장 입구에 쓰인 '촬영 금지'와 같이 두 개의 단어로 구성된 명사구도 하나의 텍스트이며, 공사 중인 도로로 진입하는 길목에 세워진 표지판의 '우회'와 같은 한 단어도 텍스트의 지위를 갖는다.

그런데 텍스트가 길이로 정의되지 않는다는 점에서 주목해야 할 사실은 앞의 예처럼 텍스트가 아주 짧을 수도 있지만, 반대로 아주 길 수도 있다는 것이다. 박경리가 26년간 집필한 『토지』 같은 대하소설도 하나의 텍스트로 볼 수 있다. 하나의 단어부터 수십 권에 달하는 대하소설까지 '하나'의 텍스트로 인식될 수 있다는 논의에 이르면 우리의 관심은 자연히 텍스트의 성격에 대한 것으로 옮겨진다.

아주 긴 글조차도 '하나의 사례'로 인식할 수 있게 하는 텍스트의 속성은 무엇일까? 그것은 하나의 텍스트를 이루고 있는 낱낱의 문장이, 낱낱의 단어가, 서로서로 묶여 있기 때문이다. 당연한 말이지만 낱낱의 언어 표현은 줄로 묶여 있는 것도 아니고, 풀로 붙어 있는 것도 아니다. 낱낱의 언어 표현은 텍스트가 생성·수용되는 '맥락'과 텍스트를 구성하고 있는 '문법과 어휘'로 묶여 있다.

....

2   텍스트에 대한 이러한 정의는 텍스트를 '사례'로 보는 체계기능언어학적 관점과 함께 드 보그란데와 드레슬러(De Beaugrande & Dressler, 1981)의 텍스트 정의를 종합하여 기술한 것이다. 드 보그란데와 드레슬러(1981: viii)는 의사소통 단위로서 텍스트를 하나의 인간 '행위'로서의 동적이고 과정적인 개념이라 정의하였다. 이들에 따르면 인간의 의사소통 행위의 단위는 문장이 아니라 텍스트이다. 문장을 아직 실현되지 않은, 앞으로 텍스트에 활용될 가능성을 담보하고 있는 추상적·잠재적 체계에 속하는 것으로, 텍스트를 현실적 시간 안에서 의사소통을 목적으로 구현된 단위로 보는 것이다. 이들의 이러한 관점은 할리데이와 매티슨(2014: 28)이 텍스트를 사례로 바라보는 관점과 상응하는 측면이 있다.

8.2. 텍스트성: 응집성과 결속성

체계기능언어학에서 텍스트성(texture)이란 '텍스트다움(textness)'을 표현하는 개념으로, 텍스트인 것과 텍스트가 아닌 것을 구별할 수 있게 해 주는 텍스트의 특성을 의미한다(Halliday & Hasan, 1976, 1989).[3] 이러한 텍스트성은 결속성(cohesion)과 응집성(coherence)이라는 두 하위 요소 사이의 상호작용을 통해 발현된다.[4] 텍스트성은 텍스트 수용자에게는 하나의 텍스트가 가지고 있는 일반적인 특성이며, 텍스트 생산자에게는 텍스트가 하나의 텍스트로 받아들여지기 위해서 갖추어야 할 조건이다. 따라서 결속성과 응집성은 텍스트가 가지고 있는 일반적인 특징인 동시에 텍스트가 텍스트답기 위해 갖추어야 할 요건이기도 하다.

응집성은 텍스트 외부에 존재하는 상황적 맥락 및 사회문화적 맥락에 근거하여, 텍스트를 구성하는 개별 언어 표현들을 하나의 통일된 전체로 인식하게 하는 성질을 의미한다. 응집성은 다시 사용역 기반 응집성과 장르 기반 응집성으로 구분된다.

....

3   무엇이 텍스트답고 무엇이 그렇지 않은가의 문제는 이분법적 개념이라기보다 연속체 개념에 가깝다. 따라서 누가 보아도 인정할 수 있을 만큼 명확하게 텍스트다운 텍스트가 있는 반면, 텍스트로 볼 수 있는가 아닌가에 대해서 논란의 여지가 있는 텍스트도 존재할 수 있다.

4   이선영(2013: 416)에서는 'cohesion'과 'coherence'의 번역어가 연구자에 따라 매우 다양하게 사용되고 있는 점을 지적하면서 'cohesion'의 번역어로 '결속, 결속성, 결속 기제, 응결성, 응집성, 구조적 결속성' 등의 용어가, 'coherence'의 번역어로는 '응집, 응집성, 일관성, 통일성, 결속성, 결속 관계, 내용적 결속성' 등의 용어가 사용되고 있다고 정리하였다. 또한 정희모(2019: 89-90)에서도 이러한 번역어의 혼란상을 지적하며 여러 학자들 사이에서 가장 일반적으로 쓰이고 있다고 생각되는 '결속성(cohesion), 응집성(coherence)'을 사용한다고 밝히고 있다. 이에 따라 이 책에서도 '결속성(cohesion), 응집성(coherence)'이라는 용어를 사용하도록 한다. 국어과 교육과정에서의 'cohesion'과 'coherence'의 번역 및 개념 사용 양상은 이정찬(2018)을 참고할 수 있다.

먼저 사용역 기반 응집성(registerial coherence)은 의사소통 참여자가 처한 상황적 맥락에 근거한 것으로, 하나의 텍스트라면 낱낱의 언어 표현들이 모두 나타날 수 있는 하나의 '상황'을 가정할 수 있다는 텍스트성을 의미한다. 다음 예를 살펴보자.

(1) ㄱ. A: 가져가실 건가요, 드시고 가실 건가요?

ㄴ. B: 테이크아웃 잔에 주세요.

(1)을 하나의 텍스트로 볼 수 있을까? 언어 표현 자체에만 집중하면 (1ㄱ)과 (1ㄴ)은 서로 전혀 상관없는 이야기를 하는 듯하다. 그렇지만 우리는 이 대화를 하나의 텍스트로 인식할 수 있다. 이 대화 속의 언어 표현들이 함께 나타날 수 있는 하나의 상황을 가정할 수 있기 때문이다. 바로 커피 전문점에서 음료를 주문하는 상황이다. 커피 전문점에서 종업원이 음료를 가져갈 것인지, 카페에서 마시고 갈 것인지 묻는 이유는 음료를 일회용 잔에 담아서 줄지, 다회용 잔에 줄지 결정하기 위해서다. (1ㄴ)의 B는 이러한 상황적 맥락에 기반하여 (1ㄱ)의 A에게 일회용 잔에 담아 달라고 요청하고 있는 것이다. 이 경우 A와 B의 대화는 하나의 텍스트로 볼 수 있는 사용역 기반 응집성을 갖게 된다.

다음으로 장르 기반 응집성(generic coherence)은 의사소통 참여자가 속한 사회문화적 장르에 근거한 것으로, 하나의 텍스트라면 낱낱의 언어 표현들이 모두 나타날 수 있는 하나의 '장르'를 가정할 수 있다는 텍스트성을 의미한다. 아래의 예를 살펴보자.

(2) ㄱ. 서늘한 곳에 보관하시오.

ㄴ. 하단에 표시된 날짜로부터 일 년 안에 사용하시오.

앞서 살펴보았던 예와 마찬가지로 언어 표현만 따진다면 (2ㄱ)과 (2ㄴ)은 하나의 텍스트로 보기 어렵다. 하지만 우리는 위의 두 문장 역시 하나의 텍스트로 받아들일 수 있다. 이 두 절이 함께 나타날 수 있는 장르로 '화장품 사용법'이나 '가공품류의 사용 및 보관법' 같은 지시하기 장르를 가정할 수 있기 때문이다.[5] 한 개인은 특정 사회문화권에서 살아가면서 사용법, 보관법, 안내서 등에 대한 누적된 경험을 통해 일종의 장르 지식(예를 들어, '지시하기 장르에서는 하오체가 많이 쓰인다')을 형성하게 된다. 그리고 이러한 장르 지식에 근거하여 (2ㄱ)과 (2ㄴ)이 함께 나타날 수 있는 장르를 예상함으로써 두 문장을 하나의 텍스트로 인식할 수 있게 된다.

그러나 (1)과 (2)는 응집성에 대해 설명하기 위해 의도적으로 가정된 사례들이다. 화장품이나 식품류의 사용법 장르에 익숙하지 않은 외국인이나 아이들에게 (2)의 예는 하나의 텍스트로 받아들여지기 힘들 수 있다. 따라서 언어 사용자들은 하나의 텍스트를 구성할 때 상황적 혹은 사회문화적 맥락에만 의존하기보다는 낱낱의 언어 표현을 묶는 언어적 자원을 사용하게 된다. 아래 예문 (2′)를 살펴보자.

(2′) ㄱ. 본 제품을 서늘한 곳에 보관하시오.

　　ㄴ. 제품 하단에 표시된 날짜로부터 1년 안에 사용하시오.

....

5　지시하기 장르(genre of insturcting)는 냅과 왓킨스(Knapp & Watkins, 2005)에서 주장하는 다섯 가지 원형 장르 중 하나로, '누군가에게 무엇을 어떻게 해야 하는지에 대해 말해 주는'(Knapp & Watkins, 2005/주세형 외 역, 2019: 220) 장르를 의미한다. 대체로 사용법, 보관법, 요리법 등의 텍스트 유형이 지시하기 장르에 속한다.

(2′)는 어휘 반복에 의한 결속 자원을 예문 (2)에 첨가한 예이다. 이 경우 '제품'이라는 어휘가 반복됨에 따라 두 문장 사이에 결속성이 발생한다. 따라서 텍스트 수용자는 (2)와 같이 쓰였을 때보다 수월하게 이 두 문장이 하나의 텍스트라는 것을 인식할 수 있게 된다.[6]

이처럼 텍스트 내부에 존재하는 언어적 자원에 근거하여, 텍스트를 구성하는 개별 언어 표현들을 하나의 통일된 전체로 인식하게 하는 속성을 결속성이라 한다. 결속성은 결속성 형성에 사용되는 언어 자원의 종류에 따라 '지시, 접속, 생략 및 대용, 어휘' 네 가지로 구분된다. 이들 네 가지는 다시 그것의 언어 자원이 문법적 자원이냐 어휘적 자원이냐에 따라 '문법적 결속'과 '어휘적 결속'으로 구분할 수 있다. 또한 작용 층위에 따라 '메시지 간 이행' 차원에서 작용하는 자원, '의미하기' 차원에서 작용하는 자원, '표현하기' 층위에서 작용하는 자원으로도 분류된다('의미하기' 및 '표현하기' 층위에 대한 보다 자세한 내용은 알아보기 참고). 이상의 내용을 정리하면 [표 8-1]과 같다.

....

6 텍스트를 텍스트답게 만드는 데 있어 결속성이 응집성보다 더 핵심적인 자질인 것은 아니다. 텍스트성은 응집성과 결속성의 상호작용을 통해 발현된다. 따라서 결속 자원이 충분히 사용되었다 하더라도 응집성이 없는 경우를 생각해 볼 수 있다. 아래의 두 예문을 살펴보자.

(1) 학교에 도착해서 곧장 내 책상을 확인했다.
(2) 학교 책상 상판 규격은 가로 60cm, 세로 40cm로 제작된다.

(1)과 (2)에는 각각 '학교'와 '책상'이라는 어휘가 반복되고 있지만 이 두 문장을 하나의 텍스트로 인식하기 어렵다. 두 표현이 함께 나타날 만한 사용역이나 장르를 가정하기 어렵기 때문이다.

(표 8-1) 결속 자원(Halliday & Matthiessen, 2014: 608, Table. 9-5, 일부 생략)

일반 유형		문법적 결속 자원	어휘적 결속 자원
메시지 간 이행		접속사 [단위: 절]	
작용 층위	의미하기	지시 [단위: 명사군, 부가어군]	어휘적 결속 [유의어, 상하위어]
	표현하기	생략 및 대용 [단위 (복합): 절, 명사군, 부가어군]	[반복, 연어]

두 가지 텍스트성 중 결속성은 언어 자원을 통한 텍스트의 생성이라는 점에서 체계기능언어학의 주요 관심사가 된다. 이어지는 절에서는 결속 자원을 문법적 결속과 어휘적 결속으로 나누어 각각의 개념과 쓰임에 대해 살펴본다.

8.3. 문법적 결속

8.3.1. 지시

텍스트 속에 등장하는 모든 종류의 개체는 의사소통 참여자들에게 새롭게 소개된 것이거나 이미 언급된 개체로부터 추론된 것이다. 이는 텍스트의 생산자가 텍스트에 특정한 개체를 도입할 때, 그 개체의 정체가 이미 알려져 있는지 혹은 그렇지 않은지를 표시한다는 것을 의미한다. 이때 특정 개체가 앞서 언급된 개체를 의미적으로 가리키는 것을 지시(reference)라 부른다. 다음 (3)은 김애란의 산문집 『잊기 좋은 이름』(2019)의 한 문단을 가져온 것이다.

(3) ^(ㄱ)『언어학사』라는 책을 구한 건 8년 전 여름이었다. ^(ㄴ)나는 <u>그 책</u>을 고려대학교 근처 헌책방에서 만났다. ^(ㄷ)고려대 앞 책방에 간 건 그날이 처음이었고 <u>그 책</u>을 알게 된 것 역시 마찬가지였다. ^(ㄹ)사실 내가 원래 사려 한 건 <u>그 책</u>이 아니었다. ^(ㅁ)내가 원한 건 '소쉬르'라는 굉장히 유명하단 사람의 언어학 책이었다. ^(ㅂ)헌책방만큼 '굉장히 유명한 사람'들의 책이 많은 곳도 없지만. ^(ㅅ)그곳에 소쉬르는 없었다. ^(ㅇ)대신 게르하르트가 있었다. ^(ㅈ)나를 헌책방에 데려간 사람은 내게 <u>500쪽 가까이 되는 양장본</u>을 안겨주었다. ^(ㅊ)『言語學史』게르하르트 헬비히, 경문사. ^(ㅋ)손바닥에 박멸되지 않은 시간과 함께 가뭇한 먼지가 묻어났다. ^(ㅌ)손에 잘 붙는 먼지였다. ^(ㅍ)나는 멀거니 그 책을 바라봤다. ^(ㅎ)게르하르트 헬비히라니. ^(ㄲ)나는 세상에 그런 책이 존재하는지도 몰랐다. ^(ㄸ)알았더라도 아마 읽지 않았을 거다.

(김애란, 2019: 57-58, 밑줄은 필자)

먼저 첫 번째 문장 (3ㄱ)에 '『언어학사』라는 책'이 등장한다. 그리고 바로 이어지는 두 번째 문장 (3ㄴ)에서 '그 책'이 등장한다. 이때 '그 책'은 앞 문장에 나타난 『언어학사』를 가리킨다. (3ㄷ)과 (3ㄹ)에도 '그 책'이라는 표현이 반복적으로 나타나는데 이 역시 모두 첫 문장에서 언급된 '『언어학사』'를 가리킨다. (3ㄱ)의 '『언어학사』'는 텍스트에서 독자에게 새롭게 소개되는 개체인 반면, 이어지는 (3ㄴ)~(3ㄹ)의 '그 책'은 이미 언급된 적 있는 '『언어학사』'를 지시한다. 이처럼 지시라는 결속 자원은 각각의 개별 문장들의 결속성을 강화하며 읽는 이로 하여금 각각의 문장들이 하나의 텍스트를 구성하고 있다고 인식하게 만든다.

지시는 지시되는 대상이 텍스트 안에 있는지, 밖에 있는지에 따라서 내조응과 외조응으로 분류된다. 첫째로 내조응적(endophoric) 지시는 앞서 살펴본 것처럼 지시 대상이 되는 개체가 텍스트 내에서 추론될 수 있는 것을 의미한다. 내조응은 다시 지시 대상이 지시하는 표현에 선행하는 전방조응적(anaphoric) 지시, 지시하는 표현이 지시 대상에 선행하는 후방조응적(cataphoric) 지시로 나뉜다. (3)의 예를 다시 살펴보자. (3ㄴ)~(3ㄹ)에 나타나는 '그 책'이라는 지시 표현은 텍스트 내에서 (3ㄴ)~(3ㄹ)보다 먼저 나타난 (3ㄱ) 속 개체를 지시한다. 이것은 지시 대상(『언어학사』)이 지시 표현('그 책')에 선행하므로 전방조응적 지시에 해당한다. 반면 (3ㅈ)에 도입된 새로운 개체 '500쪽 가까이 되는 양장본'은 바로 이어지는 문장 (3ㅊ) 전체 '『言語學史』 게르하르트 헬비히, 경문사.'를 지시한다. 이 경우는 앞서와 반대로 텍스트 내에서 지시 표현이 지시 대상에 선행하므로 후방조응적 지시에 해당한다.

둘째로 외조응적(exophoric) 지시는 지시 대상이 되는 개체가 텍스트 밖 실세계에 존재하는 개체로부터 추론될 수 있는 것을 의미한다. 다음의 의사와 환자의 대화 텍스트를 살펴보자.

(4) ㄱ. 의사: 배가 아프시다고요? 어디가 아프세요?

ㄴ. 환자: 여기랑 여기요.

ㄷ. 의사: 저기에 잠깐 누워 보시겠어요?

ㄹ. 의사: 촉진 좀 할게요. (환자의 윗배를 누르며) 아프세요?

ㅁ. 환자: 아니요.

ㅂ. 의사: 그래요. 그럼 저쪽 보고 누워 보세요. 여긴 어떠세요?

ㅅ. 환자: 으악! 너무 아파요.

ㅇ. 의사: 네, 알겠습니다. 다시 앉으세요.

(4)에서 밑줄 친 지시 표현들은 모두 특정한 위치를 가리키고 있는

데, 이 지시 대상들은 텍스트 내에 있지 않다. 의사와 환자는 모두 텍스트 바깥의 실세계에 있는 개체를 지시하고 있다. 이처럼 텍스트 안에서 언급된 개체를 지시하지 않고 텍스트 밖의 개체를 지시하는 것을 외조응적 지시라고 한다.

8.3.2. 생략 및 대용

생략(ellipsis)은 하나의 텍스트 속에서 매우 빈번하게 나타나는 현상으로, 추정을 통해 복원 가능한 부분은 말하거나 쓰지 않고 의사소통하는 것을 의미한다. 다시 (4)의 예를 살펴보자. (4ㄴ)에서 환자의 대답에도 생략이 나타난다. 생략 없이 이야기한다면 '저는 여기랑 여기가 아파요.'라고 대답해야 할 것이다. 하지만 우리는 생략된 내용을 직관적으로 추정할 수 있다.

(4ㄱ)~(4ㄴ)의 예처럼 생략은 글보다 대화에서 더 빈번하게 나타나며, 특히 질문하고 답하는 대화 상황에서 많이 나타난다. '누가, 언제, 어디서, 무엇을, 어떻게, 얼마나, 왜' 등의 의문 대명사나 의문 부사가 사용된 수사 의문문에서는 의문사에 대한 대답을 제외한 나머지 부분을 생략하는 경향이 있다. '예/아니요, 그렇다/아니다' 따위의 대답을 요구하는 판정 의문문에서도 긍정 혹은 부정의 응답만 나타나고 나머지 내용은 생략되는 경우가 많다. (4ㄹ)에 나타난 의사의 질문이 판정 의문문에 해당하는데, 환자는 '거기는 안 아파요.'와 같이 대답하기보다는 대개 (4ㅁ)과 같이 부정 응답만 표현한다.

본질적으로 생략의 동기는 복원 가능성이므로, 복원이 가능한 것이라면 무엇이든 생략될 수 있다. (5)는 '열쇠 챙겼니?'라는 물음에 대해 답할 수 있는 다양한 응답의 예시이다. (5ㄱ)이 생략이 없는 형태라면

(5ㄴ)~(5ㅁ)까지는 모두 일정 성분이 생략된 대답이다.

(5) ㄱ. 네, 제가 열쇠 챙겼어요.
ㄴ. 제가 챙겼어요.
ㄷ. 열쇠 챙겼어요.
ㄹ. 챙겼어요.
ㅁ. 네.

생략된 자리를 비워 두지 않고 특정한 표현을 넣어 그 자리에 들어
갈 긴 내용을 생략했음을 나타내기도 한다. 이를 대용(substitution)이라고
한다. (6)은 직장인들의 대화를 나타낸 예시이다.

(6) ㄱ. 사원 1: 어제 회의 이후에 온종일 마음이 조마조마했어요.
ㄴ. 사원 2: 저도 그랬어요. 팀 분위기가 너무 안 좋았잖아요.

위의 예에서 (6ㄴ)의 '그랬어요.'가 의미하는 것은 (6ㄱ)의 발화 전체
인 '어제 회의 이후에 온종일 마음이 조마조마했어요.'를 의미한다. 하지
만 (6ㄴ)의 사원 2는 '저도 어제 회의 이후에 온종일 마음이 조마조마했
어요.'라고 표현하는 대신, 청자가 추정을 통해 바로 복원할 수 있는 긴 내
용을 '그랬어요.'라는 대용 표현으로 바꾸어 대답하고 있다. 물론 이 대답
전체를 생략하여 '저도요.'와 같이 대답할 수도 있지만, 그 경우 생략된 정
보의 양이 많다고 생각해서 '그리하다'와 같은 대용 표현을 사용한 것으로
볼 수 있다.

'의미하기'로서의 지시와 '표현하기'로서의 생략과 대용

지시의 경우 꽤 오래전에 언급된 개체를 가리키는 것이 가능하지만 생략과 대용의 경우에는 일반적으로 바로 인접한 절들 사이에서만 작동한다. 지시하고 지시되는 두 개체는 의미적으로 동일한 반면, 생략은 그렇지 않기 때문이다. 이는 앞서 〔표 8-1〕에서 지시의 작용 층위가 '의미하기'라면 생략의 작용 층위는 '표현하기'로 분류된 이유이다.

우선 지시 표현과 지시하는 개체는 의미적으로는 동일하지만 그 표현이 언제나 동일한 것은 아니다. 아래의 예를 살펴보자.

(1) ㄱ. 『언어학사』라는 책을 구한 건 8년 전 여름이었다.

ㄴ. 나는 그 책을 고려대학교 근처 헌책방에서 만났다.

ㄷ. 고려대 앞 책방에 간 건 그날이 처음이었고 그 책을 알게 된 것 역시 마찬가지였다.

ㄷ'. 고려대 앞 책방에 간 건 그날이 처음이었고 『언어학사』라는 책을 알게 된 것 역시 마찬가지였다.

ㄷ". 고려대 앞 책방에 간 건 그날이 처음이었고 게르하르트 헬비히의 책을 알게 된 것 역시 마찬가지였다.

(김애란, 2019: 57-58)

(1ㄴ)과 (1ㄷ)에 나타나는 '그 책'은 모두 『언어학사』라는 동일한 책을 지시하는 것이지, 『언어학사』라는 책'이라는 언어 표현 자체를 지시하는 것이 아니다. 따라서 '그 책'이라는 표현은 『언어학사』라는 책'뿐만 아니라 동일한 책을 지시하는 어떤 표현으로도 대체 가능하다. 따라서 (1ㄷ')의 형태로 쓰일 수도 있고, (1ㄷ")의 형태로 쓰일 수도 있다. 즉, 동일한 대상을 지시하기만 하면 되는 것이다. 이를 언어학에서는 '공지시(co-reference)'라고 한다.

반면 생략과 대용은 언어 표현은 동일하지만, 그 의미가 항상 동일하지는 않다. 아래의 예를 살펴보자.

(2) ㄱ. 내 파란 모자 못 봤어?

ㄴ. 못 봤어. 다른 거 써, 그냥.

(2ㄴ)에서 '거'는 (2ㄱ)의 '모자'에 대한 대용 표현이다. 하지만 (2ㄴ)의 '거'가 의미하는 '모자'는 (2ㄱ)의 화자가 찾고 있던 특정한 '파란 모자'와 동일한 것을 지시하지는 않

는다. 이 경우 '모자'와 '거'는 의미적으로 동일하지 않으며, 단지 표현만 동일한 관계
일 뿐이다. 따라서 '다른 거'는 '다른 모자'로 복원될 수 있지만, 지시와 달리 동일한 의
미의 다른 표현(예를 들어, '다른 중절모')으로 복원될 수는 없다.

8.3.3. 접속

텍스트를 하나의 통일된 전체로 형성하는 마지막 문법적 결속 자원
은 접속사이다. 접속(conjunction)은 접속 표현을 사용하여 개별 절이나 발
화를 논리-의미적으로 연결시키는 것을 의미한다. 국어의 경우 접속사를
하나의 품사로 인정하지 않으나, 대체로 접속 부사가 접속사에 상응한다.
그러나 결속 자원으로서 접속사는 문장을 접속하는 기능으로 사용된 부
가어구나 부가어 절과 같은 관습화된 접속 표현까지 포함할 수 있다. 텍스
트를 하나의 통일된 전체로 형성하는 접속 체계는 〔그림 8-1〕과 같이 크
게 접속 유형과 접속 기반, 두 개의 선택항 세트로 구성되어 있다.

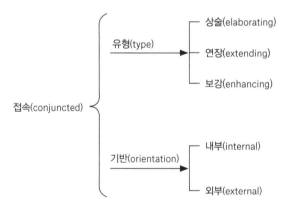

〔**그림 8-1**〕 (확장) 유형과 (대기능적) 기반이라는 두 개의 동시적 체계로 해석되는 접속의 체계
(Halliday & Matthiessen, 2014: 615, Figure. 9-3)

이때 두 개의 선택항 세트는 곡선 형태의 중괄호로 묶여 있는데 이는 두 개의 세트에 대한 선택이 동시에 일어남을 의미한다. 첫 번째 유형의 선택항 세트는 상술, 연장, 보강이라는 세 개의 선택항으로 구성되어 있다. 이 세 가지 선택항은 각진 직선 형태의 각괄호로 나뉘어 있다. 이는 이세 가지 선택항 중 하나가 선택되면 나머지는 선택되지 않고 버려진다는 것을 의미한다. 두 번째 기반의 선택항 세트는 내부와 외부라는 두 개의 선택항으로 구성되어 있으며, 역시 각괄호로 나뉘어 있다. 이제 접속 유형과 접속 기반 각각을 좀 더 자세히 살펴보자.

접속 유형

접속 유형(type)은 논리-의미론적 확장의 유형을 의미한다. 이는 앞서 6장에서 살펴보았던 절 복합의 선택항 체계 내의 논리-의미 유형 중 '확장'과 동일한 개념이다. 개별 접속 유형은 '상술, 연장, 보강', 세 가지로 나뉜다.

상술

상술(elaboration)은 접속된 절이 앞 절의 내용을 상세히 서술하는 기능을 하는 유형이다. 상술 접속은 앞의 절의 내용을 다른 말로 재진술하며 상세히 서술하는 '재시(再示, exposition)', 앞의 절의 내용에 대한 예를 들어 상세히 설명하는 '예시(例示, exemplification)', 앞의 절의 명제를 더 명확하게 설명하는 '명시(明示, clarification)'로 나뉜다. 각각의 예는 (7)과 같다.

(7) ㄱ. 그가 찾아온 것은 4년 전이었다. 즉 그는 내가 가장 힘든 시기에 나를 찾아온 것이다. [재시 상술]

ㄴ. 이 글의 일부는 어릴 적 나의 경험에 상당 부분 영향을 받았다.

이를테면 소설 속 주인공들이 살고 있는 집의 모양이라든지, 키우는 가축들 같은 것들이 그렇다. [예시 상술]

ㄷ. 그 주장은 틀린 것이 아니었다. 사실 그것은 기존 이론의 맹점을 더 잘 포착한 것이었다. [명시 상술]

(7ㄱ)은 재시 접속의 예로, 앞 절에서의 명제의 내용을 반복하면서 4년 전이 자신에게 어떤 시기였는지를 더 상세히 기술하고 있다. 재시 접속을 나타내는 대표적인 접속 부사로는 '즉'이 있으며 접속 부사 외에 '다시 말해(서), 바꾸어 말하면'과 같은 표현도 재시를 위한 접속 표현으로 볼 수 있다. (7ㄴ)에는 앞 문장에 나온 내용에 대한 예를 들어 상세히 기술하는 예시 접속이 나타나고 있다. 예시 접속을 나타내는 대표적인 접속 부사로는 '예컨대, 이를테면, 가령' 등이 있고, '예를 들어, 일례로, 대표적으로' 등의 접속 표현도 사용된다. (7ㄷ)은 앞 절의 내용의 사실 관계를 언급하며 그 내용을 명확하게 하는 명시 접속의 예이다. 예시나 재시와 비교했을 때 명시는 매우 다양한 방식으로 이루어진다. 앞에서 언급된 내용의 일부를 보다 정확하게 수정하는 방식('정확히 말하면, 더 정확히 하면' 등), 언급된 내용을 일축하며 주목해야 할 문제로 화제를 전환하는 방식('그건 그렇고, 어쨌든, 아무튼, 하여튼' 등), 특별히 주목해야 할 사실을 언급하는 방식('특히, 특별히' 등), 요약하는 방식('요컨대, 간략히 말해서, 요약하자면' 등), 사실 관계를 언급하는 방식('실제로, 정말로, 사실상, 사실' 등)이 있다.

연장

연장(extension)은 접속을 통해 앞 문장에 새로운 메시지를 덧붙이는 논리적 관계를 의미한다. 연장은 추가(addition)와 변경(variation)으로 나뉜다. 추가는 다시 긍정 순접, 부정 순접, 역접의 세 가지 하위 유형으로,

변경은 대체, 제외, 선택으로 나뉜다. 먼저 추가 접속의 예를 살펴보자.

(8) ㄱ. 딱딱한 껍질이나 씨앗은 음식물쓰레기가 아니라 일반쓰레기로 분류해야 한다. 그리고 채소의 껍질도 일반쓰레기이다. [긍정 순접 추가]

ㄴ. 요리에 이용되는 고추장, 쌈장과 같은 장류도 음식물쓰레기로 분류하면 안 된다. 또한 고기나 생선의 뼈도 음식물쓰레기가 아니다. [부정 순접 추가]

ㄷ. 육류 찌꺼기는 음식물쓰레기이다. 하지만 돼지비계나 내장은 음식물쓰레기로 분류해서는 안 된다. [역접 추가]

순접은 접속된 두 절의 극성(부정 혹은 긍정)이 동일한 것을 의미한다. (8ㄱ)은 앞에 오는 절과 뒤에 오는 절이 모두 긍정문이므로 긍정 순접에 해당한다. 반면 (8ㄴ)은 앞의 절과 뒤의 절이 모두 부정문이므로 부정 순접에 해당한다. 순접의 대표적인 접속 부사로는 '그리고, 게다가, 또한' 등이 있으며 접속 표현으로는 '앞서와 동일하게, 이와 유사하게, 마찬가지로' 등이 있다. 역접은 접속된 두 절의 극성이 동일하지 않은 것을 의미한다. (8ㄷ)은 앞의 절은 긍정문, 뒤의 절은 부정문으로 역접에 해당한다. 역접 접속 부사의 대표적인 예로는 '그러나, 하지만, 그렇지만' 등이 있으며 '반면, 이와 반대로, 다른 한편으로는'과 같은 접속 표현이 있다.

다음으로 변경 접속은 연장된 메시지가 이전의 메시지를 대체하거나 제외시키거나 선택하는 방식으로 덧붙는 것을 의미한다. 변경 접속은 접속된 절이 앞에 오는 절의 내용을 대신하는 대체 변경, 제외시키는 제외 변경, 둘 중 하나를 선택하게 하는 선택 변경으로 나뉜다. 각각의 예는 (9)와 같다.

(9) ㄱ. 씻지도 못하고 나왔어. 대신 지각은 면했네. [대체 변경]

　　ㄴ. 아예 못 씻은 건 아니야. 다만 머리를 못 감았을 뿐이지. [제외
　　　변경]

　　ㄷ. 아침 먹는 걸 포기하는 건 어때? 혹은 회사 근처로 이사를 고려
　　　해 보든가. [선택 변경]

　　(9ㄱ)은 대체 변경 접속의 예로, 접속 부사 '대신' 앞에 오는 절에 대해 뒤에 오는 절은 'X 대신 Y'라는 논리-의미적 관계를 갖는다. 즉 씻으면 지각을 하고, 안 씻으면 지각하지 않는 관계가 성립하는 것이다. 대체 변경에는 접속 부사 '대신'이나 접속 표현 '대조적으로'와 같은 표현이 쓰인다. (9ㄴ)은 제외 변경 접속의 예로, 'X이지만 X 전체는 아닌'이라는 논리-의미적 관계를 갖는다. '다만, 단지' 같은 접속 부사가 대표적으로 사용된다. (9ㄷ)은 선택 변경 접속으로, 'X 또는 Y'라는 논리-의미적 관계를 갖는다. '혹은, 또는'과 같은 접속 부사가 사용되고, '그게 아니면, 대안으로'와 같은 접속 표현이 사용되기도 한다.

보강

　　보강(enhancement) 접속은 접속되는 절이 앞선 절에 대하여 시공간, 방식, 인과, 조건, 목적 등의 배경적 정보와 함께 메시지를 보충하는 것을 의미한다. 시간 보강은 시간적으로 앞서 일어나는 경우('이전에, 사전에, 앞서' 등)와 나중에 일어나는 경우('그 후에, 그다음에, 그리고 나서' 등), 동시에 일어나는 경우('동시에, 일시에' 등), 즉각적으로 일어나는 경우('곧, 당장, 바로, 즉시' 등) 등을 포함한다. 방식 보강에는 공통점을 나타내는 경우('똑같이, 유사하게, 마찬가지로, 비슷하게' 등)와 차이점을 나타내는 경우('그와 달리, 다른 방식으로' 등) 등이 있다. 시간과 방식에 대한 보강 외에도 결과를

나타내는 보강('결과적으로' 등), 인과를 나타내는 보강('그로 인해, 따라서, 이런 이유로' 등), 목적을 나타내는 보강('이를 위해' 등) 등도 있으며, 조건 ('그러면, 이런 경우에는' 등)과 양보('그럼에도 불구하고, 그렇기는 하지만, 그래도' 등)를 나타내는 것도 보강에 속한다. 이러한 보강 접속의 예 몇 가지를 보이면 다음과 같다.

(10) ㄱ. 승무원에게 지금 탑승할 수 없느냐고 사정했다. 곧장 승무원은 안 된다고 대답했다. [시간 보강]

ㄴ. 이상의 판결은 형법 5조 1항에 근거하고 있는 것이다. 마찬가지로 청소년보호법 3조 2항에서도 같은 내용을 규정하고 있다. [방식 보강]

ㄷ. 음주로 인한 사건, 사고를 예방할 수 있는 보다 근본적인 대책이 필요하다. 이를 위해 나는 음식점에서의 12시 이후 주류 판매를 금지해야 한다고 생각한다. [목적 보강]

(10ㄱ)은 즉각적으로 일어나는 시간에 대한 배경적 메시지를 접속하고 있다. (10ㄴ)은 공통점을 나타냄으로써 방식에 대한 배경적 메시지를 접속하고 있다. (10ㄷ)은 목적에 대한 배경적 메시지를 접속하고 있다.

접속 기반

접속 기반은 논리-의미가 텍스트의 외부에 근거하는지, 텍스트 내부에 근거하는지를 나타낸다. 접속이 텍스트 외부에 존재하는 실세계 현상 간 관계에 기반한다는 것은 무엇이며, 텍스트 내부의 의사소통 상황에 기반한다는 것은 무엇인지 다음의 예문을 통해 살펴보자.

(11) ㄱ. 나는 주머니에 있던 열쇠를 꺼냈다. <u>그리고</u> 잠겨 있던 문을 열었다. [외부 기반 접속]

ㄴ. 우리 사회엔 정의가 필요합니다. <u>그리고</u> 정의를 실현시킬 용기와 행동력이 필요합니다. [내부 기반 접속]

(11ㄱ)의 접속 부사 '그리고'가 연결하는 것은 텍스트 외부에 존재하는 실세계의 두 사건이다. 하나는 '주머니에 있던 열쇠를 꺼낸' 사건이고 다른 하나는 그 열쇠로 '잠겨 있던 문을 연' 사건이다. 이 두 사건은 실제로 앞의 사건이 먼저 일어난 뒤에 다음 사건이 일어났을 것이다. 즉 실세계에서 벌어진 두 사건 사이의 시간적 선후 관계에 기반해 접속이 일어났다. 이러한 경우를 외부 기반 접속이라 한다. 반면 (11ㄴ)에서 '그리고'가 접속하는 것은 실세계에 존재하는 사건이 아니다. 이것은 텍스트 내부에서 필자의 주장을 연결하고 있다. 이러한 경우를 내부 기반 접속이라 한다.

텍스트 외부에 존재하는 실세계의 사건을 결속하는 외부 기반 접속은 실세계에 대한 경험 내용을 나타낸다는 점에서 체계기능언어학의 대기능 중 경험적 대기능을 지향한다. 반면 텍스트 내부에 존재하는 의사소통 상황에 기반하는 내부 기반 접속은 해당 상황에서의 필자의 입장이나 관점 등을 나타낸다는 점에서 대인적 대기능을 지향한다. 이를 종합하면 접속 기반은 접속의 대기능적 기반을 의미한다고 볼 수 있다.

그러나 접속이 나타난 모든 경우에 대해서 그것이 외부 접속인지, 내부 접속인지 구분할 수 있는 것은 아니다. 나아가 모든 접속사가 외부 접속과 내부 접속이 가능한 것도 아니다. (11)의 '그리고'처럼 내부 접속과 외부 접속이 모두 가능한 접속 부사가 있는 반면, 외부 접속만 가능하거나 내부 접속만 가능한 접속 부사도 있다. 특기할 만한 것은 접속 유형과 접속 기반이 일정한 관련성을 갖는다는 것이다. 영어의 경우 상술하기 유형은 외부적이기보다 내부적인 경향이 있는 반면, 연장하기와 보강하기는 내부적인 것과 외부적인 것이 모두 나타나는 경향을 보인다(Halliday & Matthiessen, 2014: 614-615).

8.4. 어휘적 결속

어휘적 결속은 하나의 텍스트를 이루는 개별 절들 속 어휘 사이의 관계를 통해 형성된다. 이때 어휘적 결속은 두 어휘의 관계가 계열적인지 통합적인지에 따라 크게 두 가지로 분류될 수 있다. 계열적 관계는 어휘들 사이의 의미적 관계에 내재되어 있는 반면, 통합적 관계는 연어를 이루며 서로 함께 나타나는 어휘들 사이에 내재되어 있다. 계열적 관계는 논리-의미적 확장의 두 유형인 상술과 연장으로 해석할 수 있으며, 통합적 관계는 보강으로 해석할 수 있다. 이 절에서 다루게 될 어휘적 결속의 유형 및 어휘적 관계 유형과 예시를 제시하면 〔표 8-2〕와 같이 정리할 수 있다.

〔표 8-2〕 어휘적 결속의 유형 및 어휘적 관계(Halliday & Matthiessen, 2014: 644, Table. 9-17 참조)

관계의 성격	확장 유형		어휘적 관계 유형	예시
계열적 관계	상술	유사성 (identity)	반복	『언어학사』, 책, 헌책방, 게르하르트
			유의 및 반의 관계	사려 한 건 : 원한 건 몰랐다 : 알았더라도
		속성 (attribution)	상위-하위 관계	책 : 언어학 책 (언어학자) : 게르하르트-소쉬르
	연장		전체-부분 관계	책 : 앞표지-간지-속지-뒤표지
통합적 관계	(보강)		연어	책 : 읽다

8.4.1. 상술

상술하는 논리-의미를 가진 어휘 관계에는 반복, 유의 관계, 반의 관계, 상위-하위 관계가 있다. 동일한 어휘의 반복이나 유의 관계는 상술의 재시와 상통하는 면이 있다. 반의 관계나 상위-하위 관계는 상술의 예시 및 명시와 유사한 감각을 가진다.

반복

반복은 낱낱의 절들로 구성된 텍스트를 하나의 통합체로 만드는 어휘적 결속 자원 중 가장 직접적이고 강력한 형태이다. 앞서 예로 들었던 (3)을 다시 가져와 보자.

(3) ^(ㄱ)『언어학사』라는 책을 구한 건 8년 전 여름이었다. ^(ㄴ)나는 그 책을 고려대학교 근처 헌책방에서 만났다. ^(ㄷ)고려대 앞 책방에 간 건 그날이 처음이었고 그 책을 알게 된 것 역시 마찬가지였다. ^(ㄹ)사실 내가 원래 사려 한 건 그 책이 아니었다. ^(ㅁ)내가 원한 건 '소쉬르'라는 굉장히 유명하단 사람의 언어학 책이었다. ^(ㅂ)헌책방만큼 '굉장히 유명한 사람'들의 책이 많은 곳도 없지만. ^(ㅅ)그곳에 소쉬르는 없었다. ^(ㅇ)대신 게르하르트가 있었다. ^(ㅈ)나를 헌책방에 데려간 사람은 내게 500쪽 가까이 되는 양장본을 안겨주었다. ^(ㅊ)『言語學史』게르하르트 헬비히, 경문사. ^(ㅋ)손바닥에 박멸되지 않은 시간과 함께 가뭇한 먼지가 묻어났다. ^(ㅌ)손에 잘 붙는 먼지였다. ^(ㅍ)나는 멀거니 그 책을 바라봤다. ^(ㅎ)게르하르트 헬비히라니. ^(ㄲ)나는 세상에 그런 책이 존재하는지도 몰랐다. ^(ㄸ)알았더라도 아마 읽지 않았을 거다.

(김애란, 2019: 57-58)

텍스트에서 '언어학사, 책, 헌책방, 게르하르트' 같은 어휘들이 반복되는 것을 볼 수 있다. '책'이나 '헌책방' 같은 어휘들은 글의 보다 거시적인 주제 형성에 기여하며, 언어학자 '게르하르트'나 그의 저서 '언어학사'와 같은 어휘는 보다 미시적 차원에서 이 텍스트가 '하나의 통일된 전체'라는 것을 직접적으로 나타내 준다.

유의 관계 및 반의 관계

반복의 연장선에서 완전히 동일한 어휘는 아니지만 비슷한 의미를 가진 어휘가 반복적으로 사용되면 텍스트의 결속성이 높아진다. 이를테면 (3ㄹ)에서 글쓴이는 자신이 원래 '사려 한 건' 그 책이 아니었다고 말하고, 바로 이어지는 절 (3ㅁ)에서는 자신이 '원한 건' 다른 책이었다고 표현한다. 이때 우리는 '원한 건'이라는 표현이 '사려 한 건'과 유사한 의미로 사용된 것임을 직관적으로 알 수 있다.

여기서 주목할 점은 이처럼 어휘가 가진 의미의 공통점에 기반한 유의 관계뿐 아니라 차이점에 기반한 반의 관계의 어휘들도 텍스트를 결속시키는 어휘 자원이라는 것이다. 이들 어휘는 유의 관계와 마찬가지로 텍스트의 결속성을 높인다. 반의 관계의 이러한 특성은 반의어가 하나의 의미적 자질은 서로 반대되지만, 그 외 나머지 의미 자질은 동일하다는 점에 기반하는 것으로 볼 수 있다. 결국 반의 관계도 유사성에 기반한 성격을 지니기 때문이다. 따라서 (3ㄲ)에서 '몰랐다'라는 어휘와 (3ㄸ)의 '알았더라도'가 형성하는 반의 관계는 이 두 문장을 하나의 텍스트로 묶어 주는 역할을 한다.

상위-하위 관계

상위어 그리고 하위어 관계를 형성하는 어휘도 텍스트의 결속성을 높인다. 이것은 상위어 및 하위어가 지시하는 개체의 속성과 관계된다. 즉 하위어는 상위어의 한 종류라는 의미를 갖는다. 예를 들어, '포유류'라는 상위어에 대해 '인간, 고래, 코알라'는 '포유류의 한 종류'로서 '포유류'의 하위어인 것이다. 반면 '포유류'는 '영장류, 양서류' 등과 함께 다시 '동물'이라는 상위어의 하위어가 된다. 이때 공통의 상위어를 가진 하위어들을 '공하위어(co-hyponym)'라고 부른다. 예를 들어, '인간, 고래, 코알라'는 '포유류'라는 상위어에 대해서 공하위어이다. 상위-하위 관계에 의한 결속은 상위어와 하위어의 관계에서만 발생하는 것이 아니라, 공하위어끼리의 관계에서도 발생한다.

(3)의 텍스트에도 이러한 상위-하위 의미 관계를 형성하는 어휘들이 많이 나타난다. (3ㄴ)의 '헌책방'은 (3ㄷ)의 '책방'에 대하여 하위어의 지위를 갖는다. 책방이라는 큰 부류 중에 헌책방이라는 특정한 하위부류가 있는 것이기 때문이다. 마찬가지로 (3ㅈ)의 '양장본'이나 (3ㅁ)의 '언어학책'은 전체 텍스트에서 지속적으로 등장하는 '책'이라는 어휘에 대하여 하위어의 지위를 갖는다. 이러한 공하위어 사이에서 발생하는 결속성도 존재한다. 텍스트에 '언어학자'라는 상위어가 등장하지는 않지만 '게르하르트'와 '소쉬르'는 '언어학자'라는 상위어에 대해서 공하위어의 지위를 가지며, 이 어휘들도 텍스트의 결속성을 높인다.

8.4.2. 연장

전체-부분 관계

어휘의 전체-부분 관계는 연장의 논리-의미 관계로 해석할 수 있다. 하위어가 상위어의 '한 종류'라면, 부분어는 전체어의 '한 부분'인 관계를 갖는다. 부분의 합이 전체를 형성하듯 부분어의 합은 전체어를 형성한다.

이를테면, 앞서 상하위 관계의 예로 들었던 '책'이라는 전체어에 대한 부분어는 '앞표지-간지-속지-뒤표지'나, '표지-차례-저자 서문-본문-감사의 글' 등이 된다. 앞서 '책'이라는 상위어의 하위어로 언급했던 '양장본-반양장본', '언어학 책-수학 책-과학 책'은 책의 '한 종류'이지 책의 '일부분'은 아니다. 양장본과 반양장본을 합하여 책을 만들 수는 없기 때문이다.

일반적으로 전체-부분 관계를 상위-하위 관계에 포함시키기도 한다. 그럼에도 불구하고 상위하위 관계를 상술로 보고 전체-부분 관계를 연장으로 보는 것은 전체와 부분의 관계가 원래 있던 일부를 더 상세히 하는 상술의 감각이라기보다는 새로운 것을 추가하는 감각에 가깝기 때문이다. 일례로 상위어와 하위어 사이의 관계는 '언어학 책은 책이다.'와 같이 '하위어=상위어'의 의미 관계 표현이 어색하지 않다. 하지만 전체-부분 관계는 '표지는 책이다.'와 같은 표현이 어색하다. 이처럼 부분의 합은 전체를 형성할 뿐 각 부분이 전체와 동일한 것일 수는 없다. 부분에 다른 부분을 추가하고 또 다른 부분을 추가하면서 전체가 되는 것이다. 이처럼 각각의 부분이 전체를 지향한다는 점에서 이들은 하나의 텍스트에 함께 나타날 때 텍스트의 결속성을 높여 준다. 공하위어와 마찬가지로, 전체어와 부분어의 관계뿐 아니라 공부분어(co-meronym)와 공부분어 사이의 관계도 결속 자원으로 사용될 수 있다.

8.4.3. 보강

연어

연어는 의미 관계가 아닌 공기(共起) 관계에 기반한 어휘적 결속 자원이다. '공기'는 '함께 나타나다'는 뜻으로 두 개의 단어가 빈번하게 함께 쓰이는 어휘의 관계를 의미한다. '저녁 식사', '간절히 원하다' 같은 것들이 여기에 해당한다. 이들의 구성 관계는 '과정+배경'의 성격을 가진다는 점에서 보강의 논리-의미적 관계와 유사하다. '저녁 식사'는 식사의 시간에 대한 배경적 정보를 보강하는 것이고 '간절히 원하다'는 원하는 방식, 정도에 대한 배경을 보강한다. 이처럼 빈번하게 공기되는 두 단어 사이에는 연어적 유대가 존재하며, 이것은 앞서 살펴보았던 어휘 의미 관계와는 별개의 것이다. 연어 관계를 형성하는 두 어휘는 유의 관계나 반의 관계 따위를 가지지 않는다.

다만 텍스트에서 연어가 형성하는 결속성은 실제로 '간절히 원하다'와 같이 하나의 절 내에서 붙어 쓰이는 형태만을 의미하지는 않는다. 텍스트 수용자들은 이들이 텍스트의 다른 부분에 각기 쓰여도 본래 가지고 있는 연어적 유대에 기반하여 두 단어 사이의 관계를 텍스트의 결속 자원으로 인식한다. 예를 들어, '책'은 '읽다'라는 동사와 공기해서 '책을 읽다'와 같이 쓰인다. 따라서 우리는 '책'이라는 개체와 '읽다'라는 행위에 대해서 연어적 유대가 존재한다는 것을 알고 있다. 이런 원리에 기반하여 (3ㄸ) 텍스트의 마지막 '읽다'라는 동사는 앞부분 텍스트에 나타나는 '책'이라는 단어와 연어적 유대를 맺으며 텍스트의 결속성을 높인다.

지금까지 우리는 텍스트를 하나의 통일된 전체로 만드는 결속의 유형과 개념 그리고 그 쓰임을 살펴보았다. (3)의 마지막 문장 '알았더라도 아마 읽지 않았을 거다.'가 앞의 텍스트와 별개의 문장이 아닌 하나의 통일된 전체를 형성하는 일부분이라는 것을 우리는 어떻게 인식할 수 있는가.

텍스트의 결속성은 여러 결속 자원들을 통해 실현된다. (3ㄸ)은 짧은 절이지만 그 안에는 여러 개의 결속 자원이 실현되어 있다. 생략된 목적어가 앞에서 언급되고 있는 '언어학사'인 것, 바로 앞 절 (3ㄱ)의 '몰랐다'라는 어휘와 (3ㄸ)의 '알았더라도'가 형성하는 반의 관계, 그리고 이에 더해 '알았더라도'를 양보의 접속 표현으로 볼 수 있는 가능성까지 모두가 결속 자원이다. 또한 '읽다'라는 어휘는 앞에서 나온 '책'과 연어 관계를 형성 하며 두 문장 사이의 결속을 높여 준다. 이런 하나하나의 결속 자원이 낱 낱의 절이라는 천을 텍스트라는 옷으로 꿰는 한 땀 한 땀의 바느질이라고 생각한다면, 우리는 (3)의 마지막 절 (3ㄸ)이 전체 텍스트에 아주 탄탄하 게 박음질이 되어 있다는 것을 알 수 있다.

8.5. 요약하기

8장에서는 긴 텍스트조차도 '하나의 사례'로 인식할 수 있게 하는 텍 스트의 속성으로서 결속성에 대해 살펴보았다. 이 과정을 통해 하나의 텍 스트를 이루고 있는 낱낱의 문장과 단어를 서로 결속해 주는 다양한 결속 의 유형과 그 실현 양상을 확인하였다. 이 장에서 다룬 내용을 요약해 보 면 아래와 같다.

- 텍스트는 언어적 체계가 실제로 구현된 낱낱의 의사소통 사례를 의미하는 것으로, 음성을 매개로 사례화되는 구어와 글자를 매개로 사례화되는 문어를 모두 포함한다. 텍스트는 구현된 텍스트의 크기 혹은 길이와는 무관한 개념이다.
- 텍스트성이란 '텍스트다움'을 표현하는 개념으로, 텍스트와 텍스트 가 아닌 것을 구별하는 특성을 의미한다. 텍스트성은 결속성과 응 집성이라는 두 하위 요소의 상호작용을 통해 발현된다.
- 응집성은 텍스트 외부에 존재하는 사회문화적 맥락 및 상황적 맥락

에 기반하여, 텍스트를 구성하는 개별 언어 표현들을 하나의 통일된 전체로 인식하게 하는 성질을 의미한다. 응집성은 사용역 기반 응집성과 장르 기반 응집성으로 구분된다.

- 사용역 기반 응집성은 의사소통 참여자가 처한 상황적 맥락에 근거한 것으로, 하나의 텍스트라면 낱낱의 언어 표현들이 모두 나타날 수 있는 하나의 상황을 가정할 수 있다는 텍스트성을 의미한다.
- 장르 기반 응집성은 의사소통 참여자가 속한 사회문화적 장르에 근거한 것으로, 하나의 텍스트라면 낱낱의 언어 표현들이 모두 나타날 수 있는 하나의 장르를 가정할 수 있다는 텍스트성을 의미한다.
- 결속성은 텍스트 내부에 존재하는 언어적 자원에 기반하여, 텍스트를 구성하는 개별 언어 표현들을 하나의 통일된 전체로 인식하게 하는 성질을 의미한다. 사용되는 언어 자원의 성격에 따라 문법적 결속(지시, 생략 및 대용, 접속)과 어휘적 결속(반복, 의미 관계, 연어)으로 분류된다.
- 텍스트의 생산자는 텍스트에 특정한 개체를 도입할 때, 그 개체의 정체가 이미 알려져 있는지 혹은 그렇지 않은지를 표시한다. 이때 특정 개체가 앞서 언급된 개체를 의미적으로 가리키는 것을 지시라 부른다. 지시는 지시되는 대상이 텍스트 안에 있는지, 밖에 있는지에 따라서 내조응과 외조응으로 분류된다.
- 내조응은 지시 대상이 되는 개체가 텍스트 내에서 추론될 수 있는 것을 의미한다. 이때 지시 대상이 지시하는 표현에 선행하는 경우를 전방조응적 지시, 지시하는 표현이 지시 대상에 선행하는 경우를 후방조응적 지시라 부른다.
- 외조응은 지시 대상이 되는 개체가 텍스트 밖 실세계에 존재하는 개체로부터 추론될 수 있는 것을 의미한다.

- 생략은 추정을 통해 복원 가능한 부분을 말하거나 쓰지 않고 빼는 것을 의미한다. 생략된 내용이 많을 때에는 생략된 자리를 비워 두지 않고 특정한 표현을 넣어 일부 내용이 생략되었음을 나타내는데, 이것을 대용이라 한다.
- 접속은 접속 표현을 사용하여 개별 절이나 발화를 논리-의미적으로 연결시키는 것을 의미한다. 접속 체계는 접속 유형과 접속 기반으로 구성되어 있다.
- 접속 유형은 논리-의미론적 확장의 유형에 그대로 상응하며 상술, 연장, 보강으로 분류된다.
- 접속 기반은 접속의 대기능적 기반을 의미하는 것이다. 텍스트 외부에 존재하는 실세계의 사건을 결속하는 것을 외부 기반 접속이라 하고, 텍스트 내부에 존재하는 의사소통 상황에 기반한 결속을 내부 기반 접속이라 한다. 외부 기반 접속은 실세계 경험을 접속한다는 점에서 체계기능언어학의 대기능 중 경험적 대기능을 지향하며, 내부 기반 접속은 의사소통 상황에서의 필자의 입장이나 관점 등을 나타낸다는 점에서 대인적 대기능을 지향한다.
- 어휘적 반복 결속은 텍스트 안에서 동일한 어휘가 반복되어 사용되면서 결속성이 형성되는 것을 의미한다.
- 어휘적 의미 관계 결속은 텍스트 안에서 사용된 어휘들 사이의 의미적 관계를 통해 결속성이 형성되는 것을 의미한다. 유의 관계 및 반의 관계, 상위-하위 관계, 전체-부분 관계 등이 이에 속한다.
- 어휘적 연어 결속은 일반적으로 공기하여 쓰이는 연어 관계를 가지는 두 어휘가 텍스트 내에 사용됨으로써 형성되는 결속성을 의미한다.

결속성 연구는 대체로 응집성과 함께 언급되며 연구되는 경우가 많다. 특히 본문의 각주 4에서도 언급했듯 용어의 혼란상이 지속되어 최근까지도 용어 자체의 개념을 검토하는 연구들이 있었다. 그중 한국어교육학 분야에서 응집성의 개념을 살핀 이선영(2013)은 응집성 개념과 관련하여 결속성의 개념 차이를 세밀하게 밝히고 있으며, 정희모(2019)도 한국어교육과 관련하여 결속성 및 응집성의 개념을 밝히고 교육의 효과를 비판적으로 검토하였다.

정희모(2019)의 경우 특히 할리데이와 하산(Halliday & Hasan, 1976)에 상당 부분 기대어 결속성에 대한 논의를 진행하고 있어, 초기 할리데이의 결속성 이론 이해에 도움을 준다. 다만 결속성과 응집성의 개념이 체계기능언어학에서 꾸준히 발달되어 초기와는 일부 다른 양상을 띠게 된 부분이 있어 정희모(2019)를 살펴볼 때는 비교적 최근 논의인 할리데이와 매티슨(2014)의 이론을 중심으로 전개된 이 책과 비교해 가며 볼 필요가 있다.

한국어교육에서 결속성을 다룬 연구들은 이 외에도 김상수(2011), 노미연(2011, 2014), 이보라미·수파펀분룽(2012), 박혜진·이미혜(2017), 곽수진·강현화(2018), 장미라(2018), 진루(2018), 하지혜·황선영(2018), 서평(2019), 정미진·한용혁(2019) 등이 있다. 김상수(2011)는 한국어 학습자의 말하기 평가 담화에 나타난 결속 장치를 연구하였고, 노미연(2011, 2014)은 중급 및 고급 한국어 학습자를 대상으로 응결 장치 사용 양상을 연구하였다. 이보라미·수파펀분룽(2012)은 태국인 한국어 학습자의 텍스트 응집성 인식 양상을 연구하였으며, 박혜진·이미혜(2017)는 한국어 학습자의 쓰기 텍스트에 나타난 응결성과 응집성 간의 상관을 분석하였다. 장미라(2018)는 한국어 읽기 쓰기 교육을 위한 복문의 결속 구조를 연구하였고, 서평(2019)은 중국어권 학습자의 응결 장치 선택 양상을 연결 어미와 접속 부사 중심으로 연구하였다.

국어교육학 분야 연구로는 박영순(1994), 노은희(1997), 신명선(2009), 김진웅·주민재(2013), 서종훈(2017), 이정찬(2018) 등이 있다. 박영순(1994)에서는 국어 의미론을 집필하면서 의미 결속은 응집성, 형식 결속은 결속 구조라는 용어를 사용하였다. 노은희(1997)는 교육적 관점에서 반복 기제를 중심으로 대화에 나타난 결속 기제를 연구하였고, 신명선(2009)은 텍스트의 결속 기제로 작용하는 한국어 명사의 특징을 연구하였다. 이 연구는 이 책에서도 소개하는 지시, 대용, 생략, 접속, 어휘 중심의 결속 장치 연구에서 나아가, 한국어 명사의 논항 구조를 중심으로 결속 기제를 논하고 있다는 점에서 주목할 만하다. 김진웅·주민재(2011)는 대학생 글쓰기에 나타난 결속 기제의 양상을 살폈고, 서종훈(2017)도 대학교 신입생들의 글쓰기를 대상으로 수준과 갈래를 변인으로 삼아 결속 기제의 사용 양상을 양적 연구의 틀로 검토하였다. 이정찬(2018)의 경우 작문 교육과정에 나타난 주요 용어 및 개념을 살핀 연구로 제4차 교육과정부터 2015 개정교육과정까지 국어과 교육과정 내에서 'cohesion'과 'coherence'라는 용어가 어떤 개념으로 그리고 어떤 번역어로 사용되었는지에 대한 내용을 담고 있다.

특히 체계기능언어학 관점에서 결속성을 다룬 연구로는 안경화(2001)와 유민애(2015)가 있다. 해당 연구들은 이 책에서 다룬 내용 중 접속을 통한 결속 장치에 대해서 중심적으로 논하고 있다. 안경화(2011)는 구어체 텍스트인 토론 텍스트에서의 접속에 대해 연구하였고, 유민애(2015)는 장르-텍스트 기반 문법교육의 내용 연구로서 접속을 다루었다.

장르와 사용역

차례

9.1. 들어가기

　　인간은 각자의 경험과 환경을 토대로 의사소통을 하며, 다양한 사회 맥락 속에서 말과 글을 통해 의미를 주고받는다. 체계기능언어학은 이러한 의미가 사회적 행동의 결과로 형성된다고 보는 사회기호학적 관점을 취한다. 사회기호학(social semiotics)이란 사회와 문화의 맥락 속에서 관습적으로 사용되는 기호 자원에 주목하는 기호학의 한 분야로, 사람들이 기호 자원을 어떻게 사용해 왔는지에 관심을 갖는다. 다시 말해 체계기능언어학은 언어를 사회적 실천의 차원에서 바라본다는 특징이 있다.

　　흔히 담화의 구성 요소로 '화자, 청자, 발화, 맥락'을 언급한다. 체계기능언어학은 '맥락'을 언어 바깥을 둘러싼 언어 외적 산물이라 보지 않고 의미의 상위 층위로 규정한다. 그리고 '맥락'을 이데올로기, 장르, 사용역 층위로, '언어'를 담화의미, 어휘문법, 음운론, 음성학 층위로 분석하는 중층적 관점을 취한다. 이 장에서는 구체적인 의사소통 상황에서 일어나는 텍스트의 생산과 수용에 대해 논의하며, 특히 체계기능언어학의 장르와 사용역의 개념을 중심으로 그 분석의 실체를 보이고자 한다.

9.2. 맥락과 언어

체계기능언어학은 언어가 맥락 속에서 작동한다는 인식하에 〔표 9-1〕
과 같이 기호학적 차원을 도입하여 맥락에서 언어의 구축을 정의한다.

(표 9-1) 맥락에서 언어의 기호학적 차원(Halliday & Matthiessen, 2014: 32, Table. 1-7)

차원의 범주 (scope of dimension)	차원 (dimension)	순서 (order)
전역 (global)	계층화 (stratification)	맥락 – 언어 [내용 {담화의미 – 어휘문법} – 표현 {음운론 – 음성학}]]
	사례화 (instantiation)	잠재 – 하위 잠재 / 사례 유형 – 사례
	대기능 (metafunction)	관념적 [경험적 – 논리적] – 대인적 – 텍스트적
지역 (local)	축 (axis)	계열적 – 통합적
	위계 (rank)	(어휘문법에 대한) 절 – 군/구 – 단어 – 형태소
	구체성 (delicacy)	(어휘문법에 대한) 문법에서 어휘까지의 연속체

전역(global) 차원은 맥락 속에서 전반적인 언어의 조직을 결정한다.
이에 반해 지역(local) 차원은 어휘문법의 내부 조직을 특징지으며 언어의
하위 체계와 맥락의 특성을 규명한다. 언어 하위 체계 내에서 국지적으로
작동하기 때문에 지역 차원이라 불리는 것이다.

〔표 9-1〕에서 두 번째 전역 차원에 해당하는 사례화에 대해 자세히 살펴보자. 사례화(instantiation)는 체계로서의 언어와 텍스트로서의 언어가 양극단에 위치한 연속체에서 체계가 텍스트화되는 방향으로 나아가는 것, 즉 〔그림 9-1〕의 왼쪽에서 오른쪽으로 이동하는 것을 말한다. 맥락이 사례화의 연속체에 따라 확장되고 기능적으로 다양화된다고 보는 것이다. 할리데이와 매티슨(2014)은 맥락이라는 다소 추상적인 개념을 쉽게 기술하기 위하여 '잠재(potential)'의 극에서 '사례(instance)'의 극을 따라 이동하는 연구 전략을 사용한다.

이때 체계로서의 언어와 텍스트로서의 언어는 서로 완벽하게 분리되는 것이 아니라 본질적으로 동일한 현상이라는 점에 주의해야 한다. 할리데이와 매티슨(2014: 27-28)은 이를 날씨와 기후의 관계에 빗대어 설명한

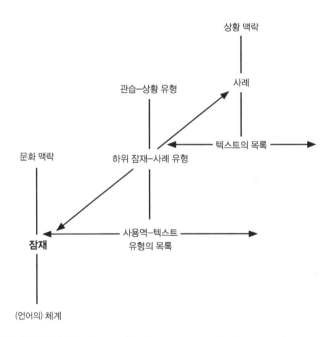

〔**그림 9-1**〕 사례화의 연속체(Halliday & Matthiessen, 2014: 28, Figure. 1-11)

다. 예를 들어 기후는 오랜 시간에 걸쳐 나타난 날씨의 평균 상태를 뜻하므로, 기후는 날씨의 형태로 사례화된다고 말할 수 있다. 다시 말해 우리의 일상생활에 영향을 미치는 날씨가 바로 텍스트이며, 날씨와 같은 변화를 토대로 하는 잠재인 기후는 곧 체계를 의미한다. 그렇다고 가능한 텍스트의 총합이 체계가 되는 것은 아니다. 체계는 가상의 것이며 이론적인 실체라고 할 수 있다.

〔그림 9-1〕의 왼쪽 끝단에는 공동체의 전반적인 맥락에 관한 '잠재'가 있고, 오른쪽 끝단에는 특정 사람들이 의미를 교환하는 것과 관련된 맥락을 가리키는 '사례'가 있다. 일찍이 인류학자인 말리노프스키(Malinowski, 1923)는 맥락을 문화 맥락과 상황 맥락으로 구분하였으며, 텍스트 해석에서 맥락이 중요하다는 점을 인식하였다. 이를 언어학 차원으로 발전시킨 것이 퍼스와 할리데이이다. 〔그림 9-1〕에서 문화 맥락(context of culture)이 공동체의 맥락적 잠재이자 언어의 체계(system of language)라면, 상황 맥락(context of situation)은 특정 사람들의 맥락적 사례이자 텍스트들의 목록(repertorie of texts)이 된다.

한편, 잠재의 극에서 사례의 극 사이에는 중간 패턴이 존재한다. 잠재의 극에서는 하위 잠재(subpotential)로, 사례의 극에서는 사례 유형(instance type)으로 불리는 것이다. 먼저 사례의 극에서 출발해 보자. 우리는 하나의 텍스트를 연구한 다음 특정 기준에 따라 비슷한 텍스트들을 수집할 수 있다. 그리고 이렇게 수집된 텍스트들에서 공통적으로 발견되는 패턴을 인식할 수 있는데, 이를 텍스트 유형(text type)이라고 한다.[1] 텍스트

....

1   국어교육 내에서 '텍스트 유형'이라는 용어는 텍스트 개별 단위의 체계를 말하는 것으로 정보 전달하기, 설득하기, 정서 표현하기 등 흔히 기능을 중심으로 텍스트를 분류한 것을 일컫는다. 국어과 교육과정은 이처럼 의사소통의 목적을 기준으로 텍스트를 구분하는 접근을 취한다. 한편 '텍스트 종류'는 설명문, 기사문, 논설문, 연설문, 일기문, 안내문 등 텍

유형은 설명문, 기사문, 연설문, 광고문 등과 같은 개별 텍스트의 종류를 지칭하며, 특정 언어 공동체에 속한 한 언어 주체가 인식할 수 있는 텍스트의 실현태를 의미한다. 그리고 이러한 사례로서의 텍스트 유형들은 보다 구체적인 상황 유형(situation type)에 기반한다.

다음으로 잠재의 극에서 다시 시작해 보자. 앞에서 살핀 텍스트 유형은 잠재의 극에서 보면 사용역이 된다. 사용역(register)은 언어적으로 표출되는 상황의 여러 측면을 말하는데, 이러한 사용역이 반복적으로 사용되면서 특정한 레퍼토리를 형성한다.[2] 예를 들어 텍스트 유형의 하나인 '일기 예보'에는 '내일은 전국적으로 비가 오겠습니다.'와 같이 언어적으로 미래 시제가 발생할 가능성이 잠재되어 있다. 이러한 잠재로서의 사용역은 관습(institution)을 기반으로 한다는 점에서, 고착된 전형성을 의미하는 '장르'의 개념과도 밀접하게 연관된다. 물론 최근의 체계기능언어학은 장르의 사회적 속성을 강조하기 때문에 장르를 텍스트 유형과 동일한 것으로 한정하는 할리데이의 관점과는 차이가 있다.

9.3. 장르와 사용역의 개념

9.3.1. 장르의 개념

맥락의 하위 범주인 장르와 사용역 중 사회문화적 맥락에 해당하는

....
스트 유형보다 더 구체적인 분류 범주를 일컫는 용어로 사용되며, 장르 중심 분류법에 속하는 개념이다.
2   사용역에 대한 자세한 설명은 9.3.2.를 참고할 수 있다.

'장르(genre)'는 바라보는 관점에 따라 텍스트 분류의 결과가 되기도 하고, 역동적인 사회적 행위가 되기도 한다. 현재의 체계기능언어학은 기본적으로 후자의 관점을 취한다고 보는 의견이 지배적인데, 이러한 관점을 지닌 대표적인 학자로는 제임스 마틴이 있다.

사실 할리데이(1978)가 제시한 모델에서 장르는 체계적으로 특별한 용어로 사용되었다기보다는 전통적인 용어로서 사용역 또는 맥락 변이인 '양식(mode)'의 한 측면을 의미했다. 이렇듯 할리데이와 마틴이 바라보는 장르의 개념에는 차이가 있다. 할리데이가 '사용역'이라는 용어를 처음 사용했을 때 '장르'라는 용어는 문학 장르와 밀접하게 관련되어 있었다(Matthiessen et al., 2010: 106-107). 사용역의 개념에 텍스트와 사회가 포함되어 있다고 본 것과 달리, 장르는 언어 공동체가 전형화된 담화 유형으로 인정하는 개념으로 한정했던 것이다(주세형, 2006: 168-169). 〔그림 9-1〕, 즉 사례화의 연속체를 기반으로 하는 할리데이의 맥락 모델에서 장르는 상황 유형에 가깝다고 볼 수 있다. 다시 말해 장르란, 사례의 극에서 보았을 때 전래동화, 설명서, 광고, 뉴스 보도, 토론, 연설 등의 실현태와 밀접하게 관련을 맺는다.

반면, 마틴(1997)의 모델에서 장르란 이데올로기를 실현하는 동시에 사용역에 의해 실현되는 사회적 과정(social process)을 의미한다. 〔그림 9-1〕로 보자면 장르가 잠재 영역인 문화 맥락에 존재한다고 간주하는 것이다. 마틴은 〔그림 9-2〕와 같이 사회적 맥락과 언어의 관계를 '장르, 사용역, 언어'의 관계로 재편하여 장르에서 언어로 이어지는 과정을 명시화했다는 점에서 할리데이와 차이를 보인다.

〔표 9-1〕에서 제시한 맥락과 언어의 계층화 차원을 마틴(1997)의 모델에 적용하면 〔그림 9-3〕과 같이 표현할 수 있다.

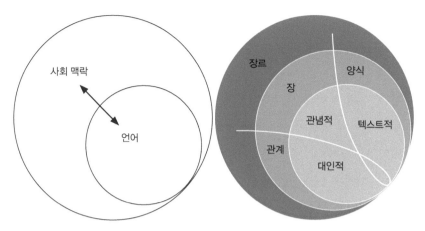

〔그림 9-2〕 사회 맥락과 언어, 장르와 언어의 관계 (Martin, 1997: 4-8, Figure. 1.1 & 1.5)

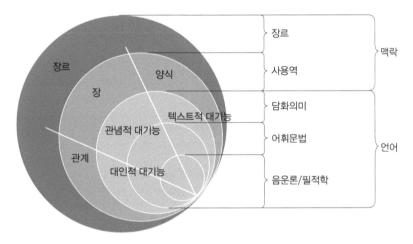

〔그림 9-3〕 체계기능언어학에서의 장르, 사용역, 언어의 관계(Hao, 2018: 528, Figure. 1)

9.3.2. 사용역의 개념

'사용역(register)'이라는 개념은 리드(Reid, 1956)에서 처음 소개되었으며, 이후 할리데이에 의해 본격적으로 주목받기 시작하였다. 할리데이

(1978: 68)에서는 사용역을 "상황 유형에 따른 의미 자질의 뭉침"으로 정의하였다. 개별 상황 유형은 특정한 담화의미 및 어휘문법 유형과 연결되는 양상을 보이는데, 이들은 곧 '장(field), 관계(tenor), 양식(mode)'으로 나뉜다. 상황 맥락과 사회문화적 맥락의 연결이 장르를 형성한다면 상황 유형과 언어의 연결이 사용역을 형성한다고 본 것이다. 이러한 점에서 할리데이(1977: 203)가 말하는 사용역은 '텍스트와 텍스트의 사회기호학적인 환경 사이의 연속성을 확립할 수 있는 필수적인 중재 개념'이기도 하다. 할리데이는 사용역을 의미 배치(semantic configuration)로 보았다. 이는 우리가 특정 맥락에서 언어 자원의 식별 가능한 특정 배열을 사용한다

〔표 9-2〕 장, 관계, 양식 (Halliday & Matthiessen, 2014: 33)

사용역	설명
장	상황에서 무슨 일이 벌어지고 있는가? (1) 자연스러운 사회·기호학적 행위 (2) 주제와 관련된 활동을 경험하는 영역
관계	누가 상황에 참여하고 있는가? (1) 사회·기호학적 활동에서 참여하는 사람들이 하는 역할 　① 제도적 역할 　② 지위 역할(평등 또는 불평등의 권력) 　③ 접촉 역할(낯선 사람부터 친밀한 사람까지의 친숙함) 　④ 사회관계적 역할(중립 또는 격론, 부정 또는 긍정 모두의 영향) (2) 가득 채워진 영역이 상호작용하는 값: 긍정–부정, 중립–유도 등
양식	상황에서 언어 및 여타 기호 체계가 하는 역할은 무엇인가? (1) 기호학적 활동과 사회적 활동 사이의 분업(상황을 구성하는 기호학적인 활동에서 촉진제로서의 기호학적인 활동까지) (2) 언어활동과 다른 기호학적 활동 간의 노력 분할 (3) 수사적 모드: 장(정보적, 교훈적, 설명적, 해석적 등)이나 관계(설득적, 촉구적, 충고적, 논쟁적 등) 쪽으로의 텍스트 방향 (4) 순번: 대화적 또는 독백적 (5) 매체: 구어 또는 문어 (6) 경로: 음성 또는 그래픽

는 것이다. 쉽게 말해 사용역은 언어적으로 표출되는 상황의 여러 측면을 일컫는 것으로서 다음과 같이 세 가지 측면으로 세분화된다.

텍스트에서 세 가지 대기능을 구별할 수 있는 것처럼, 사용역도 세 가지의 기호학적 기능의 관점에서 볼 수 있다. 장은 관념적 의미와, 관계는 대인적 의미와, 양식은 텍스트적 의미와 공명한다. 더욱이 텍스트적 대기능은 사용역의 기호학적 기능과 직접적으로 관련되어 있다. 이처럼 사용역은 '인간 언어에서 가장 일반적인 세 개의 대기능이 각각 어떻게 작용하느냐에 따라 생기는 상황 변이형'으로 정의된다. 사용역의 첫 번째 하위 범주인 장은 관념적 대기능과 관련된 것으로 '상황에서 무슨 일이 벌어지고 있는가?'에 해당한다. 가장 확실한 것은 주제의 변화인데, 활동의 주제에 따라 인간의 언어 사용이 달라진다는 점을 알 수 있다. 두 번째 하위 범주인 관계는 대인적 대기능과 관련된 것이다. 이 기호자질을 통해 '누가 상황에 참여하고 있는가?'를 인식할 수 있다. 이는 발화자와 수신자에 의해 성립되는 관계와 관련이 있으며, 언어적 역할은 현재 행해지고 있는 화행의 종류에 따라 달라진다. 마지막으로 양식은 텍스트적 대기능과 관련된 것이다. '상황에서 언어 및 여타 기호 체계가 하는 역할은 무엇인가?'에 해당하며, 가장 대표적으로 구어와 문어의 언어 사용 상황이 각기 다르다는 것을 들 수 있다. 지금까지의 논의를 간단히 정리하면 다음과 같다.

- 장: 무엇에 대해 이야기되고 있는가에 관한 것으로, 언어 형식에 영향을 미치는 장면을 의미한다.
- 관계: 어떤 관계가 형성되고 있는가에 관한 것으로, 의사소통 참여자 간에 형성되는 관계를 의미한다.
- 양식: 언어가 어떤 역할을 하는가에 관한 것으로, 언어활동 매개체로서의 역할을 의미한다.

9.4. 장르의 도식 구조

9.4.1. 도식 구조의 개념

사용역과 장르의 관계를 이해하는 것은 장르가 어떻게 생겨나는지를 탐구하는 데 도움이 된다. 러시아 언어학자이자 문학 이론가인 미하일 바흐친은 언어 사용이 습관화됨에 따라 '말의 장르(speech genre)'라고 부르는 것을 인식할 수 있다고 하였다. 바흐친은 말의 장르가 예측 가능한 구성 구조(compositional structure)를 가지고 있기 때문에 우리가 그것을 인식할 수 있다고 보았으며, 특정한 맥락에서 언어 패턴이 예측 가능하고 상대적으로 안정적이 될 때 말의 장르가 발전한다고 하였다(Eggins, 2004: 58). 이러한 말의 장르와 관련된 개념이 바로 '도식 구조(schematic struc-ture)'이다. 의사소통 과제에 대한 언어 공동체의 협상이 습관화됨에 따라 일련의 단계가 형성되는데, 이러한 단계를 장르의 도식 구조라고 부른다. 다시 말해 도식 구조는 장르의 단계적 또는 점진적인 조직이라고 볼 수 있다.

마틴(1985: 251)은 장르가 단계를 가지는 이유를 우리가 원하는 모든 의미를 한 번에 만들어 낼 수 없기 때문이라고 지적한다. 장르의 각 단계는 장르가 성공적으로 완성되기 위해 만들어져야 하는 전체적인 의미 중 일부에 기여한다. 원어민 화자는 한 단계만 들어도 장르를 인지할 수 있다. 예를 들어 우리는 '옛날 옛적에'를 들으면 전래동화가 이어질 것이라고 기대한다.

에긴스(2004: 59-60)에 따르면 장르의 도식 구조를 기술하기 위해서는 '구성 성분(constituency)'과 '기능적 표지(functional labelling)'라는 두 가지 기본 개념을 이해해야 한다. 첫째로 구성 성분이란 단순히 어떤 것이

다른 것들로 이루어져 있거나 만들어졌다는 것을 의미한다. 집은 벽돌과 회반죽으로, 책은 여러 개의 장으로 이루어져 있듯이 장르도 위에서 논의한 구성 단계들로 이루어진다. 장르의 구성 단계의 가장 일반적인 용어로는 '시작, 중간, 끝'이 있다. 결국 구성 성분의 개념은 전체를 구성하는 부분을 식별하기 위한 것이며, 동시에 부분들이 어떻게 서로 관련되어 전체를 구성하는지를 설명하는 것이다.

또한 텍스트를 구성 요소로 나누기 위해서는 텍스트의 각 부분이 별도의 단계를 구성한다는 점을 어떤 근거로 확립할 것인지 고려해야 한다. 이때 필요한 것이 두 번째 개념인 기능적 표지이다. '장르의 각 단계가 텍스트의 전체적인 목적을 달성하는 데 어떻게 기여하는가?'라는 질문에 답하려면 각각의 구성 요소가 전체와 어떻게 기능적으로 관련을 맺는지 기능적 기준에서 접근해야 한다. 앞서 언급한 '처음, 중간, 끝'과 같은 표지는 이러한 관점에서 볼 때 텅 빈 표지라고 할 수 있다. 기능적 표지를 찾기 위해서는 '텍스트의 처음 부분에서 정확히 무엇이 수행되고 있는가?' 또는 '거래 텍스트에서 행해지는 것과 달리 서사 텍스트에서 수행되는 것은 무엇인가?'와 같은 질문이 필요하다. 예를 들어 서사 텍스트에서는 다음과 같은 단계를 식별하며, 각각의 도식 구조에 기능적 표지를 할당할 수 있다.[3]

....

3   김해연 외(2016: 82-86)에 따르면 서사의 구조를 분석한 윌리엄 라보브(William Labov)는 잘 짜인 서사가 ①개요 ②도입 ③갈등 행위 ④평가 ⑤결과 또는 해결 ⑥종결 구조로 되어 있다고 주장하였다. 특히 라보브(Labov, 1972: 369)는 서사 구조가 다음과 같은 다이어그램으로 나타난다고 보았다. 이러한 서사 구조는 '발단-전개-위기-절정-결말'이라는 플롯(plot)의 일반적인 전개 방식과 유사하다.

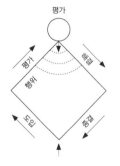

서사 도식(Labov, 1972: 369, Figure. 1)

- 도입(orientation): 등장인물들과 그들의 상황에 대한 '가능한 세계'를 설정하는 것이다.
- 갈등(complication): 등장인물에 의해 해결될 문제를 도입하는 것이다. 이것은 등장인물 내부의 문제일 수도 있고 외부의 문제일 수도 있다.
- 평가(evaluation): 서사나 등장인물에 의해 일어나는 일의 중요성을 지적하는 것이다. 종종 텍스트가 번갈아 가면서 운율학적으로 실현된다.
- 해결(resolution): 등장인물을 위한 사건에 종지부를 제공하는 것으로, 문제 해결 또는 새로운 질문 제시가 있다.
- 종결(coda): 이야기의 사건과 현재를 잇는 것으로, 종종 이야기의 도덕성을 강조한다.

9.4.2. 도식 구조 분석의 예: 서사 텍스트

맥킨-호래릭 외(Macken-Horarik et al., 2018: 40-43)에서는 로알드 달(Roald Dahl)의 『멋진 여우 씨(Fantastic Mr. Fox)』(Dahl, 1947/햇살과나무꾼 역, 2007)에 나타난 도식 구조를 분석했다. 이 연구를 참고하여 서사 텍스트의 도식 구조를 살펴보도록 하겠다.

로알드 달은 『멋진 여우 씨』에서 탐욕스러운 세 농부와 대결하는 여우 씨의 모습을 보여 주면서 욕심 많은 어른들을 조롱하고 권위적인 기성세대를 비판한다. 다음은 『멋진 여우 씨』의 줄거리이다.

한 골짜기 나무 굴 속에 여우 씨와 그의 가족이 살고 있다. 여우 씨는 저녁이 되면 마을로 내려가 보기스, 번스, 빈의 농장에서 번갈아 가며 음식을 훔친다. 탐욕스러운 세 농부는 여우 씨를 잡기로 결정하고 골짜기로 올라온다. 처음에는 굴 앞에서 여우 씨에게 총을 쏘지만 여우 씨의 꼬리만 맞히고 실패한다. 이후 굴착기를 가져와 굴을 파고 골짜기를 이리저리 파헤친다. 하지만 영리한 여우 씨는 온 가족과 함께 더 깊이 굴을 파서 도망친다. 그리고 세 농부의 닭장 밑까지 구멍을 뚫어 닭과 술을 훔쳐와 골짜기 동물들과 함께 나누어 먹는다. 세 농부는 그것도 모르고 여우 굴 앞에서 하염없이 기다린다.

『멋진 여우 씨』는 다른 서사 텍스트와 같이 문화적으로 뚜렷하게 드러나는 장르의 패턴을 사용한다. 탐욕스러운 농부들에 의해 갈등이 발생하고, 그러한 농부들보다 한 수 앞서는 여우 씨의 대담한 행동들이 전개되며, 여우 씨가 지략을 펼칠 때마다 독자들은 기쁨을 느낀다. 앞의 〔표 9-3〕

〔**표 9-3**〕 『멋진 여우 씨』의 전반부 서사 단계(Macken-Horarik et al., 2018: 42)

단계	서사의 각 단계를 표시하는 사건
도입	등장인물들과 그들의 상황(갈등의 본질)이 소개된다. 우리는 세 농부와 여우 씨의 가족, 그리고 그들이 사는 곳을 만난다. 작가는 여우 씨가 저녁 식사를 하기 위해 농부들의 집에서 오리나 다른 생물을 훔치는 전형적인 일상을 언급한다.
갈등 1	농부들은 여우 씨를 완전히 없애기로 결정한다. 그들은 여우굴을 향해 총을 겨누며 구멍 밖에서 여우 씨를 기다린다. 꼬리를 잃었지만 다시 싸우기 위해 도망치는 여우 씨를 향해 농부들은 총을 쏜다.
평가	여우 부인과 아이들은 두려움에 떤다. 여우 씨는 가족들이 농부들을 피해갈 수 있도록 더 깊이 땅을 파야겠다고 결심한다.
일시적 해결	여우 씨는 그의 가족을 파멸시키기로 작정한 격분한 농부들을 피해 더 깊이 땅을 파고든다.
갈등 2	농부들은 여우 씨가 땅을 더 빨리 파내지 못하도록 굴착기를 가지고 온다.
일시적 해결	여우 씨는 굴착기를 간신히 피한다.
서로 다른 두 개의 해결	일단 여우 씨가 이긴 것처럼 보인다. 하지만 농부들 역시 여우굴 밖에서 노숙을 하며 여우 씨 가족을 굶기기로 결정한다.

은 독자들로 하여금 여우 씨가 영리하다고 느끼도록 만드는 갈등, 평가, 해결의 교차 패턴을 분석한 것이다.

먼저 도입 단계에 집중해 보자. 도입 단계에서는 두 개의 다른 세계가 나타난다. 하나는 주인공인 여우 씨와 그의 가족이 살아가는 세계이고, 다른 하나는 탐욕스러운 세 농부가 살아가는 세계이다.

> 골짜기 위 언덕에는 숲이 하나 있었어요. 그 숲에는 아름드리나무가 한 그루 있었어요. 나무 밑에는 굴이 하나 있었고요. 그 굴속에는 여우 씨와 여우 부인과 새끼 여우 네 마리가 살았어요. 날마다 저녁이 되어 어둑어둑해지면 여우 씨는 부인에게 이렇게 말하곤 했어요. "여보, 오늘은 뭘 가져올까? 보기스의 통통한 암탉? 번스의 오리나 거위? 아니면 빈이 키우는 맛있는 칠면조?" 부인이 먹고 싶은 것을 말하면 여우 씨는 어둠을 틈타 골짜기로 살금살금 내려가 잽싸게 훔쳐 왔어요.
>
> (Dahl, 1974/햇살과나무꾼 역, 2007: 15-16)

여우 씨는 골짜기 숲속의 거대한 나무 밑에 있는 굴에서 살고 있으며, 농부들은 골짜기 아래 농장에 살고 있다. 맥킨-호래릭 외(2018: 41)에서는 이러한 도입이 독자들에게 등장인물의 세계를 보여 줌과 동시에 여우 씨와 농부들이 서로 대립하는 이유를 드러낸다고 보았다. 이후 여우 씨가 저녁이 되면 농장에 내려가는 이야기가 이어지는데, 이것은 곧 식사를 준비하는 여우 씨의 전형적인 일상에 갈등이 시작될 것이라는 점을 예고한다. 한편, 독자들은 여우 씨와 여우 부인의 대화를 통해 그들과 함께 상호작용하면서 두 인물과 더욱 친밀해진다. 즉, 『멋진 여우 씨』의 도입은 두 개의 경험적 세계를 창조하고, 등장인물에 대한 묘사를 시도하며, 독자를 한 세계의 등장인물(여우 씨 가족)과 일치시키면서 다른 세계의 등장인물

(세 농부)과는 비일치시키는 기능을 담당한다. 이처럼 예측 가능한 문화적 구성의 독특한 사용을 설명하는 것은 서술적 기호현상을 분석하는 일의 핵심이라고 볼 수 있다. 우리는 이러한 서사 분석을 통해 문학적인 의미를 깊이 음미할 수 있다.

9.5. 사용역 분석을 위한 의미 네트워크

9.5.1. 의미 네트워크의 개념

할리데이와 매티슨(2014: 600-659)에서는 텍스트의 전개 과정에서 의미가 어떻게 생성되는지를 보여 주기 위하여 '담화 발생(logogenesis)'이라는 용어를 도입한다.[4] 담화 발생이란 언어의 전체적인 의미 잠재력(meaning potential), 즉 모든 연속체들(strata)과 모든 대기능에 관련된 것이다. 체계기능언어학에서는 이러한 담화 발생적 패턴이 언어 체계 전반에 걸쳐 작용한다고 보았다. 텍스트가 전개됨으로써 나타나는 담화 발생적 패턴은 텍스트에서 특정하고 일시적인 시스템을 형성하면서 점차 반복되는 패턴으로 발전하여, 특정 유형의 텍스트 혹은 사용역의 일반화된 특성으로 나타난다. 이러한 텍스트의 전개 과정에서 어휘문법적 선택은 모든 층위에서 담화 발생적 패턴을 형성하게 된다. 다시 말해 할리데이와 매티슨(2014)은 텍스트란 의미의 단위이고, 이러한 텍스트는 순차적인 층을 이

....

4 조진수(2018ㄱ: 90, 각주 84)에 따르면, 할리데이와 매티슨(2004)은 '담화 발생'이라는 개념을 '장르 특수성에 근거한 해석 초점 조정'과 관련된 것으로 소개하였으며, '장르 변동성에 근거한 해석 초점 조정'과 관련된 '계통 발생(phylogenesis)'이라는 개념과 구별하였다. 다시 말해 담화 발생이란 텍스트 해석 과정에서 파악되는 의미를 가리키는 것이다.

루는 의미적 패턴인 깊이를 가지며, 이는 전체적 의미 영역에서부터 부분적 의미 영역까지의 범주를 가진다고 본다.

사용역을 의미적 수준에 두었을 때, 사용역 변이에 대해 효율적으로 기술하기 위해서는 의미적 구성단위의 관점에서 의미 변이에 대한 충분한 설명이 수반되어야 한다. 그렇다면 의미적 체계란 무엇이며, 그것의 선택항이란 무엇인가? 할리데이는 우리가 아직 전체의 의미적 체계를 구축할 수는 없지만, 그 내부 조직은 구체화할 수 있다고 주장한다. 할리데이는 어휘문법과 별도의 연속체들에 공식화된 의미 모델을 개발했는데, 가장 유명한 것으로는 위협 및 경고를 사회적 맥락에서 의미적인 선택항으로 보는 할리데이(1973)의 의미 네트워크(semantic network)가 있다.

이는 특히 '친구를 괴롭히는 것을 멈추지 않으면 벌을 줄 거야.'처럼 부모가 아이를 말로 통제하고자 하는 상황과 같은 사회화에서 중요하게 여겨진다. 〔그림 9-4〕와 같이 할리데이(1973)는 부모의 통제에 관한 의미 네트워크를 가정하여 부모가 규제 맥락에서 사용할 수 있는 전략의 세트를 보여 준다. 이러한 전략, 특히 목표지향적인 기호학적 활동들은 다양한 의미적 선택항들로 의미화된다. 〔그림 9-4〕에서 볼 수 있듯이, 부모는 아이의 행동을 조절할 때 [위협] 또는 [경고]의 선택항을 고를 수 있다. [위협]은 보호자에 의해 수행될 수 있는 위협적인 행동을 나타낸다. 반면 [경고]는 아이가 하지 말아야 할 일을 했을 때 일어날 수 있는 바람직하지 않은 결과를 나타낸다. [위협]과 [경고]는 모두 하위 선택항으로 진입하는 입구, 즉 진입점 역할을 담당한다. 이러한 네트워크 표현에서 중요한 것은 선택항이 명확하게 식별되고 관련될 뿐만 아니라, 어휘문법적 실현 진술의 관점에서 구체적으로 명시된다는 것이다.

사용역에 대한 할리데이의 연구물 중 과학 텍스트에 관한 고찰도 주목할 만하다. 할리데이(2004: 160-162)는 '과학을 배우는 것은 곧 과학의

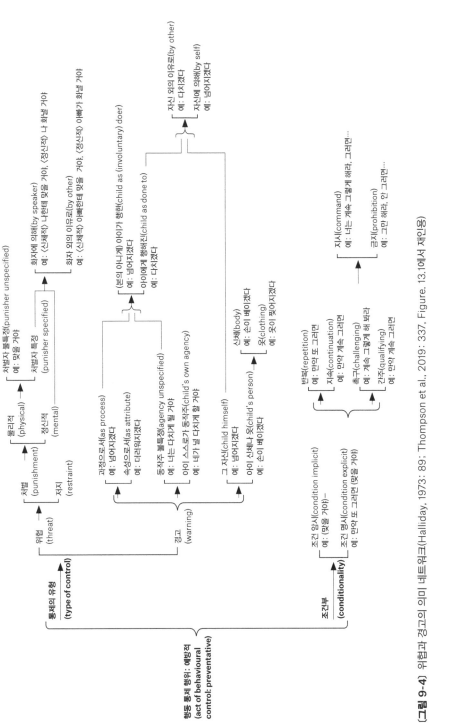

[그림 9-4] 위험과 경고의 의미 네트워크(Halliday, 1973: 89; Thompson et al., 2019: 337, Figure. 13.1에서 재인용)

언어를 배우는 것과 동일하다.'는 관점을 가지고 있었다. 할리데이는 과학의 사용역에서는 예컨대 '철수는 평생 담배를 피웠기 때문에 지금 폐암으로 죽어 가고 있다.'와 같은 구체적인 말하기 방식이 아니라 '폐암 사망률은 흡연 증가와 분명한 관련이 있다.'와 같은 구성이 전형적으로 사용된다고 보았다(Bartlett & O'Grady, 2017: 425). 즉 과학의 사용역에서는 개인적 차원이 아닌 전체 인구에 따른 일반적인 확률에 대해서 이야기하며, 구체적으로 접촉 가능한 사람의 죽음이 아니라 사망률과 같이 추상적인 것에 대해 말한다는 것이다. 또한 죽음과 같은 사건을 마치 사물인 것처럼 표현하는 일종의 문법적 은유를 사용하는 특성이 있다고 하였다. 이러한 과학의 언어가 지닌 의미적이고 문법적인 패턴은 구성된 장, 관계, 양식에 대한 기능을 가지고 있으며, 그러한 변수들이 함께 모여 과학 지식을 확장한다. 그러나 동시에 일상 언어와 다른 과학의 언어가 지닌 특수성은 과학에 대한 접근을 제한하기도 한다.

사용역이라는 할리데이의 아이디어는 '의미에서의 확률 설정'의 차원으로 나아간다. 만약 우리가 사용역의 전형적인 언어적 자질이 무엇인지 정확히 확인하고 싶다면, 부분적으로 직감에 의존할 수 있다. 하지만 보다 신뢰할 만한 그림을 그리기 위해서는 특정 사용역에 속하는 텍스트들을 분석할 필요가 있고, 이것을 가능하게 하는 것이 바로 코퍼스(corpus) 분석이다. 우리는 선택되는 것에 확률을 할당함으로써 텍스트의 의미 패턴을 경제적으로 파악할 수 있다.

9.5.2. 의미 네트워크 분석의 예: 의료 대화

할리데이가 연구했던 사용역의 개념과 하산이 연구했던 맥락 및 의미의 개념을 접목하여 뉴스 보도 혹은 의료 대화를 분석한 연구들이 등장하고 있다(Lukin, 2013; Moore, 2016). 이들 연구는 뉴스 보도가 실현하는 사회적 과정이 무엇인지, 의료 커뮤니케이션의 중심이라 할 수 있는 의사와 환자 또는 의사와 의사 간의 대화에서 어떠한 의미가 형성되고 변화하는지 살피기 위해 의미 네트워크 분석이라는 방법을 활용한다. 무어(Moore, 2016: 100)에서는 의사, 임종을 앞둔 환자, 보호자 간에 이루어진 대화를 다음과 같이 분석하였다.

(1) 의사: 밤에 무슨 문제 있나요?

[확인] - [문의] - **[요청]** - [서문(말문을 열다)]

환자: 아뇨. 난 그저 거기 누워서 낮이 오기를 기다렸어요.

의사: 그래요?

[확인] - **[입증]** - [생략된 탐색]

환자: 네, 10시에 잠자리에 들고 2시에 일어나서 깨어있을 뿐이에요.

의사: 무슨 생각을 하나요?

[알림] - **[명시]**

보호자: 대부분의 경우 라디오를 들어요.

의사: 정말요?

[확인] - **[입증]** - [생략된 탐색]

환자: 다시 라디오에 대해서 이야기하면요, 무슨 일이 일어나고 있는지 …

대화 분석에서 맨 앞에 제시된 [확인], [알림] 등의 의미적 자질은 여러 하위 자질들로 더 정교하게 분석된다. 예를 들어 "밤에 무슨 문제 있나요?"라는 의사의 발화는 밤에 일어나는 문제의 존재를 [확인]하기 위한 것이다. 의사는 해당 문제를 확인하는 입장이 환자에게 있다고 해석하여 환자에게 [문의]하고 있으며, 밤에 일어나는 문제에 대한 설명을 환자에게 [요청]하고 있고, 이를 위해 [서문]의 자질을 선택하여 말문을 열고 있다. 이와 같이 [확인]을 선택하면 지정된 실현 규칙에 따라 [문의], [요청], [서문]이라는 자질들이 함께 선택된다는 것을 보여준다.

한편, 위의 대화에서 의사는 [요청]^[입증] 후에 [명시]^[입증]의 순서대로 대화를 이끌어 간다. "밤에 무슨 문제 있나요?"라고 질문하면서 어떠한 문제가 있는지 답하도록 [요청]한 뒤 환자의 대답이 사실인지 아닌지 [입증]하고, 다시 "무슨 생각을 하나요?"라고 [명시]적으로 질문을 하고 나서, "정말요?"라고 물어 환자가 답한 것의 정확성을 [입증]하는 패턴을 보인다. 간혹 의사는 "밤에 무슨 문제라도 있나요?"라는 [서문]의 자질을 포함하여 대화를 주도한다. 이러한 요소들은 어떠한 '문제'를 환자의 관점에서 분명하게 볼 수 있도록 기능한다. 이러한 자질은 임종을 앞둔 환자들로 하여금 삶의 마지막과 관련한 문제에 대해 강요하지 않고 이야기를 나눌 수 있도록 열린 대화의 장을 제공한다는 점에서 중요한 역할을 한다.

다음 (2)는 동일한 의료 대화이지만 식이 요법에 관한 상담을 다루고 있다. 따라서 (1)과는 사뭇 다른 패턴을 보인다.

(2) 의사: 지금 식사량은 한 오백에서 칠백 이상, 한 천 칼로리, 천이백 칼로리, 천오백 칼로리의 개념으로 해 가지고 식사를 드시면 되고요. 우리가 이렇게 먹다가도 혹, 한꺼번에 많이 먹는 날들이 있어요. 살다 보면 모임도 있고. 그러면은 한 천이백 칼로리 정도 식사로 제한을 해 줘야 돼요. 약이 없는 상태에선 절대 이렇게 식사해 주시면 절대 안 됩니다. 이~ 이렇게 천이백 정도만. 칼로리를 먹을 때 저녁만 철저하게 지켜 주면은, 그러면은 충분히 한 이 킬로 정도를 빠지세요.

환자: 그러면은 이 정도가 만약에 나중에라도, 그러니까 뭐~ 쪼금 몸무게 조절하고 싶을 땐, 이 정도 선에서 하면서 뭐~ 운동량을 늘린다거나.

의사: 예.

환자: 그렇게?

의사: 그쵸. 그니깐 식사, 이~ 기본 우리가 인제 다이어트 계획을 짤 땐 다 이걸 가장 많이 해요.

(세종 구어 말뭉치)

위의 대화에서 의사가 식이 요법에 관한 정보를 [설명]하면 환자는 의사가 설명한 내용을 [확인]한 뒤 [안심]하는 패턴을 보인다. 이처럼 환자가 대화의 내용을 [확인]한 뒤, 다시 [질의]함으로써 의사에게 대답을 [요청]하는 패턴은 아주 소수에 불과하다. 이러한 패턴을 보이는 이유는 의료 대화의 목적이 식이 요법에 대한 의사의 정보를 수집하는 데 있기 때문이다. 이처럼 의미 네트워크 분석은 동일한 의료 서비스 영역 내에서도 미묘하게 달라지는 의미적 패턴을 인식할 수 있도록 돕는다.

9.6. 요약하기

이 장에서는 체계기능언어학에서 이야기하는 장르와 사용역의 개념을 중심으로, 체계로서의 언어와 텍스트로서의 언어의 연속체에서 체계가 텍스트화되는 과정을 이론적으로 검토하였다. 그리고 실제 서사 텍스트의 도식 구조와 의료 대화의 의미 네트워크를 분석하면서 언어 사용에서 맥락적 측면을 중시하는 체계기능언어학의 특징을 구체적으로 파악하였다.

이상 이 장에서 다룬 내용을 요약해 보면 아래와 같다.

- 장르는 전통적인 관점에서는 사용역 또는 맥락 변이인 양식의 한 측면을 의미하는 텍스트 분류의 결과를 말한다. 체계기능언어학에서는 이러한 전통적 관점에서 나아가, 장르를 이데올로기를 실현하는 동시에 사용역에 의해 실현되는 역동적인 사회적 과정으로 바라본다.
- 사용역은 언어적으로 표출되는 상황의 여러 측면을 일컫는 것으로서 장, 관계, 양식이라는 세 가지 측면으로 세분화된다.
- 장은 무엇에 대해 이야기되고 있는가에 관한 것으로, 언어 형식에 영향을 미치는 장면을 의미한다.
- 관계는 어떤 관계가 형성되고 있는가에 관한 것으로, 의사소통 참여자 간에 형성되는 관계를 의미한다.
- 양식은 언어가 어떤 역할을 하는가에 관한 것으로, 언어활동 매개체로서의 역할을 의미한다.
- 도식 구조는 특정한 의사소통 과제(판매, 서사, 일상대화 등)에서 언어 공동체의 협상이 습관화됨에 따라 형성되는 일련의 단계로서, 특정한 맥락에서 예측 가능한 언어 패턴의 흐름이다.
- 의미 네트워크는 텍스트가 전개되면서 나타나는 담화 발생적 패턴으로, 특정한 사회적 맥락에서 형성되는 의미적인 선택항의 구조이다.

체계기능언어학 계열의 장르 이론은 크게 두 가지로 대별된다. 하나는 장르를 체계(system) 내에 존재하는 잠재적 선택항으로 간주하는 장르 관계 이론으로, 마틴(2015), 로즈(Rose, 2015) 등 호주의 체계기능언어학 연구들이 이에 속한다(조진수, 2018ㄱ: 10-11). 조진수(2018ㄱ)는 '반복되는 의미의 구성'과 '사용역 패턴들의 패턴'과 같은, 마틴을 필두로 한 호주의 체계기능언어학의 장르 개념을 수용하고 있다.

다른 하나는 장르를 '묘사하기, 설명하기, 지시하기, 주장하기, 서사하기' 수준의 사회적 과정으로 규정하는 이론으로, 대표적인 연구로 냅과 왓킨스(2005)가 있다. 이 관점을 기반으로 한 문법교육 연구로는 제민경(2014, 2015), 주세형(2014) 등을 들 수 있다. 제민경(2015: 68)에서는 '장르성'이라는 개념을 도입하여 사회문화적 의미 과정이 텍스트를 기점으로 언어 주체에게 인식될 때 그 인식의 원형성을 일컫는 말로 사용하였으며, 결과적으로 '장르성'을 "언어 주체에게 인식된 장르의 원형적 속성"으로 정의 내린다. 주세형(2014)에서도 '장르 문법'이 궁극적으로 입증해야 할 것은 냅과 왓킨스(2005)의 모델에 의거하여 한국어 텍스트의 원형 장르를 찾아내는 것이라고 밝히고 있다.

한편, 할리데이의 사용역의 개념을 기반으로 한 국내 연구로는 김지혜(2013), 김지혜 외(2013), 정보미(2017), 오영창(2018) 등이 있다. 김지혜(2013)와 김지혜 외(2013)는 사회교육 분야의 연구로 초등학교 사회 교과서를 분석 대상으로 삼아 사용역을 분석하였다. 정보미(2017), 오영창(2018)은 국어교육 내에서도 문학교육 차원에서 사용역 분석을 시도한 연구로, 각각 고전 국문 장편소설인 『소현성록』과 강호시조 열두 수를 대상으로 하고 있다. 오영창(2018)은 텍스트 분석 차원을 넘어 학습자의 강호시조 반응 양상을 살펴 장르지식을 탐구하였다는 점에서 차이가 있다.

참고문헌

국내 논저

고영근·구본관(2008), 『우리말 문법론』(1판), 집문당.

고영근·구본관(2018), 『우리말 문법론』(2판), 집문당.

고춘화(2016), "의미의 역동성을 고려한 의미 교육 내용 연구", 『국어교육학연구』 51, 국어교육학회, 193-211.

곽수진·강현화(2018), "미국 대학 중급 한국어 학습자의 구어 담화 응결 장치 사용 연구", 『외국어로서의 한국어교육』 49, 연세대학교 언어연구교육원 한국어학당, 1-29.

교육부(2018), 『대입 제도 개편을 위한 제3차 대입정책포럼 자료집』.

구본관(2011), "어휘 교육의 목표와 의의", 『국어교육학연구』 40, 국어교육학회, 27-59.

권재일(2016), 『언어학사강의』, 박이정.

김병건(2016), "한국어 평가양태에 대한 연구", 『국제어문』 70, 국제어문학회, 7-28.

김병건(2018), "TV 뉴스 발화의 개입(engagement) 표현과 수용자의 뉴스에 대한 신뢰도의 상관관계", 『한말연구』 48, 한말연구학회, 5-29.

김상수(2011), "한국어 학습자의 말하기 평가 담화에 나타난 결속 장치 사용 연구", 『언어와 문화』 7(2), 한국언어문화교육학회, 35-53.

김서경(2019), "국어 교과서 텍스트의 대인관계적 기능 분석", 『한국어문교육』 26, 고려대학교 한국어문교육연구소, 155-188.

김애란(2019), "여름의 풍속", 『잊기 좋은 이름』, 열림원.

김은성·남가영·박재현·김호정(2009), "고등학교 〈문법〉 '이야기' 단원의 내용 구성 연구", 『국어국문학』 151, 국어국문학회, 59-89.

김지혜(2013), "초등 사회 교과서 텍스트 분석: Halliday의 사용역(Register) 개념을 중심으로", 한국교원대학교 석사학위논문.

김지혜·남상준·권정화(2013), "초등 사회 교과서 '지리·환경' 영역 텍스트 분석: Halliday의 사용역(Register) 개념을 중심으로", 『한국지리환경교육학회지』 21(3), 한국지리환경교육학회, 87-101.

김진웅·주민재(2013), "대학생 글쓰기에 나타나는 결속기제의 양상: 연세대학교 1학년 즉시 쓰기 과제를 중심으로", 『새국어교육』 97, 한국국어교육학회, 143-170.

김해연·김용진·김명희·서경희·김규현·박용예·김혜숙·백경숙(2016), 『담화분석』, 종합출판.

김호정(2016), "예보(豫報) 담화의 문법교육용 텍스트화 방향 연구: 일기예보 담화의 '상호적 메타기능' 분석을 토대로", 『국어교육연구』 38, 서울대학교 국어교육연구소, 27-65.

남가영(2011), "문법교육용 텍스트의 개념 및 범주",『국어교육』136, 한국어교육학회, 139-173.

남기심(1973),『國語 完形 補文法 硏究』, 계명대학교출판부.

노미연(2011), "한국어 중급 학습자의 응결 장치 사용 연구",『문법 교육』14, 한국문법교육학회, 181-208.

노미연(2014), "한국어 고급 학습자의 응결 장치 사용 연구",『동악어문학』60, 동악어문학회, 273-308.

노은희(1997), "교육적 관점에서 대화의 결속 기제 고찰: '반복' 기제를 중심으로",『국어교육』 93, 한국어교육학회, 209-254.

다카치 토모나리(2014), "현대 한국어 문법적 연어의 양태체계 연구", 고려대학교 박사학위논문.

마승혜(2011), "장르기반 평가어 한영번역 교육: 실행 연구를 통한 효과 분석",『번역학연구』 12(4), 한국번역학회, 69-97.

맹강(2018), "중국인 한국어 학습자의 논증적 글쓰기 교육 연구: '개입'을 중심으로", 서울대학교 박사학위논문.

맹승호(2008), "수업 담화 장르에 기반한 광물과 암석 단원 과학 수업의 양태 변화: 담화 리지스터와 언어 코드적 접근", 서울대학교 박사학위논문.

박나리(2018), "학술지 논문초록에 대한 장르분석적 연구",『한국문예창작』17(2), 한국문예창작회, 39-71.

박미준(2015), "'참여(engagement)' 표지의 영한 번역 연구:〈월스트리트 저널〉의 오피니언 번역 사례를 중심으로",『통번역학연구』19(2), 한국외국어대학교 통역번역연구소, 183-202.

박승윤(1990),『기능문법론』, 한신문화사.

박영순(1994),『한국어 의미론』, 고려대학교출판부.

박재연(2006),『한국어 양태 어미 연구』, 태학사.

박재연(2012), "인용 동사의 의미론적 분류 방법",『한국어 의미학』39, 한국어의미학회, 205-229.

박종훈(2007), "설명 화법의 언어 형식화 교수·학습 방안 연구", 서울대학교 박사학위논문.

박종훈(2008), "텍스트의 기능적 분석과 그 국어교육적 의미: 동성(transitivity)을 중심으로", 『국어교육학연구』33, 국어교육학회, 427-448.

박종훈(2015), "정보 전달 표현 교육 내용의 보완 모색 '대인적 의미'의 실현 양상을 중심으로", 『작문연구』24, 한국작문학회, 89-111.

박철우(2017), "한국어 정보구조에서의 정보 단위 획정 문제",『언어학』78, 한국언어학회, 131-163.

박혜진·이미혜(2017), "한국어 학습자의 쓰기 텍스트에 나타난 응결성과 응집성의 상관분석", 『우리말글』73, 우리말글학회, 135-157.

서종훈(2017), "글쓰기에 드러난 결속기제 사용 양상 고찰: 갈래와 수준을 고려한 글쓰기를 중심으로",『국어교육연구』65, 국어교육학회, 63-92.

서평(2019), "숙달도에 따른 중국어권 학습자의 응결장치 선택 양상 연구: 연결어미와 접속부사를 중심으로",『한국어교육』30(1), 국제한국어교육학회, 91-110.

성기철(2007), 『한국어 대우법과 한국어 교육』, 글누림.

성승은(2012), "번역자가 파악한 등장캐릭터 간의 관계가 번역서에 반영되는 양상 고찰",
　　『국제어문』54, 국제어문학회, 141-177.

성승은(2016), "글과 그림의 서사: 체계기능언어학으로 본 '확장' 그림책 번역", 『번역학연구』
　　17(2), 한국번역학회, 55-80.

소지영(2018), "문법적 은유로서 서술성 명사의 텍스트 응집 기능에 대한 연구", 『새국어교육』
　　115, 한국국어교육학회, 277-307.

소지영(2020), "학문 문식성 신장을 위한 기능적 메타언어 관점의 문법 교육 연구", 서울대학교
　　박사학위논문.

소지영 · 성경희 · 주세형(2018), "중학교급 학습자 서술형 답안의 언어적 특성 연구", 『국어교육』
　　161, 한국어교육학회, 159-187.

소지영 · 주세형(2017), "과학 교과서의 '문법적 은유'를 중심으로 본 국어과의 도구 교과적 본질
　　탐색", 『국어교육연구』39, 서울대학교 국어교육연구소, 119-158.

신명선(2008), 『의미, 텍스트, 교육』, 한국문화사.

신명선(2009), "텍스트 결속 기제로 작용하는 국어 명사의 특징에 대한 연구", 『한국어학』42,
　　한국어학회, 193-219.

신범숙(2018), "KSL 학습자의 학업 문식성 신장을 위한 교과 언어 교육 내용 연구",
　　『한국어교육』29(3), 국제한국어교육학회, 117-144.

신범숙(2020), "한국어(KSL) 학습자의 학업 문식성 향상을 위한 교과 언어 교육 연구",
　　서울대학교 박사학위논문.

신희성(2018), "양태 범주의 문법 교육적 위상 제고를 위한 시론", 『국어교육학연구』53(4),
　　국어교육학회, 5-47.

신희성(2019), "텍스트의 대인적 기능에 대한 문법교육적 연구: 언어하기 관점을 바탕으로",
　　고려대학교 박사학위논문.

신희성(2020), "고등학생의 고쳐쓰기 과정에서 나타나는 어휘문법적 선택의 유형 및 메타인지
　　양상 연구: 문법교육의 기반 확대를 위한 기초 연구를 지향하며", 『국어교육연구』73,
　　국어교육학회, 71-116.

안경화(2001), "구어체 텍스트의 응결 장치 연구: 토론 텍스트를 중심으로", 『한국어교육』
　　12(2), 국제한국어교육학회, 137-157.

오영창(2018), "강호시조의 장르지식 구성 교육 연구: 언어사용역(Register)을 중심으로",
　　서울대학교 석사학위논문.

유민애(2015), "장르-텍스트 기반 문법 교육 내용 연구: 논리적 응결 장치를 중심으로",
　　『한국언어문화학』12(1), 한국언어문화학회, 139-166.

유현경 · 한재영 · 김홍범 · 이정택 · 김성규 · 강현화 · 구본관 · 이병규 · 황화상 · 이진호(2019),
　　『한국어 표준 문법』, 집문당.

이관규(2015), 『국어 교육을 위한 국어 문법론』, 역락.

이관규(2018), "체계기능언어학의 특성과 텍스트 평가", 『문법 교육』34, 한국문법교육학회,

195-222.

이관규(2019), "체계기능언어학의 한국어교육학적 적용 방안", 『한국어교육』 30(3), 국제한국어교육학회, 145-162.

이관규·신희성(2020), "체계기능언어학적 텍스트 분석을 위한 동성 체계에 대한 기초 연구: 과정 유형을 중심으로", 『한국어학』 87, 한국어학회, 91-130.

이보라미·수파펀분롱(2012), "태국인 한국어 학습자의 텍스트 응집성 인식 양상 연구", 『이중언어학』 48, 이중언어학회, 181-205.

이선영(2013), "한국어교육 연구에서 응집성(coherence) 개념에 대한 고찰", 『국제한국어교육학회 국제학술발표논문집』, 국제한국어교육학회, 416-426.

이선웅(2012), 『한국어 문법론의 개념어 연구』, 월인.

이슬비(2016), "한국어 학술 텍스트의 필자 태도 표현 교육 연구", 서울대학교 박사학위논문.

이승연(2016), "사회과 텍스트 분석을 위한 비판적 담화 분석 방법의 이용: 체계기능언어학적 분석을 중심으로", 『시민교육연구』 48(4), 한국사회과교육학회, 173-224.

이유미·황병순(2017), "국어 소형문의 특성과 유형", 『언어과학연구』 80, 언어과학회, 243-267.

이인영(1996), "주제와 화제: 기존 화제 개념에 대한 재고", 『어학연구』 32(1), 서울대학교 어학연구소, 61-99.

이정아·맹승호·김혜리·김찬종(2007), "교육과정 변천에 따른 초등 과학 교과서 텍스트에 대한 체계기능언어학적 분석", 『한국과학교육학회지』 27(3), 한국과학교육학회, 242-252.

이정찬(2018), "작문 교육과정에서의 주요 용어 및 개념 연구: 제4차 교육과정부터 2015 개정 교육과정까지 문종 분류 및 내용의 조직을 중심으로", 『리터러시연구』 9(4), 한국리터러시학회, 269-299.

이주리애(2015), "한일 기사문의 평가어(appraisal) 번역: 개입(engagement) 표현의 번역을 중심으로", 『통역과 번역』 17(2), 한국통번역학회, 225-247.

이지연(2018), "한국어 양태 표현 연구: 유사 문법 항목 비교를 중심으로", 연세대학교 박사학위논문.

이창수(2010), "제인 오스틴의 'Pride and Prejudice' 작품의 등장인물 성격에 대한 체계언어학적 분석연구", 『언어와 언어학』 47, 한국외국어대학교 언어연구소, 167-189.

이창수(2012), "비평담화분석을 위한 동사성 분석의 의미론적 모델 연구", 『언어와 언어학』 56, 한국외국어대학교 언어연구소, 253-281.

이창수(2013), "국내 신문기사의 정치적 이데올로기에 관한 비평담화분석연구", 『언어와 언어학』 58, 한국외국어대학교 언어연구소, 313-344.

임근석(2008), "문법적 연어와 문법화의 관계", 『국어학』 51, 국어학회, 115-147.

임홍빈(2007), 『한국어의 주제와 통사 분석』, 서울대학교출판문화원.

장미라(2018), "한국어 읽기 쓰기 교육을 위한 복문의 결속 구조 연구", 『한민족문화연구』 64, 한민족문화학회, 195-220.

전수경(2017), "수학적 대상의 측면에서 고등학교 수학 교수실행의 구조 분석에 대한 체계기능언어학적 고찰", 영남대학교 박사학위논문.

전영철(2013), "한국어의 제언문/정언문 구별과 정보구조", 『국어학』 68, 국어학회, 99-133.

정려란(2018), "국어 문법적 은유에 대한 체계기능언어학적 접근", 『한국어문교육』 26, 고려대학교 한국어문교육연구소, 97-126.

정려란(2021), "체계기능언어학 기반 한국어 문법적 연어의 사용 양상과 의미 기능 연구: 학술텍스트를 중심으로", 고려대학교 박사학위논문.

정미진·한용혁(2019), "한국어 학습자를 위한 '이, 그' 계열 응결 장치의 교육 연구", 『국어교육』 167, 한국어교육학회, 253-283.

정보미(2017), "고전 국문 장편 소설 교육을 위한 장르 지식 연구: 『소현성록』의 '사용역(register)' 분석을 중심으로", 『고전문학과 교육』 34, 한국고전문학교육학회, 5-39.

정승철(2018), "한국어 정보구조의 보편성과 화제 구문의 특수성", 서울대학교 박사학위논문.

정재훈(1999), "체계·기능 언어 이론의 이해", 『언어정보』 2, 고려대학교 언어정보연구소, 219-257.

정지현(2021), "내용교과 담화 읽기에서의 학습자 언어 인식 연구: 체계기능언어학의 문법적 은유 구조를 중심으로", 고려대학교 박사학위논문.

정혜승(2013), 『독자와 대화하는 글쓰기』, 사회평론아카데미.

정혜현(2019), "통일 관련 역대 대통령 연설문에 나타난 동성(transitivity) 체계 선택과 인식 분석", 『한국어문교육』 27, 고려대학교 한국어문교육연구소, 123-153.

정희모(2019), "한국어 교육과 결속성(cohesion) 및 응집성(coherence)의 문제", 『리터러시연구』 10(4), 한국리터러시학회, 89-123.

제민경(2014), "'장르' 개념화를 위한 문법교육적 접근", 『국어교육학연구』 49(3), 국어교육학회, 393-426.

제민경(2015), "장르 문법 교육 내용 연구", 서울대학교 박사학위논문.

조진수(2016), "'타동성'의 문법 교육적 위상 정립을 위한 시론", 『국어국문학』 174, 국어국문학회, 71-97.

조진수(2018ㄱ), "문법 문식성 관점의 문장 구조 교육 내용 연구", 서울대학교 박사학위논문.

조진수(2018ㄴ), "문법적 은유를 활용한 수학 문장제 텍스트의 이해 과정 연구", 『텍스트언어학』 45, 한국텍스트언어학회, 279-306.

조진수(2018ㄷ), "유표적 정보구조의 기능에 관한 연구", 『문법 교육』 34, 한국문법교육학회, 269-297.

주세형(2005), "통합적 문법 교육 내용 설계의 원리와 실제 연구", 서울대학교 박사학위논문.

주세형(2006), 『문법 교육론과 국어학적 지식의 지평 확장』, 역락.

주세형(2009), "할리데이 언어 이론의 국어교육학적 의미", 『국어교육』 130, 한국어교육학회, 173-204.

주세형(2010), "작문의 언어학: '언어적 지식'에 근거한 첨삭 지도 방법론", 『작문연구』 10, 한국작문학회, 109-136.

주세형(2014), "통합적 문법교육에서 장르문법으로", 『제34회 한국작문학회 전국학술대회 자료집』, 17-38.

주세형·정혜현·노하늘(2020), "초등학교 4, 5학년 학습자의 경험적 대기능 발달 연구: 과정 유형 및 참여자 구성 패턴 분석을 중심으로", 『한국어문교육』 32, 고려대학교 한국어문교육연구소, 105-142.

진루(2018), "중국인 중·고급 학습자의 구어 텍스트에 나타난 접속의 응결 장치 사용 양상", 『담화와 인지』 25(2), 담화인지언어학회, 121-145.

진염평·송향근(2019), "한국어 담화 텍스트의 서법 은유 고찰: 체계기능언어학적 분석을 중심으로", 『Journal of Korean Culture』 45, 한국어문학국제학술포럼, 55-84.

진염평·진영(2020), "태도 평가 관점에서 본 남북한 정치 사설 텍스트의 대인적 기능", 『한국어문교육』 30, 고려대학교 한국어문교육연구소, 143-177.

차현정·김찬종·맹승호(2011), "장르와 레지스터 분석에서 나타난 중학생의 지구과학 주제 글쓰기의 언어적 특징", 『한국지구과학회지』 31(1), 한국지구과학회, 84-98.

채숙희(2013), 『현대 한국어 인용구문 연구』, 태학사.

최규수(1999), 『한국어 주제어와 임자말 연구』, 부산대학교출판부.

최윤지(2016), "한국어 정보구조 연구", 서울대학교 박사학위논문.

하지혜·황선영(2018), "학문 목적 한국어 고급 학습자의 발표 담화에 나타난 응결 장시 실현 양상 연구", 『이중언어학』 72, 이중언어학회, 315-340.

한송화(2014), "인용문과 인용동사의 기능과 사용 양상: 신문 기사와 신문 사설을 중심으로", 『외국어교육』 21(1), 한국외국어교육학회, 241-266.

허용·강현화·고명균·김미옥·김선정·김재욱·박동호(2005), 『외국어로서의 한국어교육학 개론』, 박이정.

황규홍·신승훈·이용성·권기양·권연진·김두식·김은일·홍광희(2013), 『현대 언어학의 흐름』, 동인.

황미향(2019), "텍스트의미론", 임지룡 외, 『한국어 의미 탐구의 현황과 과제』, 한국문화사.

해외 논저

Ammann, H. (1928), *Die menschliche Rede: Sprachphilosophische(1st)*, Wissenschaftliche Buchgesellschaft.

Ammann, H. (1962), *Die menschliche Rede: Sprachphilosophische(2nd)*, Wissenschaftliche Buchgesellschaft.

Banks, D. (2019), *A Systemic Functional Grammar of English: A Simple Introduction*, Routledge.

Bartlett, T. & O'Grady, G. (Eds.) (2017), *The Routledge Handbook of Systemic Functional Linguistics*, Routledge.

Bednarek, M. & Martin, J. R. (Eds.) (2010), *New discourse on Language: Functional Perspectives on Multimodality, Identity, and Affiliation*, Bloomsbury Publishing.

Bloomfield, L. (1933), *Language*, Allen and Unwin.

Bloor, T. & Bloor, M. (2013), *The Functional Analysis of English(3rd)*, Routledge.

Butt, D., Fahey, R., Feez, S. & Spinks, S. (2012), *Using Functional Grammar: An Explorer's Guide(3rd)*, Palgrave Macmillan.

Chafe, W. (1976), "Givenness, Contrastiveness, Definiteness, Subjects, Topics, and Point of View". In C. Li(Ed.), *Subject and Topic*, Academic Press.

Chomsky, N. (1971), "Deep Structure, Surface Structure, and Semantic Representation". In D. D. Steinberg & L. A. Jakobovitz(Eds.), *Semantics*, Cambridge University Press.

Dahl, R. (1974), *Fantastic Mr. Fox*, Puffin Books. [햇살과나무꾼 역(2007), 『멋진 여우 씨』, 논장.]

De Beuagrande, R. A. & Dressler, W. U. (1981), *Introduction to Text Linguistics, Longman*. [김태옥·이현호 역(2002), 『텍스트 언어학 입문』, 한신문화사.]

De Saussure, F. (1916), *Cours de linguistique générale*, Philosophical Library. [김현권 역(2012), 『일반언어학 강의』, 지식을 만드는 지식.]

Du Bois, J. W. (2007), "The stance triangle", *Stancetaking in Discourse: Subjectivity, Evaluation, Interaction 164*(3), 139-182.

Eggins, S. (2004), *An Introduction to Systemic Functional Linguistics(2nd)*, Continuum.

Gundel, J. K. & Fretheim, T. (2004), "Topic and Focus". In L. Horn & G. Ward(Eds.), *The Hansdbook of Pragmatics*, Blackwell.

Halliday, M. A. K. (1961), "Categories of the Theory of Grammar", *Word 17*(2), 241-292.

Halliday, M. A. K. (1967), "Notes on Transitivity and Theme in English: Part 2", *Journal of Linguistics 3*(2), 199-244.

Halliday, M. A. K. (1973), *Explorations in the Functions of Language*, Edward Arnold.

Halliday, M. A. K. (1977), "Ideas about Language", *Aims and Perspectives in Linguistics(Occasional Papers 1)*, 32-49.

Halliday, M. A. K. (1978), *Language as Social Semiotic: the Social Interpretation of Language and Meaning*, Edward Arnold.

Halliday, M. A. K. (1985), *An Introduction to Functional Grammar*, Edward Arnold.

Halliday, M. A. K. (1988a), "Language and Knowledge: The 'Unpacking' of Text", *Text in Education and Society*, 157-178.

Halliday, M. A. K. (1988b), "Language and the Order of Nature". In N. Fabb, D. Attridge, A. Durant, & C. MacCabe(Eds.), *The Linguistics of Writing: Arguments Between Language and Literature*, Manchester University Press.

Halliday, M. A. K. (1985), *An Introduction to Functional Grammar*, Routledge.

Halliday, M. A. K. (1994), *An Introduction to Functional Grammar(2nd)*, Edward Arnold.

Halliday, M. A. K. (1996a), "On Grammar and Grammatics", *Amsterdam Studies in the Theory and History of Linguistic Science Series 3*, 1-38.

Halliday, M. A. K. (1996b), "Things and Relations: Regrammaticizing Experience as

Technical Knowledge", In J. R. Martin & R. Veel(Eds.), *Reading Science: Critical and Functional Perspectives on Discourses of Science*, Routledge.

Halliday, M. A. K. (1997), "Linguistic as Metaphor". In A. M. Simon-Vandenbergen, K. Davidse, & D. Noel(Eds.), *Reconnecting Language: Morphology and Syntax in Functional Perspective*, John Benjamins.

Halliday, M. A. K. (1999), "Grammar and the Construction of Educational Knowledge". In R. S. Berry et al.(Eds.), *Language and Analysis, Description and Pedagogy*, Hongkong University of Science & Technology.

Halliday, M. A. K. (2002a), *On Grammar(Collected Works of M. A. K. Halliday, Vol. 1)*, edited by Jonathan J. Webster, Continuum.

Halliday, M. A. K. (2002b), *Linguistic Studies of Text and Discourse(Collected Works of M. A. K. Halliday, Vol. 2)*, edited by Jonathan J. Webster, Continuum.

Halliday, M. A. K. (2003), *On Language and Linguistics(Collected Works of M. A. K. Halliday, Vol. 3)*, edited by Jonathan J. Webster, Continuum.

Halliday, M. A. K. (2004a), *The Language of Early Childhood(Collected Works of M. A. K. Halliday, Vol. 4)*, edited by Jonathan J. Webster, Continuum.

Halliday, M. A. K. (2004b), *The Language of Science(Collected Works of M. A. K. Halliday Vol. 5)*, edited by Jonathan J. Webster, Continuum.

Halliday, M. A. K. (2005a), *Computational and Quantative Studies(Collected Works of M. A. K. Halliday, Vol. 6)*, edited by Jonathan J. Webster, Continuum.

Halliday, M. A. K. (2005b), *Studies in English Language(Collected Works of M. A. K. Halliday, Vol. 7)*, edited by Jonathan J. Webster, Continuum.

Halliday, M. A. K. (2006), *Studies in Chinese Language(Collected Works of M. A. K. Halliday, Vol. 8)*, edited by Jonathan J. Webster, Continuum.

Halliday, M. A. K. (2007), *Language and Education(Collected Works of M. A. K. Halliday, Vol. 9)*, edited by Jonathan J. Webster, Continuum.

Halliday, M. A. K. (2007), *Language and Society(Collected Works of M. A. K. Halliday, Vol. 10)*, edited by Jonathan J. Webster, Continuum.

Halliday, M. A. K. (2009), *The Essential Halliday*, edited by Jonathan J. Webster, Continuum.

Halliday, M. A. K. (2013), *Halliday in the 21st Century(Collected Works of M. A. K. Halliday, Vol. 11)*, edited by Jonathan J. Webster, Continuum.

Halliday, M. A. K. & Hasan, R. (1976), *Cohesion in English*, Longman.

Halliday, M. A. K. & Hasan, R. (1989), *Language, Context, and Text: Aspects of Language in a Social-Semiotic Perspective(2nd)*, Oxford University Press.

Halliday, M. A. K. & Martin, J. R. (1993), *Writing Science: Literacy and Discursive Power*, Falmer Press.

Halliday, M. A. K. & Matthiessen, C. M. (1999), *Construing Experience Through Meaning: A Language-Based Approach to Cognition*, Continuum.

Halliday, M. A. K. & Matthiessen, C. M. (2004), *An Introduction to Functional Grammar(3rd)*, Routledge.

Halliday, M. A. K. & Matthiessen, C. M. (2014), *Halliday's Introduction to Functional Grammar(4th)*, Routledge.

Hao, J. (2018), "Reconsidering 'Cause Inside the Clause' in Scientific Discourse: from a Discourse Semantic Perspective in Systemic Functional Linguistics", *Text and Talk* 38(5), 525-550.

Jackendoff, R. (1972), *Semantic Interpretation in Generative Grammar*, MIT Press.

Jacobs, J. (1982), "Neutraler und nicht-neutraler Satzakzent im Deutschen". In T. Vennemann(Ed.), *Silben, Segmente, Akzente*. Niemeyer.

Kiss, K. É. (1995), "Introduction". In K. É Kiss(Eds.), *Discourse Configurational Languages*, Oxford University Press.

Knapp, P. & Watkins, M. (2005), *Genre, Text, Grammar: Technologies for Teaching and Assessing Writing*, University of New South Wales Press. [주세형·김은성·남가영 역 (2019), 『장르, 텍스트, 문법: 작문교육을 위한 테크놀로지로서의 문법』, 사회평론아카데미.]

Labov, W. (1972), *Language in the Inner City: Studies in the Black English Vernacular*, University of Pennsylvania Press.

Lukin, A. (2013), "What Do Texts Do? The Context-Construing Work of News", *Text and Talk* 33(4-5), 523-552.

Macken-Horarik, M., Love, K., Sandiford, C., & Unsworth, U. (2018), *Functional Grammatics: Re-Conceptualizing Knowledge about Language and Image for School English*, Routledge.

Malinowski, B.(1923), "The Problem of Meaning in Primitive Languages". In C. K. Ogden & I. A. Richards(Eds.), *The Meaning of Meaning, Kegan Paul, Trench*, Trübner & Co, 296-336.

Martin, J. R. (1985), "Process and Text: Two Aspects of Human Semiosis". In J. D. Benson & W. S. Greaves(Eds.), *Systemic Perspectives on Discourse 1*, Ablex, 248-274.

Martin, J. R. (1992), *English Text: System and Structure*, John Benjamins.

Martin, J. R. (1995), "Interpersonal Meaning, Persuasion and Public Discourse: Packing Semiotic Punch", *Australian Journal of Linguistics 15*(1), 33-67.

Martin, J. R. (1997), "Analysing Genre: Functional Parameters". In C. Francis & J. R. Martin(Eds.), *Genre and Institutions*, Continuum, 3-39.

Martin, J. R. (2003), "Preface". In A. M. Simon-Vandenbergen, M. Taverniers, & L. Ravelli(Eds.), *Grammatical Metaphor: Views from Systemic Functional Linguistics*, John Benjamins.

Martin, J. R. (2014), "Evolving Systemic Functional Linguistics: Beyond the Clause", *Functional Linguistics 1*(1), 3.

Martin, J. R. (2015), "One of Three Traditions: Genre, Functional Linguistics, and the "Sydney School"". In A. Artemeva & A. Freedman(Eds.), *Genre Studies around the Globe: Beyond the Three Traditions*, Inkshed Publications, 31-79.

Martin, J. R. (2018), "Interpersonal Meaning", *Functions of Language 25*(1), 2-19.

Martin, J. R. & White, P. R. R. (2005), *The Language of Evaluation*, Palgrave Macmillan.

Mathesius, V. (1929), "Zur Satzperspektive im modernen Englisch", *Archiv für das Studium der modernen Sprachen und Literaturen 155*, 202-210.

Matthiessen, C. M., Teruya, K. & Lam, M. (2010), *Key Terms: In Systemic Functional Linguistics*, Continuum.

Moore, A. (2016), "Can Semantic Networks Capture Intra- and Inter-Registerial Variation? Palliative Care Discourse Interrogates Hasan's Message Semantics". In W. L. Bowcher & J. Liang(Eds.), *Society in Language, Language in Society: Essays in Honour of Ruqaiya Hasan*, Palgrave, 83-114.

Paul, H. (1880), *Prinzipien der Sprachgeschichte(1st)*, Niemeyer.

Paul, H. (1937), *Prinzipien der Sprachgeschichte(5th)*, Niemeyer.

Prince, E. (1981), "On the Inferencing of Indefinite-this NPs". In A. Joshi, B. Webber, & I. Sag(Eds.), *Elements of Discourse Understanding*, Cambridge University Press.

Prince, E. F.(1992), "The ZPG Letter: Subjects, Definiteness, and Information-Status". In W. C. Mann & S. A. Thompson(Eds.), *Discourse Description: Diverse Linguistic Analyses of a Fund Raising Text*, John Benjamins.

Reid, T. B. W. (1956), "Linguistics, Structuralism and Philology", *Archivum Linguisticum 8*(1), 28-37.

Reinhart, T. (1982), "Pragmatics and Linguistics: An Analysis of Sentence Topics in pragmatics and philosophy I", *Philosophica anc Studia Philosophica Gandensia Gent, 27*(1), 53-94.

Rose, D. (2015), "Genre, Knowledge and Pedagogy in the Sydney School". In A. Artemeva & A. Freedman(Eds.), *Genre Studies around the Globe: Beyond the Three Traditions, Inkshed Publications*, 299-338.

Sgall, P., Hajičová, E., & Benešová, E. (1973), *Topic, Focus and Generative Semantics*, Scriptor.

Shin, G. H. (2018), "Interpersonal Grammar of Korean", *Functions of Language 25*(1), 20-53.

Thompson, G. (2014), *Introducing Functional Grammar(2nd)*, Routledge.

Thompson, G., Bowcher, W. L., Fontaine, L., & Schönthal, D. (2019), *The Cambridge Handbook of Systemic Functional Linguistics*, Cambridge University Press.

Thornburry, S. (1999), *How to Teach Grammar*, Longman. [이관규·김라연·윤정민·서수현·

김지연 역(2004), 『문법을 어떻게 가르칠 것인가?』, 한국문화사.]

Torsello, C. (1996), "On the Logical Metafunction", *Functions of language 3*(2), 151-183.

Vallduví, E. (1990), *The Informational Component, Doctoral Dissertation*, University of Pennsylvania.

Van Lier, L. (2004), *The Ecology and Semiotics of Language Learning: A Sociocultural Perspective*, Kluwer Academic Publishers. [김혜숙·김규훈·김혜련·변정민·이호형 역(2017), 『언어 학습의 생태학과 기호학: 사회문화적 관점으로』, 사회평론아카데미.]

Von der Gabelentz, G. (1869), "Ideen zu einer vergleichenden Syntax", *Zeitschrift für Völkerpsychologie und Sprachwissenschaft 6*, 376-384.

Von Heusinger, K. (1999), *Intonation and Information Structure, Doctoral Dissertation*, Verlag nicht ermittelbar.

웹 사이트

국립국어원 언어정보나눔터(2019), "세종 구어 말뭉치: 식이요법에 관한 진료 대화", https://ithub.korean.go.kr/user/corpus/corpusSearchManager.do (2019.06.25. 접속)

위키피디아(2021), "Michael Halliday", https://en.wikipedia.org/wiki/Michael_Halliday (2021.01.16. 접속)

위키피디아(2021), "Systemic Functional Linguistics", https://en.wikipedia.org/wiki/Systemic_functional_linguistics (2021.01.16. 접속)

신문

뉴욕 중앙일보, "100대를 이어가야 할 꿈", 2019/08/08, 13면.

중앙일보, "전과공개 엄밀해야", 2000/04/01, 2면.

찾아보기